最猛職人23

最猛職人23

從卑微到偉大的斜槓偉人富蘭克林

The Autobiography of Benjamin Franklin

改變世界的傳世經典，
收錄珍貴圖片，史料完備

班傑明・富蘭克林（Benjamin Franklin）／著
劉恩麗／譯

最猛職人 23

從卑微到偉大的斜槓偉人富蘭克林

改變世界的傳世經典，收錄珍貴圖片，史料完備

原書書名　The Autobiography of Benjamin Franklin
原書作者　班傑明・富蘭克林（Benjamin Franklin）
譯　　者　劉恩麗
特約編輯　洪禎璐
封面設計　林淑慧
主　　編　劉信宏
總 編 輯　林許文二

出　　版　柿子文化事業有限公司
地　　址　11677臺北市羅斯福路五段158號2樓
業務專線　（02）89314903#15
讀者專線　（02）89314903#9
傳　　真　（02）29319207
郵撥帳號　19822651柿子文化事業有限公司
服務信箱　service@persimmonbooks.com.tw

業務行政　鄭淑娟、陳顯中

初版一刷　2021年10月
定　　價　新臺幣420元
I S B N　978-986-5496-34-0

國家圖書館出版品預行編目(CIP)資料

從卑微到偉大的斜槓偉人富蘭克林：改變世界的傳世經典，收錄珍貴圖片，史料完備/班傑明.富蘭克林(Benjamin Franklin)著；劉恩麗譯. -- 一版. -- 臺北市：柿子文化事業有限公司, 2021.10
面；　公分. --(最猛職人；23)
譯自：The autobiography of Benjamin Franklin.

ISBN 978-986-5496-34-0（平裝）

1.富蘭克林(Franklin, Benjamin, 1706-1790)　2.傳記　3.美國

785.28　　110012561

全國教育各界的一致推薦

近年來觀察到，缺乏思考能力的青少年容易陷入對未來茫然，及社會（學校）適應不良的桎梏中。艾瑞克・艾瑞克森（Erik H. Erikson）提出青少年期發展要務為「自我認同」；亞伯拉罕・馬斯洛（Abraham H. Maslow）的《動機與人格》寫到：「知道自己想要什麼並非正常現象，而是一種罕見而且困難的心理成就。」所以，自己要什麼？何謂有意義？存在價值為何？如何掌握機會？最佳選擇是？或許探索中的孩子在面對人生各種挫折、疑惑時，可以透過這本書，找回對於生命的熱情，歸納屬於自己的答案。

江淑芬　國立花蓮女中圖書館主任

《從卑微到偉大的斜槓偉人富蘭克林》是一本歷經數百年不衰的勵志書籍，值得青少年、青年及中年人閱讀，汲取智慧、堅毅與價值；甚至也可幫助老年人檢視人生的過程與成果，進而自在坦然地終老。我們的社會多元而紛雜，年輕人最需要以富蘭克林為楷模，確立自己的價值觀，儉樸努力，經得起磨練考驗，勇於承擔，圓滿達成任務。

成長的過程中，積極學習，不氣餒，不放棄，選定目標，大步前行，自我督促，把握友直、友諒、友多聞原則，選擇適當的朋友與婚姻伴侶，栽培自己與下一代成為清流人才，綿延社會、國家與世界。

富蘭克林雖是古人，但他的自律、研究與利他的精神，在今日仍可成為我們的典範。

李克難　慈濟大學附屬高級中學第三、四、五任校長

班傑明・富蘭克林是美國一位家喻戶曉的人物。他雖然沒有華盛頓、傑佛遜、林肯那些領袖的豐功偉績，但是他曾投身政治、外交、科學研究、發明創新、出版印刷、新聞寫作，以及多項社會慈善事業，在每一領域都兢兢業業，備受推崇，實至名歸，不愧為一位傳奇人物；他的一生精彩故事，即使二百多年後的今天再來回顧，仍然是令人深感啟發振奮。

這本自傳，是他晚年以家書方式將生平與心得告知子孫。文中沒有誇耀自己的赫赫功勞，也沒有老氣橫秋地頒布家訓，只是以平易又略帶詼諧的方式，描述自己自幼年起的成長過程、如何努力上進、如何待人接物，其中也不避諱自己所陷的錯誤，以及反省突破，終究得到舉世尊重。

他跟很多孩子一樣，雖然從小有自己的願景夢想（他想當一名遨遊四海的水手），卻因家境所限，必須接受父親安排，到兄長的印刷廠當排版印刷工人。即便這不是他的最大心願，但他仍安分敬業，由此開始，乃至後來到其他印刷廠工作，甚至自己創業開了印刷廠，看到過多少工

人、甚至老闆本身偷懶敷衍，得過且過，而他都專注努力，建立信譽，不論是印刷、辦報紙，或是其他工作，他都事必躬親、全力以赴，將每件作品做到盡善盡美，贏得肯定。他也曾少不更事，兩度受朋友拖累，欠下巨額債務，幾乎破產，但是他都咬牙努力，刻苦勤儉，最後將所欠債務連本帶利還清，毫無愧怍。更難能可貴的是，對那些拖累他陷入債務，後來一走了之、銷聲匿跡的朋友，他還能念著他們的優點，珍惜曾與他們共享的友誼與時光。

以文中他自己說法，「人生要蒙福，最重要的是做人要保持誠實、真誠與正直。」所以他所經營的事業，即使本小利薄，甚至受到同業的中傷與攻訐，卻一直受到顧客的信賴與器重，不僅業務蒸蒸日上，還能眾望所歸，有社會各階層人士信賴他，主動來與他合作，在各方面助他發展，這些都是他的誠信與寬容所帶來的收穫。

藉著印刷的工作，他博覽群籍，增進知識，練習寫作，成為了著名作家。敬業與勤學，奠定了他學識與事業的雄厚基礎。他的資質聰穎、博學多聞、辯才無礙，但是，他特別提到他對強有力的辯論法雖然運用自如，感覺無往不利，但是後來學會只需「謙遜表達自己的觀點」，「因為專制獨斷的語氣往往會引起聽者的反感，反而製造對立，無法達成想要傳達、獲取資訊或取悅的目的」。這一點，在現在的社會中，尤其值得我們深思檢討。我常說，有人誤解了critical thinking（慎思明辨）的意思，將之翻譯為「批判性思考」，以訛傳訛之下，社會上充滿批判之聲，人人靠批評他人來彰顯自己高人一等，只「批判」不「思考」，完全無法進行公民的對話。這是我們社會極大的危機，也是捧讀此書的一大感觸。

富蘭克林以一個小小印刷工人出身，他靠著努力，獲得了事業成功，卻沒有以個人的事業成就為滿足，還在不斷充實自己。他成立講讀社，邀請好友一起討論政治、哲學、文學或是自然科學的問題，目的不是為練習滔滔雄辯，而是要「誠心探索真理」，這種精神，使他在文學及各類科學上都有驚人的成就。他的發明包括避雷針、玻璃琴等等，但是從未申請專利，在自傳中他寫道：「在享受他人發明極大便利時，我們應該做出發明，助人為樂；要自由慷慨。」他的寬厚心胸，使他將聰明才智都盡量用在教化人民，創造人類福祉上。他以筆名Richard Sanders一年發表一本的《窮理查年鑑》（柿子文化出版）將一些生活智慧用淺白易懂的語句表述清楚，供一般平民理解。他設立會堂，供各種宗教進行宣教活動，而不只限某一宗教門派。他發起付費圖書館，讓珍貴的圖書資源能夠共享流通。他組成費城消防隊，讓費城老舊屋舍，減少祝融之災。他籌備設立費城學院，也是現在長春藤名校之一的賓州大學。

這些努力與成就，在他的時代之前，都是聞所未聞；顯示他所追求的，不只是個人的世俗名利成就，而是真正福國利民的前瞻創舉。

我們從這本自傳裡，看這麼一位人物，不必覺得仰之彌高、鑽之彌堅，因為他跟大多數人一樣，都是出身寒微，沒有任何顯赫身世背景，卻能依著勤勉、謙遜、誠信、寬容，實現自我，也留給後世無數珍貴典範。希望看到這本書的青年朋友，都能時時想起這個二百多年前赤手空拳開始走上人生旅程的少年，「有為者亦若是」！

周中天　前臺灣師大英語系及翻譯研究所所長、慈濟大學英美系教授

富蘭克林年少時期喜歡閱讀，並常保對事務之好奇，重視知識，謙虛待人，總是親力親為努力實踐，滿足自我慾求不滿的求知渴望，希望中小學生能閱讀此好書，每當探究書中的文字奧妙時，就是自我收獲的開始。

林瑞青　臺中市梨山國小學註冊設備組長

歷史上一些特殊人物的特殊生命歷程，往往可以給人對生命不同的想法，尤其在國小高年級、青少年階段，充滿叛逆、迷惘，但卻也充滿探索與改變，激盪著具無限可能性的青少年心靈深處。

班傑明‧富蘭克林是美國傑出的政治家、外交家、發明家、科學家、作家，也從事過不同的行業，本書用最生動活潑淺顯的筆觸，介紹富蘭克林精彩的一生，讓孩子們感受在那個風起雲

湧，標誌著青春、熱情、自豪、慷慨與真誠的美國獨立宣言和法國大革命的大時代，這些創造歷史的特殊人物，其不平凡的一生。

手機、網路、電動、漫畫之外，家裡擺一本《從卑微到偉大的斜槓偉人富蘭克林》，讓孩子有機會接觸不同時代的典範人物，不只可擴大孩子不同的視野，也開啟孩子的無限可能性！

林義淵　臺北市泉源實驗國小老師

教學多年，一直尋尋覓覓期望找出一本偉人傳記的經典名著，看完《從卑微到偉大的斜槓偉人富蘭克林》，內心聲音呼喚著：就是此書了！

學習過程常鼓勵孩子：英雄不怕出生低、不經一事不長一智、人非聖賢孰能無過……等經典名言；或是許多市面上成功書籍提到：要學習成功者、模仿成功者，或是認識自己、肯定自己、超越自己等等。然而，華麗詞藻總與孩子生活經驗平行時空毫無交集，課堂上師長們耳提面命的老生常談，往往會遇到一推鴨子聽雷的孩子懵懵懂懂，而要如何放諸生活執行，卻常常讓老師們一頭霧水。常常問自己是否有一本可以奉為圭臬的書籍，當作孩子們常學習的榜樣，言行舉止的準則，甚至學習路上遇到難解生澀的狀況，可以有一本專屬的「人生字典」，可以隨時隨地翻閱查詢，《從卑微到偉大的斜槓偉人富蘭克林》便是最佳字典！

富蘭克林的傳奇人生對學齡孩子極具啟發性，多元豐富的人生經驗，滋潤他的生命，砥礪他的意志，正面積極的看待每一項挑戰，不抱怨批評任何人事物，一生抱持善念、勇於接受任何降臨於生活中的磨難，雖有挫折、有失望，但他都沒有絕望，書中特別分享自己透過實際操作十三美德，改變自己習慣、培養建立好習慣，讓自己言行合一，破除多數人知難行易的魔咒而能突破自我。學齡中的學子們亟需渴望一項可長、可久、可為的執行計畫，富蘭克林無疑是最佳典範。

如果為人父母還在為孩子找一本傳記陪伴他，本書是孩子最適合的良師益友！

侯建誌　新北市中和國小老師

對中學生來說，必須閱讀《從卑微到偉大的斜槓偉人富蘭克林》的理由是：

傳主既偉大又平凡，與你我毫無距離——他與家人、朋友、同事的相處，有矛盾也有溫馨、有尖銳也有妥協；他對宗教極其虔誠，但對教義時時省思，不肯盲目接受；他既成功也失敗，傳中不時標記「這是我人生的最大錯誤之一」，然後窮盡所有可能去彌補；他有理想又務實，不去做一個滿嘴口號的演說家，而能深入人性的曲折隙縫，將理想落實為對社會的貢獻。

啟發文組學生，鼓舞理組學生——富蘭克林只上過兩年學，十歲以後全靠自修學習。從一個印刷學徒，而立志做文學家，最後辦報、開讀書會、設圖書館、創立大學、經營郵政總局、當議員從政，在在說明：文科生的發展真是不可限量。除了電學成就，他還改良壁爐、改善路燈以造福人民。對富蘭克林而言，知識是不能劃分領域的，因為生活必須使用各種的技能，這是「多元、素養」學習的最好見證。

以第一人稱「我」的眼光和感受來敘述往事，是寫作的重要能力——例如學測曾經出現的題目「漂流木的獨白」，寫好此類題目，閱讀與模仿自傳是最好的方法。富蘭克林的文筆極優美，在自傳中敘事暢達有序，隨處可見名言佳句——不論是作者自擬或引用，都令人驚艷。本書的翻譯亦流暢生動，不減原文精彩，沒有不中不西憋腳譯文的通病，殊為難得。

讀《從卑微到偉大的斜槓偉人富蘭克林》，能讓我們的道德精神與現實技能皆有長進，如果放過這本書，那就遺憾太大了。

涂釋仁　臺北市立景美女中國文教師兼語文資優班召集人

偶像劇中的貴公子一身男模西裝四處撩妹；下午茶的貴婦光鮮亮麗地互別苗頭，這是影視中的虛假人生。在現實的城市街頭，外送員在街頭上來回奔波；打工族在小7裡忙碌上貨；密密麻麻的上班族穿梭在開開闔闔的捷運車廂裡。多數人在生計的戰場上奔忙，頭頂上的陽光是酷熱還是希望？

不幸，卻是萬幸！有個人，他在炎炎烈焰的現實中投資了他的人生，並翻轉了一切。這個人，在家中十七個兄弟姊妹中排行第十五，家中人口眾多，經濟沉重，他十歲就被中斷學校學習而成為父親身邊的小雜工，每天幫忙剪燭芯跑腿打雜。十二歲成為哥哥印刷廠學徒，學習印刷與排版，卻常遭受暴力哥哥的拳打腳踢。十七歲逃離哥哥至離家三百里外城市獨自求生，從此，在顛簸人生中奮力踏實地走出一條堅實而影響眾人甚至一個國家的豐富人生之路。

他，就是班傑明・富蘭克林，美國人曾奉他為僅次於華盛頓的重要人物，在美國獨立戰爭中扮演關鍵角色。現在，我們可以在每張美鈔上看到他的照片，又因此，現代人總將他視為理財及財富的代表。但是，富蘭克林如何由身無分文的逃家少年成為後來眾所景仰的時代巨人？

不幸，卻是萬幸。在這本自傳中，富蘭克林親筆寫下他所遭遇的人生歷程，那些不幸與悲慘的遭遇都如磨刀石一般，將他的內在砥礪成一把充滿熠熠光輝的智慧寶劍。

這本書幾乎是這位真實人物的傳奇故事集。他曾在海上航行三十個小時，沒吃沒喝，落魄潦倒；他曾因不願支付迎新費而被排版工人集體排擠陷害；在創業之初，他面臨資金危機，因為欠債被告上法庭。他曾被欺騙而受困滯留倫敦；他曾因受忌妒而遭受毀謗攻擊。但這些逆境都在他的自學、勤奮努力與嚴守自律的生活態度中化為他人生最珍貴的資源。他的父親曾對他說：「你看見辦事殷勤的人麼？他必站在君王面前。」從此，他便把勤奮不懈當作取得財富與榮耀的一種方法並奉行一生，而後，他確實曾站在五個君王面前，並取得財富讓自己四十二歲退休，並投身研究與公益，創造另一波人生的輝煌。

富蘭克林終其一生最主要的職業是印刷廠老闆，但他有計畫的人生思考卻為自己創造更多彩的人生，他是名作家、發明家、科學家、公益家，而後更是議員、郵政總長、賓州大學校長、法國大使……等。這些人生資歷似乎與理財沒有直接關聯，但他踏地實踐著自己清晰明確的人生規劃的處世原則，卻是投資人生最佳的成功案例，更受到現代投資家如巴菲特等奉為投資人生的最高典範。

現實的臺北橋機車瀑布在每日清晨震撼世人的眼睛，奔忙的人們頭頂上的陽光是酷熱還是希望？人生，值得投資。在二十一世紀的今日再重讀富蘭克林的親筆自傳，似乎依然能夠啟迪我們對人生的思考，進而把握自己的人生。在此，特別推薦這本書，在這世代，特別適合年輕人，因為，人生值得投資！

陳姵君　臺北市立南湖高中國文老師

被譽為「美國第一位偉人」的班傑明・富蘭克林，一生秉持其對青年人的忠告，「活力和毅力能戰勝一切」（Energy and persistence conquer all things.）的信念，孜孜不倦、勤勉自學、艱苦創業、自我實現；更為了實踐社會公平正義的價值，投身教育、回饋社會、追求理想、兼善天下。這是一本為年輕學子提供自我激勵與崇高典範的好書，值得品味與珍藏。

陳修平　國立中山大學附屬國光高中校長

身為教師，要啟發學生學習興趣，引導學生思索與探究。班傑明・富蘭克林擁有多采多姿的斜槓人生，一生充滿自信、自律與自省。他是怎麼做到的？《從卑微到偉大的斜槓偉人富蘭克林》是很好的故事題材，閱讀此書將會從中得到歡喜與感動。

陳端峰　教育部國教署人權教育議題輔導群常務委員

富蘭克林在我的世界裡產生出漣漪，可能是細細品味他的第十三項德行開始的吧，從此他不再只是課本中那個放風箏找到電的人，而是哲學家。

我的教育哲學是「做人第一，學問第二」，富蘭克林亦是，他在乎人品是有道理的，試想：如果醫生少了醫德，應該只是醫生；老師少了愛，一定只是老師；政客不能人飢己飢，肯定只是玩弄權術的人。但有了品格，醫生會是華佗，老師成了教育工作者，而政客便會成了苦民所苦的政治家。教育講的是他修，是作育英才的人給的，但富蘭克林更在乎自修，因而有了著名的「第十三項德行」，他是一個自奉嚴謹的人，早早為自己訂出了一套生活準則：「十二」德行，自覺做得不錯，但依舊有人中傷他，原因是什麼？

富蘭克林發現自己可能恃才傲物，少了謙誠待人的德行，這便是歷史上非常有名的富蘭克林的第十三項德行：謙受益、滿招損的謙卑。

富蘭克林有非常多的座右銘，影響我最深的一句是：「把知識放進了腦袋，就誰也搶不走，那是一輩子最好的投資。」與其在財富上斤斤計量，不如在知識智慧上做投資，他明白一個人腦袋裡可以裝得下的才華太少了，必須借用，而閱讀便是巧門。

慈悲喜捨是他最令人津津樂道的，工作賺錢是一種成就，但把所得的錢用來助人則是一種慈悲，他把金錢當成媒介，用它來服務公共事務，籌組消防隊，蓋圖書館，組義民兵團，成為受人「敬重」之人。他善用影響力，登高一呼，更多有錢的人響應，微小的事便會成為巨大而最美的「蝴蝶效應」了。這樣的人做的事與其含藏的道理，確實不該只用我的短序認識他，而是值得讀者花一些錢買下他的智慧「人生」，燈火下玩賞細讀的。

游乾桂　親職教育專家、作家

富蘭克林堪稱美國史上最偉大的人物，其一生跨足多元領域，且成就斐然；但即使功成名就，他依然保持謙卑的態度，不斷自省精進，進取的人生觀為後人津津樂道。本書適合各年齡層讀者閱讀，青少年可從富蘭克林身上學習積極精神，成年人可習得嚴謹務實的態度，不論你是哪個階段，都值得一讀。

黃之彥　高雄市立前鎮高中英文教師

對於富蘭克林，除了古早小學課本提到的避雷針、許多與他同名的投資商品、美金上的頭像……你還知道什麼？讀完他的自傳，你將會看到一位實踐者的生命歷程、價值思想與實踐方案，佐以豐富的斜槓傳奇，將啟發無限的人生思考。

黃俊榮　新北市秀山特殊教育資源中心主任

這是激勵人心的一本書，富蘭克林是一位全方位的偉大人物，他是美國開國先賢，是美國史上著名的政治家、科學家、發明家、外交家、教育家、作家、出版商、印刷商，他出身平凡之家，自學成才，培養良好品格，奮發向上走向成功的心路歷程，讓我們藉著閱讀來與偉人心靈對話，努力自我成長。

溫嬛椿　國立空中大學講師

班傑明・富蘭克林先生謙虛有禮、急功好義、好學不倦，喜愛閱讀和寫作，使他不只是個平常的印刷工人。他選擇清教徒的自我約束，成為事業有成的商人，讀書會和圖書館的發起者，不止成就了自己，也啟發無數的心靈。

見證只要建立習慣，樂在其中、確實執行，人的能力是掌握在自己身上的！

溫懿珍　國立花蓮女中歷史老師

縱觀富蘭克林的一生，成就是傳奇的，但經歷卻是真實且平凡的，原來偉人之於我們，並非遙不可及，他和我們一樣，每天都要與自己的七情六慾和難題奮戰不休。而這樣一位百科全書式的人物，他提出十三項美德操練計畫，正是建立正確價值觀與自省缺失的措施，當一個人擁有這些，將如何不成就偉大呢？

葉昊政　花蓮市國中小學家長讀書會會長

在青少年身心發展的階段，非常需要閱讀傳記，因為傳記最難能可貴的是，提供了生活的視野，以及生命價值的選擇上所展現的意義。富蘭克林的親筆自傳導引出他對自己品德的重視，每一個禮拜，選定一個其中一個品行，該週針對一項品行進行省思，例如：節儉、勤奮、誠實、正直等美德，透過每週選定的德目來策勵自己精進，對自我的鍛鍊是日常的練功，很令人佩服，也是青少年典範學習的人物。

另一方面他在生涯發展的多元性，也值得青少年學習打開多元學習的視野，讓自己與富蘭克林一樣，能夠在科學與文史哲的廣泛薰陶中，發光發亮，是個具有多向度視野的人。

他的生命故事更是精彩萬分，值得青少年們從閱讀偉人傳記中，發起遠大的人生目標，開展有為者亦若是的學習之旅。

蔣素娥　花蓮諮商心理師公會理事長

《從卑微到偉大的斜槓偉人富蘭克林》是一本充滿正能量的勵志奇書，全文以一種真實貼切話家常的方式，呈現富蘭克林一生艱苦奮鬥不懈的精神，憑持之以恆，努力從貧窮到致富；靠堅強意志從失敗到成功，他的成就無法複製，但那股永不低頭的精神值得學習。

蔡秀燕　新北市景新國小退休校長

具名推薦

張瑜純　臺北市立明倫高中國文老師
陳恬儀　輔仁大學中文系副教授
陳蔡慶　慈濟大學英語中心講師
葉佐駿　臺中市立中山國中老師
嚴愛群　國立東華大學英美文學系副教授

班傑明・富蘭克林。

Contents

導讀

凡寫作宗旨是揭櫫人生成功祕訣的著作，人們都會迫不及待地卯起來大啃。然而，我們卻常常大失所望地發現，這些書根本不值得一讀，不是老生常談，就是提出那些我們已了然於心卻從未去做的建議。大多數功成名就人士的人生故事無法激勵我們，是因為這些故事裡缺少了人性元素，使得他們的經歷不夠真實，無法激起我們的共鳴。

就在我們到處尋尋覓覓一個阿拉丁神燈，以賜予我們夢寐以求的好運時，其實它就在燈火闌珊處，伸手可及，只要我們願意伸手去拿，就像約翰・密爾頓（John Milton）在詩劇《考瑪斯》（*Comus*）中所散發的迷人魔力——

沒有人認識他，
卻像是受尊敬之人，
這個愚鈍的鄉下年輕人，
每天穿著他綴滿補丁的破鞋，
從它上面踩踏而過。

為什麼你一定要讀《從卑微到偉大的斜槓偉人富蘭克林》？

這個令人玩味、富有人性的生動故事，堪稱美國史上，也可能是人類史上最富智慧，也最富啟發性的人生傳記之一。《從卑微到偉大的斜槓偉人富蘭克林》的主旨不在於提供現成的人生成功公式，它更像是真實生活中一個具有傑出心靈和人格的良朋益友，主角的日常為人處事和言行舉止，展現了一個睿智又堅強的朋友榜樣，將有助我們面對人生的困境。我們沉醉於這個故事的同時，也在汲取人類的經驗，在潛移默化中逐漸培養出堅強、樂於助人的人格。

本書所流露出來的人性面，使得本書有別於其他偉大成功人物的人生故事。富蘭克林之所以要訴說自己的人生故事，就像他自己說的，是為了讓後代子孫獲益。他希望藉由敘述自己如何從卑微、貧困的出身嶄露頭角，成就非凡人生並成功致富。他並非不在乎曾出任公職的重要性，但與其所得到的認可相較，他只是把它們當作故事的一部分來敘述這些傑出成就，他在字裡行間所流露出的自負並非刻意炫耀，也與本書務求誠實的基調一致。

富蘭克林所提出的方法和作法都是可實踐的。年輕讀者在閱讀這個引人入勝的人生故事時，會驚訝地發現，原來年輕時的富蘭克林也和自己一樣，每天都要與自己的七情六欲和難題奮戰，並克服那些因為了解自己的缺點而生出的無能為力及挫折感。

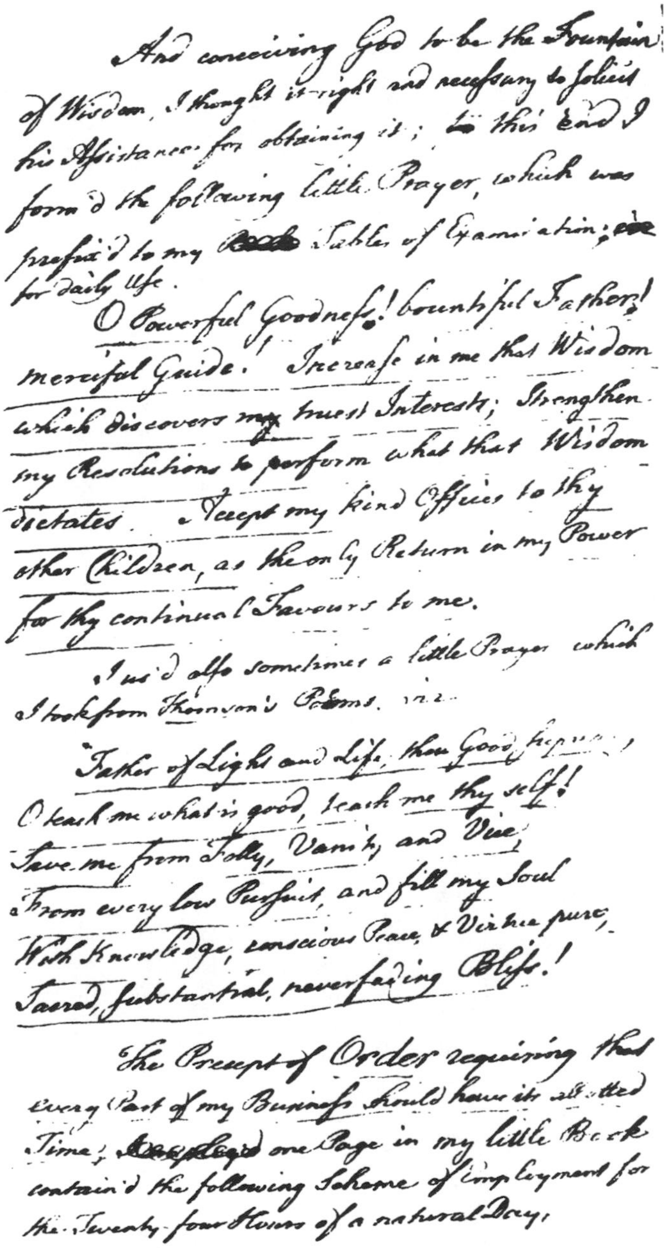

And conceiving God to be the Fountain of Wisdom, I thought it right and necessary to solicit his Assistance for obtaining it; to this End I form'd the following little Prayer, which was prefix'd to my Tables of Examination; for daily Use.

O Powerful Goodness! bountiful Father! merciful Guide! Increase in me that Wisdom which discovers my truest Interests; Strengthen my Resolutions to perform what that Wisdom dictates. Accept my kind Offices to thy other Children, as the only Return in my Power for thy continual Favours to me.

I us'd also sometimes a little Prayer which I took from Thomson's Poems, viz.

"Father of Light and Life, thou Good supreme,
O teach me what is good, teach me thy self!
Save me from Folly, Vanity, and Vice,
From every low Pursuit, and fill my Soul
With Knowledge, conscious Peace, & Virtue pure,
Sacred, substantial, neverfading Bliss!

The Precept of Order requiring that every Part of my Business should have its allotted Time; one Page in my little Book contain'd the following Scheme of Employment for the Twenty-four Hours of a natural Day.

《富蘭克林自傳》的手寫稿。

還有其他理由可支持《從卑微到偉大的斜槓偉人富蘭克林》應當成為年輕人的良朋益友。首先，透過閱讀本書，他們得以與一位最卓越，同時也是當代最有智慧的人，建立起密切的關係。

富蘭克林的一生與每一位美國人息息相關，意義深遠，主要是因為他在促成美國脫英獨立並創建成為一個國家上，扮演了舉足輕重的關鍵角色。他和華盛頓共享獨立革命的榮譽，也在催生一個新國家誕生的重要事件上同享榮耀。華盛頓在殖民地鼓舞人心為獨立奮戰的同時，富蘭克林則是美國獨立運動大業在海外最有力的鼓吹者。

我們對富蘭克林感興趣的另一個原因是，透過他的一生和教導，他對促進同鄉生活富裕所做出的貢獻，無人能出其右。據說，他那些廣被閱讀和遵行的格言集，促進了當時費城和賓夕法尼亞的財富，而窮理查（Poor Richard）的精闢有力格言，至今也已經翻譯成多國語言，在全球發揮廣大的影響力。

富蘭克林也是美國男人的良好典範。雖然他在財富和權勢上並未達到睥睨天下的地步，但他所展現的多方面才華和成就，無疑是白手起家人物中最傑出的一位。他從一個充當父親脂燭（tallow-chandler）小店的貧賤童工，靠著勤奮不懈、節儉與鍥而不捨的自我精進，一步一腳印地獲致顯赫的成就，自傳中這段平實卻生動的發跡歷程，是所有白手起家者非凡經歷中最精彩的。這個故事本身絕佳地闡明了在一個機會不平等的國度裡，只要效法富蘭克林的為人處事準則或格言去實踐，才有可能獲致哪些成就。

此外，富蘭克林的聲望是超越美國本土的。他生活在一個科學、政治思想和活動快速演變的世紀，如同《愛丁堡評論》著名主編法蘭西斯・傑佛瑞（Francis Jeffrey）勳爵在一個世紀前所下的精闢評論，「從某個角度而言，富蘭克林的名望比起其他十八世紀重要的代表性人物更崇高，這是無庸置疑的。身為一名傑出的政治家，他做為哲學家的表現也一樣出色，他集兩種身分於一身，無論是哪個非凡的表現都獲得最高評價，實在難能可貴。」

有人形容富蘭克林「多才多藝」，這樣的說法一點都不為過。他在科學、公共事務、外交和文學上的表現，無不精彩。他是當代的愛迪生，把自己的科學發現轉變為同胞的利益。他看出閃電和電流的同一性，所以架起了避雷針。他還發明了富蘭克林暖爐，至今仍在廣泛使用中，而且拒絕申請專利。他在商業和實際事務上精明過人，湯瑪斯・卡萊爾（Thomas Carlyle）因此稱他為「北方佬（Yankees）之父」。他創建消防隊、協助創辦醫院，以及改善街道的清潔和照明。他促進新聞業的發展，創立美國哲學學會、費城公共圖書館，以及賓州大學。他為北美殖民地制訂了一套郵政系統，為今天的美國郵局奠定基礎。傑出的歷史學家班克洛夫特（Bancroft）讚譽富蘭克林為「當世紀最偉大的外交家」。

他為北美諸殖民地起草了〈奧爾巴尼聯合政府計畫〉（Albany Plan of Union），是唯一在〈獨立宣言〉、〈美法同盟條約〉、〈美英和平條約〉（又稱〈美英凡爾賽合約〉）和憲法上皆有署名的政治家。身為作家，他寫了自己的自傳和《窮理查年鑑》，至今仍未有類似作品得以超越這兩部著作。他獲頒哈佛、耶魯、牛津和蘇格蘭聖安德魯斯（St. Andrews）等大學的榮譽學位，獲選英國皇家學會會員，並獲頒科普利金質獎章（Copley gold medal），以表彰他在促進科學知識上的傑出成就。他也是法國科學院八位外國院士中的一位。

由於《從卑微到偉大的斜槓偉人富蘭克林》的寫作風格獨樹一幟，單是鑽研本書就極具價值。如果羅伯特・史蒂文森（Robert Louis Stevenson，《金銀島》作者）所言正確，他相信年輕人與其模仿他的非凡寫作風格，練就強大的表達力，以清晰有力的生花妙筆表達自己的想法，不如學習富蘭克林的方法，成效更大。富蘭克林在科學界的名望固然歸功於他所公開的科學成果，但也歸功於他以一種謙虛、坦率和真誠的態度提出他的發現，以及用一種精準的清晰風格來描述自己的實驗。著名的英國化學家亨佛瑞・戴維（Humphry Davy）爵士，本身就是一位非常優秀的文學評論家，也是一位偉大的科學家，他說：「富蘭克林用其獨一無二的巧妙才華引領他的所有研究，只稍微透過非常簡單的方法，就確立了宏偉的科學真理。他在電學著述上的寫作風格和方法，幾乎與其涵蓋的學說一樣，令人讚歎。」

（上圖）富蘭克林簽署〈獨立宣言〉；（下圖）富蘭克林在凡爾賽宮。

富蘭克林基本上不是一個文學家，以致其文學地位難以落錘敲定。他寫作的目的和終身志業一樣，都是為了幫助自己的同胞。對他來說，寫作本身永無停筆的一天，卻是為了達到目的所使用的一種手段。然而，他能成為與大眾溝通的成功科學家、政治家和外交家，其寫作能力功不可沒。「他的書信使所有人都讀得著迷，引發人們熱切地搜尋他的信函。他的政治論述讓同黨人士歡欣鼓舞，卻讓對手畏懼。他用十分簡潔易懂的語言闡釋科學發現，無論是莊稼漢或是品味高雅的人士，都能仿效他的思想或實驗，獲致結論。」[1]

就美國文學而言，富蘭克林在世時沒有其他同代作家。在這本自傳出現之前，那個世紀裡只出現一本重量級的文學作品——寇頓・馬瑟（Cotton Mather）[2]的《基督在美國的光輝事蹟》，講述新英格蘭地區的教會史，寫作沉悶、生硬。富蘭克林是第一位譽滿歐洲且聲譽經久不衰的美國作家。《從卑微到偉大的斜槓偉人富蘭克林》、《窮理查年鑑》、《亞伯拉罕老爹對眾人的演講》（即《致富之路》），以及《瑣事集》中的一部分文章，在海外廣為人知的程度不下於其他美國作品。此外，富蘭克林也被歸類為美國第一位幽默作家。

散文的發展成了十八世紀英國文學的特色。隨著約瑟夫・艾狄生（Joseph Addison）和理查・史提爾（Richard Steele）創辦的《閒談者》（*Tatler*）與《觀察者》（*Spectator*）[3]等報紙面世，期刊文類在十八世紀初期臻於成熟。小冊子作者則橫跨整個十八世紀，發展鼎盛。約翰・

班揚（John Bunyan）和狄福（Defoe）的質樸散文則逐漸讓位給文字更典雅、更矯揉造作的薩繆爾・約翰遜（Samuel Johnson），他從一七四五年起便為散文寫作設立了標準。在十八世紀，我們看到了現代小說的發軔，在亨利・菲爾丁（Henry Fielding）的《湯姆・瓊斯》、薩繆爾・理查遜（Samuel Richardson）的《克拉麗莎》[4]、勞倫斯・斯特恩（Laurence Sterne）的《項狄傳》和奧利佛・高德史密斯（Oliver Goldsmith）的《威克菲爾德的牧師》中，都可以看到現代小說的影子。愛德華・吉朋（Edward Gibbon）寫了《羅馬帝國衰亡史》、大衛・休謨（David Hume）則著有《英國史》，亞當・史斯密（Adam Smith）則寫了《國富論》。

富蘭克林質樸、充滿生氣的寫作風格更接近十八世紀較早期的作家群。他起初仿效艾狄生，寫出了毫不遜色的文章。他寫了許多寓言、道德諷喻和富有教育意義的故事，班揚對其寫作風格的影響歷歷可見。但富蘭克林基本上是一名記者，他文字中的機敏、簡約風格，最像堪稱是英語界第一位傑出記者和報紙敘事大師的狄福。他們二位的寫作風格都以樸實無華、擲地有聲、諷

1738
窮理查年鑑

寫作該當學風雅，
說話須得庶民化。

刺、詼諧和機智著稱。兩人的比較就到此為止。狄福及其同儕都是作家，他們以寫作維生，成功與否端賴他們展現於文字的想像力或創造力。富蘭克林則從未以作家自許，他沒有寫出任何一部幻想作品。他純粹是出於偶然而發展出一種寫作風格，在許多方面，表現得與其同時代的英國作家一樣傑出。他寫出了一本至今最好的傳記，以及一本家喻戶曉的格言集，還有一系列無與倫比的政治及社會諷刺文章，由於他具有非凡能力，亦能橫跨不同領域展現絕佳成效，因此知道如何把具備那種能力和效力的祕訣說給同胞聽。

《從卑微到偉大的斜槓偉人富蘭克林》的故事

闡述富蘭克林是如何動筆寫下這本自傳，以及原始手稿的形成歷程，本身就是一個生動有趣的故事。

這本自傳是富蘭克林篇幅最長的作品，卻只是一本斷簡殘篇。自傳的前半部，是他寫給兒子威廉・富蘭克林（William Franklin）的家書，並沒有公開出版的打算，所以相較於後半部，文體沒有那麼正式，語氣也更家常——後半部寫於一七三〇年之後，具有出版目的。整本手稿看不出有太多修訂的證據，反而是整本自傳的敘述太過樸實、率真，以至於他的長孫威廉・坦普・富蘭克林（William Temple Franklin）在編輯本書時，修改了一些句子，因為他認為這些文字太過粗俗不雅。

富蘭克林開始動筆寫下自己一生的故事經歷，是一七七一年他前往英格蘭南部漢普郡（Hampshire）特威夫特（Twyford）拜訪朋友席普利（Shipley）主教期間。他於一七七五年帶著於一七三一年完成的手稿，返回費城。隔年，他帶著這份手稿與其他文章前往法國，並在發生美國獨立革命的大動盪期間，不慎遺失了。二十三頁寫得密密麻麻的手稿落入亞伯・詹姆士（Abel James）手裡，他是富蘭克林的老朋友，寄了一份手抄本給人在巴黎附近帕西（Passy）的富蘭克林，催促他完成自己的人生故事。

富蘭克林於一七八四年在帕西重新提筆，繼續寫了幾個月後，他改變寫作計畫，以滿足新的寫作宗旨——讓年輕讀者從自傳中受益。不過，他的寫作沒多久便告中斷，直到一七八八年才再次提筆。這時，他已回到費城的家中。當時他已年邁體衰，飽受病痛之苦，但仍致力於服務公眾。面對當時力不從心的處境，他的自傳進展得非常緩慢，在寫完一七五七年的經歷之後，便嘎然而止。這份手稿的抄本分別寄給了富蘭克林在英國和法國的朋友，包括在巴黎的勒維拉德（Le Veillard）先生。

第一本富蘭克林的自傳於一七九一年在法國巴黎出版。這本法文譯本譯筆拙劣，馬虎草率，

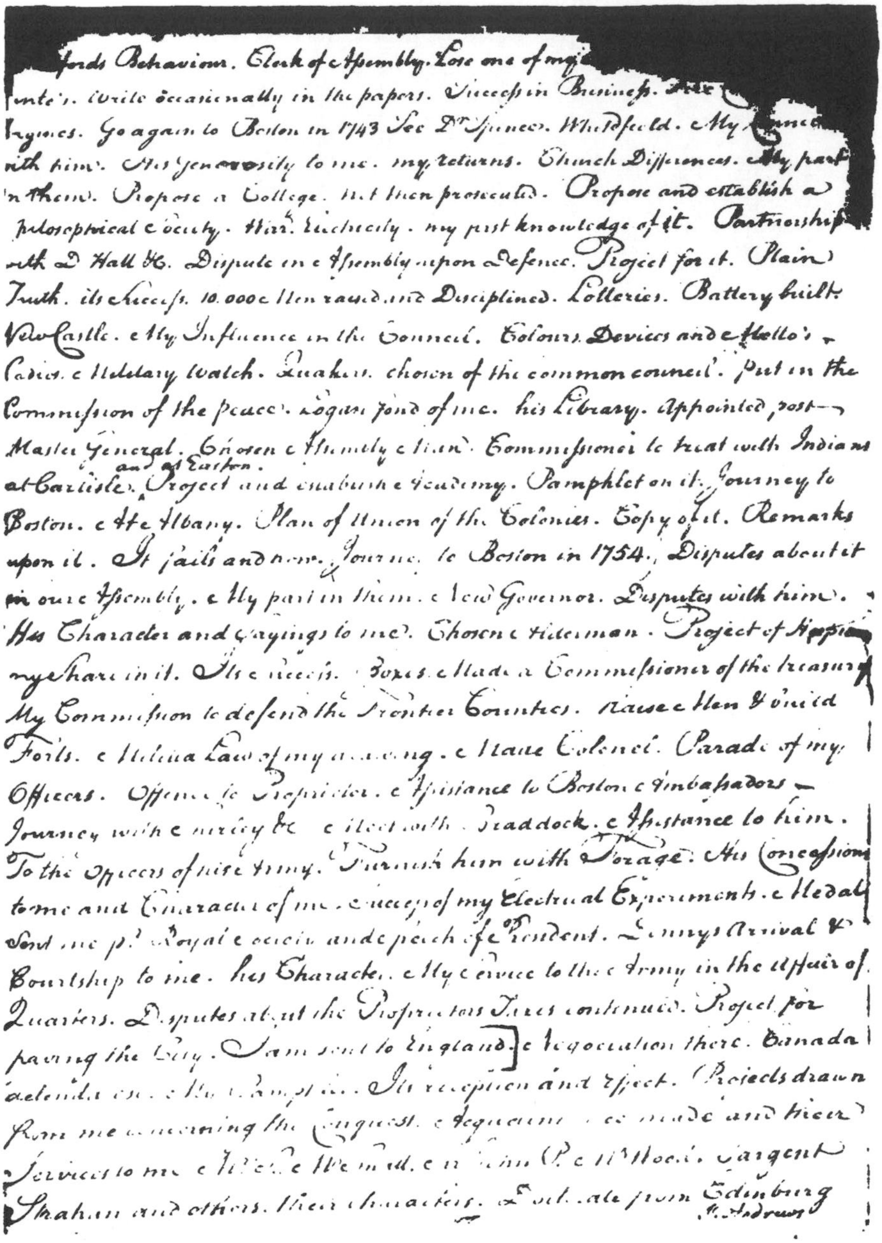

...fords Behaviour. Clerk of Assembly. Lose one of my...
...nter's. Write occasionally in the papers. Success in Business. Fire
...ngines. Go again to Boston in 1743 See Dr Spence. Whitefield. My Connec-
...ith him. His Generosity to me. my returns. Church Differences. My part
in them. Propose a College. not then prosecuted. Propose and establish a
Philosophical Society. War. Electricity. my first knowledge of it. Partnership
with D Hall &c. Dispute in Assembly upon Defence. Project for it. Plain
Truth. its Success. 10.000 Men raised and Disciplined. Lotteries. Battery built.
New Castle. My Influence in the Council. Colours, Devices and Motto's.
Ladies. Military Watch. Quakers. chosen of the common council. Put in the
Commission of the peace. Logan fond of me. his Library. Appointed post-
Master General. Chosen Assembly-man. Commissioner to treat with Indians
at Carlisle, and at Easton. Project and establish Academy. Pamphlet on it. Journey to
Boston. At Albany. Plan of Union of the Colonies. Copy of it. Remarks
upon it. It fails and how. Journey to Boston in 1754. Disputes about it
in our Assembly. My part in them. New Governor. Disputes with him.
His Character and Sayings to me. Chosen Alderman. Project of Hospital.
my share in it. Its success. Boxes. Made a Commissioner of the Treasury.
My Commission to defend the Frontier Counties. Raise Men & build
Forts. Militia Law of my drawing. Made Colonel. Parade of my
Officers. Offence to Proprietor. Assistance to Boston Ambassadors.
Journey with Shirley &c. Meet with Braddock. Assistance to him.
To the Officers of his Army. Furnish him with Forage. His Concessions
to me and Character of me. Success of my Electrical Experiments. Medal
Sent me per Royal Society and Speech of President. Denny's Arrival &
Courtship to me. his Character. My Service to the Army in the Affair of
Quarters. Disputes about the Proprietors Taxes continued. Project for
paving the City. I am sent to England. Negociation there. Canada
delenda est. My Pamphlet. Its reception and Effect. Projects drawn
from me concerning the Conquest. Acquaintance made and their
Services to me. Mrs S. Mr Small. Sir John P. Mr Wood. Sargent
Strahan and others. their Characters. Doctorate from Edinburg
St Andrews

《從卑微到偉大的斜槓偉人富蘭克林》大綱中的一頁。

錯誤俯拾皆是，而且還不是完整的譯本。譯者是從哪裡拿到手稿並不得而知，而勒維拉德亦聲稱他根本不知道傳記出版的事。後來，從這本錯誤連篇的版本印行了許多衍生版本，德國有一些，英國有兩本，其他在法國，反映出人們對這本傳記的需求殷切。

於此同時，自傳的原始手稿展開了一段變化多彩的奇遇之旅。富蘭克林把它連同其他作品都留給他的孫子威廉・坦普・富蘭克林，富蘭克林指定他擔任自己的遺著保管人。一八一七年，他打算出版祖父的作品集，便把自傳的原始手稿寄給勒拉維德先生的女兒，用來交換她父親手上的版本，或許是認為該抄本的字跡更清楚，利於印刷商排版。因此，手稿落到勒維拉德家族與其親屬手中，直到一八六七年賣給美國駐法大使約翰・畢格羅（John Bigelow）先生。後來，畢格羅賣給紐約的德懷特・查爾赫（Elihu Dwight Church）先生，然後連同查爾赫其他的藏書轉入亨利・杭廷頓（Henry E. Huntington）之手。現在，原始的自傳手稿收藏在杭廷頓先生位在紐約第五大道五十七街的豪宅裡。

當時，畢格羅檢視他買到的自傳手稿，驚訝地發現，讀者捧讀多年且視之為權威版本的《富蘭克林親筆自傳》只是一本任意竄改的非完整版自傳——威廉・坦普・富蘭克林對原始手稿做了未獲授權的竄改。

畢格羅先生說，他發現更動之處多達一千兩百個。因此，他在一八六八年出版了標準版的

《從卑微到偉大的斜槓偉人富蘭克林》，把之前版本的錯誤加以更正，是第一個將簡短的第四部分增文收納進來的英文自傳版本，其中含括了手稿最後幾頁，那是富蘭克林在世最後一年寫就的。畢格羅先生分別於一八七五年、一九〇五年和一九一〇年再版這本自傳，新增了一些有趣的內容。本書便是根據畢格羅先生的版本[5]。

《從卑微到偉大的斜槓偉人富蘭克林》已經在美國再版許多次，全歐洲國家都有該國譯本。本書一直廣受讀者歡迎，暢銷至今從未退燒，持續在圖書館被讀者借閱。本書廣受歡迎的原因不難理解。富蘭克林以其出眾的文筆講述了不同凡響的精彩人生。他在書中展現了他深諳人情事理，以及實用的生活和處世之道。或許是出於無意識，他展現了記者般的直覺，在素材上做出了正確的選擇和鋪陳，而獲致最大成效。

他的成功主要歸功於其淺顯易懂、簡潔有力的英文。他使用短小精練的句子和字彙、用字遣詞樸實無華、舉例貼切，還有一些影射。富蘭克林一生跌宕起伏、精彩非凡。他是當代最卓越的健談者之一。

本書記錄了富蘭克林不同凡響的一生，用他自己無與倫比的口語化寫作風格寫成。據說，詹姆士•鮑斯威爾（James Boswell）所寫的著名薩繆爾•約翰遜傳記中，最精彩的內容就屬約翰遜口述自己故事的部分。

《從卑微到偉大的斜槓偉人富蘭克林》從頭到尾都是由一個在成就和表達力上完全不遜於約翰遜的非凡人物，親口講述自己的故事。

法蘭克・伍德沃斯・派因（Frank Woodworth Pine）

一九一六年九月，寫於巴爾的摩吉爾曼中學

[1]參見《多才多藝的富蘭克林》，保羅・福特（Paul L. Ford）著。

[2]寇頓・馬瑟（一六六三～一七二八），身兼牧師、作家和學者於一身。他是波士頓北教堂（North Church）的牧師，積極參與迫害巫術運動。

[3]《觀察者》：一份發行於倫敦的日報，內容包含諷刺社會現象的文章，艾狄生與史提爾創辦於一七一一年至一七一二年間。《觀察者》與其前身《閒談者》雜誌，標誌著期刊出版品的序幕。

[4]薩繆爾・理查遜，英國小說之父，著作有：《帕梅拉》、《克拉麗莎》、《查理・葛蘭狄生爵士》等，以書信體寫作小說。

[5]本書的章節劃分和每章標題，一概由出版社編輯自負責任。

1 先人軼事與波士頓的童年生活

一七七一年寫於特威夫特[1]，聖阿撒夫教區主教宅邸

我摯愛的兒子：

我素來喜歡蒐集家族先人的各種趣聞軼事，隻字片語都好，而且樂此不疲。我們父子倆還特地為此前往英格蘭拜訪當地還健在的親戚，你可能記得我向他們打聽的情景。我想，或許你也有興趣了解我的人生際遇，其中有許多事情是你不知道的，趁著我現在幽居鄉間，估計會有一個星期不受打擾的恬靜時光，我坐下來提筆寫下這一切。除此之外，還有其他原因敦促我這麼做。我出身成長於寒微之家，如今卻能享有富庶無虞的生活，在國際間小有名望，而且一路走來常有鴻福相伴，承蒙上帝的祝福保守，我所秉持實踐的人生哲學獲致成功，也許我的後代子孫會有興趣願聞其詳，甚或從中發掘到一些適用於自己處境的原則而加以效法。

有時候，當我細思這一生所享有的鴻福，不禁會想，如果可以選擇的話，我非常樂意再活一次相同的人生，唯一的要求是我可以像作家一樣，有權在作品再版時修訂初版的錯誤。此外，我

會改寫某些凶險際遇，過一個更加平順的人生。即使這項要求遭拒，我還是會接受這樣的選擇機會。不過，這終究只是空想罷了，人生畢竟無法重來，既然如此，最接近重活相同人生的作法，莫過於追憶生平點滴，將其付諸筆墨記錄下來，讓自己的一生得以流芳後世。

在此，我要特別聲明，接下來我也會無可避免地不自覺流露出老年人都會有的通病，滔滔不絕地提起當年勇，繞著自己過去的種種打轉；也許大家會基於敬老尊賢之故，勉強自己聽聽我這個老人要說什麼，然而讀或不讀，我都悉聽尊便，免得我的自我陶醉讓人生厭。最後（既然沒有人相信，我只好承認），我的虛榮心或許會因此大得滿足[2]。我確實很少看過或聽到有誰以「我可以毫不矜誇地說」這類話語做為開場白，接下來便大言不慚的。大多數人不論其自命不凡的程度如何，都不樂見自負之人；不過，我對自命不凡者總是寬容以待，因為我相信這對他本人或是周圍的人來說，往往是有益的；因此，許多時候，一個人為其自命不凡等生活中的福分而感謝神，一點都不荒唐。

和我同時代的兩位英國歷史學家，愛德華・吉朋與大衛・休謨也在他們的傳記中，表達了對於自我誇耀的正當性的認同。

我要在此說說對上帝的感恩，我全然謙卑地承認，我所提及的人生諸般幸福都是出於上帝的庇祐，祂啟發我發展出自己的人生哲學，並由此獲致成功。這樣的信念激勵了我盼望上帝會繼續賜恩福於我，使我繼續享有過去的幸福，或是和別人一樣在遭逢嚴峻的逆境考驗時能經受得起諸般試煉，但我不敢妄言這一切必如我所願；唯有上帝知道我的未來會如何，祂會用祂的大能祝福我們，即使經歷磨難也是出於祂的賜福。

英國先祖的故事

一位伯父（他和我一樣都有蒐集家族趣聞軼事的癖好）曾經把一些筆記本交給我，讓我對自己的祖先有了更詳盡的認識。我因而從這些筆記中得知，我們本家曾經在英國北安普敦郡（Northamptonshire[3]）埃克頓村（Ecton）安居落戶達三百年之久，至於究竟有多久，他也不知道（或許，是在全英開始使用姓氏蔚為風潮後，他們也順應潮流採用了「富蘭克林」這個原本代表某個社會階層[4]的名稱為姓氏）。他們定居於占地約三十英畝大的永久地業上，兼營打鐵維生，代代相傳到我伯父這一輩，而且都是由長子繼承家業，伯父和我的父親承續家族傳統，也由長子克紹箕裘。我在查找埃克頓教區的戶籍名冊時，查到了一五五五年後這些先祖的名字、婚姻和殯葬等記錄，在此之前的記錄全都付之闕如。我從戶口名冊發現，我們這一脈上溯五代都是么子相傳，我可以說是么子中的么子。

我的祖父生於一五九八年，一直定居在埃克頓村，直到年事已高無法再繼續管理打鐵生意，而搬去牛津郡班伯瑞（Banbury），與從事染匠的兒子約翰（John）同住為止，我的父親則跟著兄長做學徒。我祖父最後在班伯瑞辭世，並長眠於當地。我們父子倆曾在一七五八年一起來到他的墳前憑弔。我祖父的長子湯瑪斯（Thomas）定居在埃克頓村，死後房產由他的獨生女繼承，後來她偕同丈夫——威靈伯洛（Wellingborough）的漁夫——將這片祖產賣給埃斯泰德（Isted）先生，他成為莊園現在的新主人。祖父膝下有四個兒子長大成人，依序為：湯瑪斯、約翰、班傑明（Benjamin）和約西亞（Josiah）。我會在相關資料不在手邊的眼下，盡記憶所及詳述他們的事蹟，若這些檔案沒有隨著我離家期間而丟失，你會從中發現更多關於他們四人的詳盡資料。

湯瑪斯在父親的栽培下成為打鐵匠；但當地教區備受敬重的紳士領袖帕默（Palmer）見他頭腦聰慧，鼓勵他繼續學習（一如對其他兄弟），後來他在代書這一行做得有聲有色，成為北安普敦郡舉足輕重的人物；他也是郡內城鎮所有公益事業的主要倡導人和推動者，他的熱心公益在埃克頓村隨處可見，因此備受哈里法克斯（Halifax）勛爵的器重和支持。他於英國舊曆[5]一七〇二年一月六日辭世，恰好就在我出生前四年的同一天。我還記得，當我們從埃克頓村老一輩口中得知他的事蹟和性格時，你大感驚訝，覺得這一切都太不可思議了，因為他跟你認知中的我實在太相像了，你還說：「如果他在你出生那一天過世，人們可能會當你是他投胎轉世的。」

約翰則接受染匠的養成訓練，我想是羊毛織品；班傑明也被栽培成染匠——絲織品的，在倫敦當學徒，頭腦靈活。在我還小的時候，班傑明千里迢迢從英國來到波士頓探望我的父親，還與我們同住了幾年的時光，所以我對他記憶深刻。他活到高壽去世。他的孫子薩繆爾・富蘭克林（Samuel Franklin）現定居於波士頓。班傑明留給薩繆爾兩卷四開本詩作的手稿，裡面包含了一些寫給親朋好友的應景短詩，下面是他寄給我的一首樣詩[6]。他自創了一套速記方法，還把它傳授給我，不過我從未實際應用過，所以早已忘得一乾二淨。

我的名字便是承襲自這位伯父，以紀念他和我父親之間的兄弟情深。他是非常敬虔的教徒，對於最優秀牧者的講道，一定會到場聆聽並速記下來，長年下來已經累積了長篇累牘的筆記。此外，他儼然是政治家，以其身分而言，顯得太過狂熱了。

最近，我在倫敦期間拿到了他的收藏，包括從一六四一至一七一七年間關於公共事務的重要政論小冊子；從編號來看，許多都已經散佚不見，不過現存的仍有八本對開本、二十四本四開本

1753
窮理查年鑑

美德與手藝，
是小孩的最佳補品。

和八開本。它們落入了一名舊書商之手，我偶爾會光顧他的生意而與他結識，託他之福把它們帶來給我。

我猜想這些小冊子一定是伯父前來美國時留在當地的，那已經是五十年前的往事了。他在文章旁邊的空白處寫下了許多個人感悟。

我們這個默默無名的家族從英國宗教改革初期便信奉新教，在瑪麗王后統治期間依舊堅持自己的新教信仰，因強烈反對天主教教義而常常讓自己身陷危險中。他們有一本英文版《聖經》，為了不被發現，他們把《聖經》攤開，再用繩帶牢牢固定在折凳下方藏好。每當曾祖父要唸《聖經》給家人聽，就會把那張凳子放在膝蓋上，把它翻過來，不解開繩子直接展讀《聖經》。其中一個孩子會站在門邊把風，只要一看到宗教裁判庭官員的身影就會立即通報，曾祖父便會迅速把凳子從膝上拿下立好，《聖經》再次歸原位藏好。

這樁家族軼事是我從班傑明伯父那兒聽來的。家族成員全都信奉英國國教（譯注：也稱英格蘭聖公會或安立甘教會。英王亨利八世因不滿教宗，在英國發起宗教改革，英國教會脫離羅馬教會，成為英國的安立甘宗，英國國王則自封為教會最高領導人）直到查理二世統治結束期間，當時一些因不信英國國教而遭革除教籍的牧師在北安普頓郡祕密集會[7]，班傑明和約西亞兄弟改宗跟隨他們，一生信奉不渝；其他家人則繼續歸信英國聖公會。

父親移居美洲

我的父親約西亞，年紀很輕就結婚了，他在一六八二年帶著妻子和三名幼子飄洋過海移居美國新英格蘭。當時英國立法嚴禁祕密集會，他們經常受到騷擾，導致一些他熟識的重要人物紛紛離開英國，他被說服跟著他們一起來到大西洋彼岸，期盼能在這裡享有完全的宗教自由。後來，第一任妻子又生了四個孩子，加上第二任妻子所生的十個孩子，膝下總共有十七個兒女。我還記得有一次十三個孩子同時圍桌而坐的情景，如今這些兄弟姊妹都已成家立業；我是最小的兒子，出生於新英格蘭波士頓[8]，後面還有兩個妹妹。

我的母親艾碧・佛格（Abiah Folger）是父親的第二任妻子，我的外祖父彼得・佛格（Peter Folger）是第一代新英格蘭移民，寇頓・馬瑟在其撰寫的美國教會史《基督在美國的光輝事蹟》一書中對他敬重有加，如果我沒記錯的話，馬瑟形容他是：「一位敬神博學的英國人。」我聽說，他寫了各式各樣的應景小詩，其中只有一首刊行，我在多年前便拜讀過了。它寫於一六七五年，樸實無華的詩句反映了那時候的時局和人物，這首詩是寫給當地執政當局的。這首詩宣揚良知自由，以及聲援支持受迫害的浸信會、貴格會和其他基督教教派，並將印地安戰爭及其他降臨在美國的種種痛苦不幸，都歸咎於這種壓迫行為，導致上帝發動一波波審判以懲罰他們的罪大惡

富蘭克林出生地，波士頓牛奶街。

極，他也大聲疾呼廢止那些慘無人道的嚴刑峻法。在我看來，整首詩正直而率性，充滿血性。我還記得最後六行詩句，但已經忘了頭兩句；不過，大意大概是：他的針貶時政是出於善意，因此不會掩飾自己身為作者的名字。

因為我打從心底憎惡
匿名誹謗者；
我來自舍本鎮[9]，住在舍本鎮，
我在此昭告我的名字；
我無意冒犯，你們真摯的朋友，
彼得・佛格。

幼時被中斷的求學之路

我上面的兄長分別在不同的行業當學徒，學習一技之長。父親有意把我送到教會服事，充當上帝賜給他十個兒子的十一奉獻[10]，所以我在八歲的時候進到文法學校就讀。我小小年紀就會識字讀書（我當時一定還很小，因為我不記得自己有不識字的時候），父親的朋友們一致看好我會成為一名優秀的學者，讓他大受鼓舞，更加堅信讓我進入教會服事的安排是對的。班傑明伯父也認同父親，還表示如果我願意學習他自創的速記符號系統，他會把所有的聽道速記筆記留給我，我則視之為充實自己的素材。

然而，儘管我在文法學校的成績從中等漸漸進步到名列前茅，並提前升上二年級，順利的話就能在年底前升上三年級，我還是讀不到一年就離開了。據我從父親及其友人談話中聽到的理由是，他考量到要養活一大家子，難以負擔龐大的大學學費，而且許多接受良好教育的人依舊過得困苦，所以改變初衷，把我從文法學校轉到學習寫作和算術的學校，校長是當時著名的喬治・布朗奈爾（George Brownell）先生，他辦學有成，這得要歸功於他創造了一個春風化雨的學習環境，用溫和、鼓勵的方式教育學生。在他的教導下，我很快就練就了一手好字，但是算術就不行了，始終沒有進步。

我在十歲時被父親帶離學校，回家後成為他生意上的幫手，他那時候做起製造脂燭和肥皂的生意。這不是父親的老本行，原來他在抵達新英格蘭後，很快就發現靠他的染色手藝難以維持家計，因為需求實在少得可憐而不得不轉行。我的工作無非就是剪剪燭芯、灌蘸模和脂燭模具，以及看店、跑跑腿等雜事。我不喜歡這一行，一心嚮往航海，但是父親對我的志向表明強烈的反對；總之，因為臨水而居，我熟諳水性，很早就學會游泳，而且還是游泳高手，也會划船；和其他男孩同在船或獨木舟上時，我常常受命指揮船隻，特別是在危難時刻；其他時候，我也是男孩中的孩子王，偶爾也會給他們惹來麻煩，我下面就舉一個事件來說明，雖然那樣的行為實在不宜，卻彰顯了我從年少時期就展現出熱心公益的精神。

在磨坊儲水池附近有一片鹽沼，我們常常趁水位升高的時候在鹽沼外圍釣鰷魚。在我們來來回回的踩踏下，這裡變成了一灘爛泥。我建議打造一個碼頭般的平臺，好讓我們有立足之地。我向玩伴們指出，在沼澤附近一處待建新宅的工地，那裡有成堆石頭可以用。於是，我趁傍晚建築工人收工離去的時候，聚集了許多玩伴前來搬運石頭，我們像螞蟻般兩、三個人勤力搬運一塊石頭，合力把所有石頭全搬到泥潭，用來興建我們的小碼頭。

隔天早上，建築工人看到空蕩蕩的工地，全都傻眼了，最後在我們的碼頭發現了那些消失不見的石頭。他們要我們招供究竟是哪些人搬運了石頭？我們最後全都被揪了出來，他們還向家長

1742
窮理查年鑑

有一技在身，
就有房子能棲身。

投訴，有幾個人被自己的父親狠狠訓了一頓。我向爸爸辯解我們興建碼頭的用途，但在他的開導下，我幡然醒悟：不誠實，什麼都沒有用。

父親的為人

我想你可能有興趣知道我父親是怎麼樣的一個人，為人和性格如何？他擁有強健體質，身材中等，比例勻稱，身強體壯；而且頭腦靈活，畫一手好畫，對音樂略曉一二，還有一副清亮悅耳的好嗓音，所以當他邊拉小提琴邊唱聖詩時，實在令人大飽耳福，他有時候會在傍晚收工後自拉自唱。他還是一個機械天才，必要時，他會運用其他工匠的工具展現心靈手巧的一面；但是，他最出色的才能莫過具備絕佳的慎思明辨能力，於私於公都能做出明智決斷。

就公眾事務而言，他確實從未擔任公職，由於有一大群孩子要管教，加上生計窘迫，讓他全心專注在自己的生意上。我還清楚記得，常常有領袖級人物登門拜訪父親，徵詢他對鎮上或教會事務的看法，展現了對其判斷力和忠告的敬重。另外，許多人常常就自己的難題向父親請教解決之道，他還經常被推選為調解爭端的調人。他也常常邀請一些通達明理的友人和鄰居來家裡吃飯聊天，並總是特意用一些發人深省或有裨益的話題打開話匣子，來啟迪及提升孩子的心靈。

透過這樣的潛移默化，我們這群孩子的心思被導引到專注於良善、公義和審慎的言行；而不是看重餐桌上食物的色香味如何、當令與否，或是合不合口味諸如此類的食物偏好，在這樣的家庭教育薰陶下，造成我對擺在眼前的食物菜色可說完全無感，視而不見，直到今天，如果有人在飯後幾個小時問我吃了什麼，我幾乎答不上來。這種飲食習性讓我在旅行途中感到格外方便，我常常看到旅行的同伴對於端上來的食物不合他們挑剔精緻的胃口時，流露出不悅的表情。

我的母親也有強健的體質：她用母奶哺餵自己所生的十個孩子。我從來沒有見過父母生過病，我的父親活到八十九歲，母親活到八十五歲。他們合葬於波士頓，我在幾年前於雙親墳前立了一個大理石碑[11]，上面的碑文如下：

約西亞・富蘭克林與妻子艾碧・佛格長眠於此。
他們結縭五十五年，鶼鰈情深。
沒有地產，也沒有收入豐厚的職業，
蒙上帝賜福，
他們胼手胝足勤奮不懈，
供養一個大家庭安舒度日，

教養出十三個孩子和七個孫子，
博得尊敬。
憑弔者啊，
他們的事蹟勉勵我們要勤奮任事，
堅定信靠上帝。
先父是一個敬虔、謹言慎行的男人；
先母是一個樸素謹慎，富有美德的婦人，
他們的幼子，
秉持孝心，追思雙親，
特此立碑紀念。
約西亞·富蘭克林生於一六五五年，卒於一七四四年，享壽八十九歲。
艾碧·佛格生於一六六七年，卒於一七五二年，享壽八十五歲。

我的東拉西扯、失焦離題，讓我覺得自己垂垂老矣。我以前的寫作有章有法多了。畢竟，一個人不會穿著出席公開舞會的盛裝打扮去出席私人聚會。

這都要怪我太隨興所至，信馬由韁而未能及時察覺。

青少年期的求藝之路

好了，讓我們言歸正傳：我繼續當父親的小幫手到十二歲；至於我的哥哥約翰，他繼承了這門手藝，此時已經離家到外面闖蕩，也結了婚，在羅德島（Rhode Island）白手起家創辦自己的事業，從種種跡象看來，我注定要遞補他的空缺，繼他之後成為一名製燭匠。

但是，我對這一行依舊興趣缺缺，父親明白如果他找不到一個合我意的行當，我肯定會翹家一圓自己的航海夢，重蹈另一個兒子約西亞的覆轍，而讓他頭痛萬分。所以，他三不五時會把我帶在身邊，跟著他到處觀摩其他行業：木工、砌磚工、車工、黃銅匠等，看看能否從中看出我的喜惡，而能全力鎖定在某些行業，或其他可以讓我在陸地上從事的技藝。

1741
窮理查年鑑

多學學巧匠這一手：
凡事靠自修，師傅還當他是笨頭。

從此以後，觀摩優秀工匠，看著他們靈活自如地操作手上工具，便成了我的人生樂事之一；我從中受用無窮，萬一請不到工人，我自己就可以在家動手做些簡單的活兒，或是當動手做實驗的想法蠢蠢欲動時，也能組裝一些實驗用的簡單機械。我父親最後看中了製刀這門手藝，班傑明伯父的兒子薩繆爾在倫敦時就是做這一行的，現在在波士頓開業，我被送去跟在他身邊學習一段時日，但是他希望我能付費學習，讓父親大動肝火，怒氣沖沖地又把我帶回家。

[1]特威夫特是英國南部一個小村莊，離漢普郡溫徹斯特鎮（Winchester）不遠。聖阿撒夫主教強納森・席普利（Jonathan Shipley）博士的宅邸座落於此，富蘭克林稱譽他為「好主教」，而有此美名。兩人是親密摯友。無論是在講道中，或是在英國上議院、對社會大眾，他始終反對英國王室對殖民地的暴政。——畢格羅

[2]就這點來說，伍德羅・威爾遜（Woodrow Wilson，美國第二十八任總統）如此說道，「然而，《從卑微到偉大的斜槓偉人富蘭克林》這本傳記令人驚喜之處在於，儘管它一點都不低調，毫不掩飾作者的自命不凡，卻展現了一個堅定男人的冷靜自持，以及對於自己與其人生際遇的坦率評價。」

[3]參見導讀。

[4]一個小地主。

[5]根據新曆，是一月十七日。這項曆法上的變更是教宗葛雷格里十三世（Gregory XIII）於一五八二年頒行，英國直到一七五二年才採行。自耶穌基督誕生的一九〇〇年起，新曆的非閏年天數計算，採取舊曆的年份無法被四整除者，以及年份能被一百整除卻不能被四百整除者，每年為三百六十五天，其餘皆三百六十六天。到了十八世紀，新曆比舊曆少了十一天，因此英國議會於一七五二年決議把九月三日到十三日間的十一天刪除，直接跳至九月十四日，以除去舊曆多出的十一天。朱利安曆法（Julian calendar），即舊曆，現仍通行於俄國和希臘，所以兩國現在會比其他基督教國家慢十三天。

[6]這首樣詩並未記載於《從卑微到偉大的斜槓偉人富蘭克林》的手稿中。

[7]反對國教者的祕密聚會。

[8]富蘭克林於英國舊曆一七〇六年一月六日星期日，誕生於牛奶街的家中，就在老南聚會所（Old South Meeting House）對面，他在出生當天於這間教會受洗，適逢暴風雪。他的老家於一八一〇年毀於火災。——葛里芬（Griffin）

[9]麻州南塔克特島（Nantucket）。

[10]基督教的十一奉獻。

[11]原大理石碑已經朽壞，波士頓市民於一八二七年在原址另立了一個花崗岩方尖碑，高二十一英尺，除了重現此原碑文，還另外說明了建立此石碑的由來。

2 開始印刷學徒生涯

我從小就喜歡看書，只要手上有一點點零錢就會拿來買書。讀了《天路歷程》之後，我欲罷不能，開始收藏作者約翰・班揚的作品，這些輕薄的小書成了我的第一套藏書。後來我把它們轉賣出去，再把賣書的錢從小販那兒買了柏頓（R. Burton）的《歷史集》，這些小開本的廉價書籍合計約四、五十本。

我父親的藏書不多，主要為辯證神學方面的著作，我大部分都讀過了，在我求知若渴的那段歲月裡，自從確定我不會從事神職後，就再也找不到適合的書來讀，直到今天，我仍常常為此而抱憾。古羅馬時代希臘作家普魯塔克（Plutarch）的著作《希臘羅馬名人傳》，是我百讀不厭的書，我到現在仍然認為埋首閱讀這本書的時間非常值得，讓我獲益匪淺。此外，我還讀了狄福的《論計畫》，以及寇頓・馬瑟博士的《善行集》，這兩本書翻轉了我的思維，在我日後的幾次重大事件中發揮了影響力。

由於我愛書成癡，父親最後決定讓我從事印刷工，雖然他已經有個兒子（詹姆士）從事這一行。一七一七年，詹姆士從英國帶回一部印刷機和一套鉛字，在波士頓創立自己的印刷廠。比起父親的製燭業，我更喜歡印刷這一行，但我仍一心嚮往航海。父親為了打消我的航海夢，迫不及待要我向哥哥拜師學藝。儘管我仍堅持抵抗，最終還是被說服，還簽了一紙賣身契，合約規定我要在哥哥手下做學徒到二十一歲，最後一年才能拿到出師的印刷工薪資，而我當時才十二歲。

我很快就大幅精進了自己的印刷技術，操作自如，成為哥哥得力的左右手。我現在有管道可以取得內容更優質的圖書，透過熟識書商學徒的通融，我常常可以借到一小本書來讀，我會小心翼翼地保持書籍的完好乾淨，盡速歸還。有些傍晚才借到手且必須在隔日一早歸還的書，我經常在房間裡熬夜啃讀，以防被人發現書不見了或是有人要買。

自習寫作與辯論

過了一陣子，有個精明的商人馬修・亞當斯（Matthew Adams）先生經常上門光顧我們的生意，他注意到了我。他擁有大量藏書，有一次他邀請我到他的藏書室，非常大方的讓我借想看的書去讀。我那時候很迷詩，也創作了幾首小詩；哥哥覺得其中也許有商機可圖，所以非常鼓勵我寫詩，還慫恿我寫了兩首應景敘事詩。一首是〈燈塔悲歌〉，描寫沃西雷克（Worthilake）船長與兩個女兒遭溺斃的慘劇；另一首是水手之歌，描述緝拿海盜提契（Teach，外號黑鬍子）的故事。這兩首詩都是葛拉布街風格（Grub-street-ballad）[1]之流的差勁作品；付印後，哥哥派我去鎮上販售。

第一首大為暢銷，這得歸功於詩中靈感取材自近期轟動一時的真實事件。這大大滿足了我的虛榮心，卻被父親澆了一盆冷水，他對我的表現冷嘲熱諷，告訴我詩人都是一文不名的窮光蛋。所以，我成為詩人界的逃兵，否則我很可能會成為三流詩人。但是，寫作散文在我的人生路上大有裨益，也成了自我提升的主要方法，我會在後文公開我是如何在這段印刷學徒生涯中，練就這項雕蟲小技。

鎮上還有一個跟我一樣的書癡——約翰・柯林斯（John Collins），我跟他成了知心好友。我們倆有時候會針鋒相對，一心想要駁倒對方，卻樂在其中。不過，這種唇槍舌戰的癖好往往會淪為一種惡習，使人成為在生活中凡事反對的異議份子，變成朋友圈中不受歡迎的人物；這種行徑除了會澆冷水破壞談話的興致，令人生厭外，也破壞了與人廣結善緣的機會。我是讀了父親辯證神學的藏書後，養成了好辯的習性。我自己的觀察是，除了律師、大學教師，以及在英國愛丁堡成長受教的各色人等之外，頭腦清楚的人鮮少會出現這種不智之舉。

我和柯林斯莫名地開始就女性接受教育是否合宜，與其學習能力展開辯論。柯林斯持否定觀點，認為女性天生就不適合學習。我則持相反意見，或許其中有點是為了辯而辯。柯林斯天生雄辯，豐富的辭藻信手拈來，有時候在我看來，他駁倒我是靠其無礙辯才而不是以理服人。那天，我們在揮手道別前依舊沒有定論，之後又有一段時間無法見面，所以我把自己的論點寫下來並謄寫一份寄給柯林斯，然後他覆我回，如此魚雁往返答辯。

在寫了三、四封信後，父親偶然間看到我的信也讀了信中內容。他未就辯論選邊站或表達其論點，只是就我的寫作風格發表看法；他的觀察是，雖然我在拼字和標點方面比對手強（這都要歸功於我在印刷廠服務），但在表達力上卻遠遠不如對手，無論是在文筆、鋪陳或流暢度上皆然，他指出了幾個實例讓我心服口服。我認為父親的評價非常中肯，所以我愈來愈留意自己的寫作風格，決心全力提升自己的文筆。

差不多同一時間，我看到了一卷殘缺不全的《觀察者》日報合訂本，這是第三卷，我是第一次讀到這份報刊，我買下後百讀不厭，咀嚼再三。我認為整體寫作造詣出色，可以的話，我想要模仿。有了這個想法後，我從裡面挑了幾篇文章，然後逐句寫出簡短的心得提示。擱置幾天後，我不看原文，設法還原它們，我的方法就是把當初記下的每句心得，用所能想到的適當文字盡可能詳盡、完整地表達出來。接著，再與原文比對，然後把錯誤校正過來。

在練習的過程中，我發現自己的詞藻極度貧乏，或者說文思遲滯，無法敏捷地想起那些詞藻並運用它們。如果我當初繼續堅持寫詩的話，應該早就練就了這些本領；因為寫詩講究合韻，必須善用長短不一或是音異的同義字來做變化，而迫使我必須持續尋求詞藻的變化，並將它們牢記在心，如此方能出手成章。所以，我把其中幾個故事改寫成詩；一段時間後，在我已經把這些文章拋諸腦後時，我會再試著把這些改編詩還原成文章。

有時候，我會把寫下的心得提示打亂，幾個星期後再設法理出它們的最佳順序，然後動筆擴充成完整的文章。透過這樣的練習，我學會了一套方法來組織自己的思路。在比對過原文後，我發現自己的文章出現許多錯誤並加以訂正；不過，當我覺得自己在一些無關宏旨的細節上，表達得比原文更好時，也會自鳴得意，這鼓舞了我的雄心壯志，想說或許有那麼一天我會成為一個差強人意的英語作家。

我都是利用晚上或早上上工前的時間，來練習這項寫作技巧和閱讀，或是想方設法在星期日不去做禮拜，獨自留在印刷廠繼續練習。以前在家時，父親強迫我一定要出席，即使離家當印刷學徒，我依然認為這是出於義務而做，因為在我看來，我壓根沒有時間參加卻還是不得不去。

1757
窮理查年鑑

各行翹楚，都靠練習進步，
先有辛勤勞苦，才有將來的舒服。

利用空檔閱讀自學

我在十六歲時，偶然讀到了一本特萊恩（Tryon）鼓吹吃素的書。我決定加以效法。當時，哥哥詹姆士還沒有結婚，他和學徒的伙食就委外給其他人家包辦。我不吃葷食，造成供膳不便，這樣的特立獨行經常遭來責罵。我按照特萊恩的食譜，自己烹調了一些要吃的菜色，像是煮馬鈴薯或米飯、速食布丁和其他食物。

然後，我跟哥哥提出以下的交易，如果他可以把我的每週伙食費撥出一半給我，我可以自己打理伙食。他不假思索地立即答應，我仔細一算後，發現我可以再省下一半的伙食費，多出的錢可以拿來買更多的書。

不僅如此，這樣做還有一個額外的好處。當哥哥和其他人外出吃飯時，我通常獨自一人繼續留在印刷廠，我會快速吃完自備的簡單食物，通常不外乎就是一張麵餅或一片麵包，以及一小把葡萄乾或一塊糕點師傅製作的餡餅，還有一杯白開水，用完餐後，我會趁其他人回來之前，利用剩餘的時間自修，經年累月下來，我在學習上有了長足的進步，這都要歸功於節制的飲食和飲酒，讓我的頭腦變得更清晰，理解力也愈來愈敏銳。

我曾在某個場合因為不懂算術而自慚形穢，在學校時也有過兩次算術考試不及格，所以我利用這段吃飯的午休時間自修寇克（Cocker）的算術著作，很輕鬆地就把整本書從頭到尾讀完了。我也讀了塞勒（Seller）和薛米（Shermy）的航海學著作，書中提及了一些簡單的幾何學，因而涉獵了一些這方面的知識；不過，我對這門科學的認識僅此而已，從未有更進一步的深入探索。另外，我還讀了洛克（John Locke）的《人類理解論》[2]和皇港（Port Royal）[3]學者群合著的《思考的藝術》。

為了改進語法的表達，我讀到了一本文法書（我認為作者是格林伍德〔Greenwood〕），最後兩篇概述了修辭和邏輯推理的藝術，後者舉了一個例子來說明蘇格拉底的辯論法[4]作結，結束全書。我很快就取得了色諾芬（Xenophon）所寫的《回憶蘇格拉底》，書中記載了許多蘇格拉底辯論法的實例。我深深為之折服，並加以效法，揚棄過往所採取的強力反駁與舌尖嘴利，變身成為謙遜有禮的詰問者和懷疑論者。

自從讀了薛福提斯貝瑞（Shaftesbury）和柯林斯（Collins）的著作後，我成了一個不折不扣的懷疑論者，開始質疑我們宗教教義的許多觀點，我發現這一招成了我的王牌，我利用它來反駁對手使其啞口無言；所以我樂此不疲，練習不輟，套話技巧也愈來愈高明而專業，連學問比我好的人都在我的步步進逼下陷入難以脫身的困境，這是他們始料未及的結果，我就這樣經常贏得了我或是我的辯論主張本來不會贏的辯論。

我持續使用這套蘇格拉底辯論法，但幾年之後，我就漸漸不再用了，只保留謙遜表達自己觀點的習慣；當我察覺到自己的言語可能會引發論戰，便絕對不會使用「當然」、「無疑的」諸如此類會火上加油的字眼；反之，我會說，「我以為或是我的理解是這樣的」；或者，「在我看來或是我認為事情會這樣，是因為哪些理由」；或者，「我猜想事情會是如此」；抑或，「如果我沒弄錯的話，事情是這樣的」等等。

一直以來，當我有機會可以表達看法，來說服人們接受我全力推動的計畫時，這些表達方式助我良多；此外，因為談話的主要目的無非是傳達或獲取訊息、取悅或說服對方，所以我希望那些好心的明智人士不會因為我不容置疑的傲慢語氣，而削弱了他們行善的力量。因為專制獨斷的語氣往往會引起聽者的反感，反而製造對立，無法達成想要傳達、獲取資訊或取悅的目的。

這是因為如果你在傳達訊息時，是採取一種絕對權威的獨斷態度來表達自己的觀點，很容易引起聽者的反感，他就不會全神貫注地聽你說話。如果你希望從別人口中得到改進的意見，卻仍一味堅持自己的觀點，那些不喜歡與人爭辯的謙謙君子也許會保持沉默不語，讓你繼續與自己的錯誤為伍。

人若秉持這種溝通方式，其實不必期待能夠討聽者的歡心，或是說服別人與自己站在同一陣線。亞歷山大・波普（Alexander Pope）[5]說得好：

「教導他人時，不要擺出說教的姿態，
提出他人未知之事時，要彷彿是在提醒忘記之事。」

他更進一步勸誡我們：

「再有把握的事情，也要謙虛地說。」

他可能原本是要接下面這一句話，但是，這一句話卻已經與另一句成了對句，讓我覺得不夠貼切——

「因為謙遜不足，等於見識不足。」

1749
窮理查年鑑

對驕傲嗆聲，
並不總是謙卑的象徵。

如果你要問，為什麼不貼切？我一定要列出原來的對句：

「出言傲慢者，唯我獨尊，因為謙遜不足，等於見識不足。」

如此一來，見識不足（一個人缺乏見識實在是大不幸）不是在為出言傲慢辯解嗎？如果修改如下，豈不更合宜？

「出言傲慢者，對其唯一辯解，
此即謙遜不足，等於見識不足。」

無論如何，關於這點還是交由更睿智的人來評斷吧。

兄長開辦《新英格蘭新聞》

我哥哥大概在一七二〇或一七二一年創辦印行報紙，這是美國發行的第二份報紙[7]，報名是

《新英格蘭新聞》，在它之前發行的唯一報紙是《波士頓新聞信》。我還記得，他的朋友都力勸他打消辦報的念頭，因為很可能以失敗收場，他們經過分析後，判斷美國只要一家報紙就足敷需求了。放眼現在（一七七一年），全美發行的報紙不下二十五家。儘管如此，我哥哥還是堅持辦報，在報紙排版付印完後，哥哥便指派我把報紙送到訂戶家。

在他的朋友圈中不乏能人異士，他們在《新英格蘭新聞》報上發表短詩和小品文自娛，不僅為報紙帶來名氣，也創造出更多買氣，他們的身影經常在印刷廠出沒。聽到他們的談話以及報紙所得到的讚譽，激起我躍躍欲試的心，想要一試身手加入他們的行列。但是，我當時還是個青澀的少年，我擔心哥哥會一概把我的文章拒於報外，所以我想辦法隱匿自己的筆跡和真實身分，趁夜深人靜之際偷偷把自己寫的一篇匿名文章塞到印刷廠門下。

隔天早上，它被人發現後，哥哥在這群文人朋友一如往常現身的時候，請教他們的意見。他們讀過之後交相讚譽，我在一旁聽得心花怒放，他們紛紛猜測作者的真實身分，全都是學識淵博、頭腦機敏之士。

如今，回顧這一切，我很慶幸是由他們來點評我的文章，這或許是因為他們的鑑賞力其實沒有那麼好，是我當時太高估他們了。

總之，我大受鼓舞，繼續匿名投稿，一樣都獲得好評。我保守這個祕密直到我黔驢技窮，我

富蘭克林偷聽兄長和文人點評他匿名寫的文章。

的那點有限見識再也無以為繼為止。我自己揭發事實真相，於是哥哥的朋友開始對我另眼相看，但是哥哥不是很高興，他認為這會讓我變得過度驕傲自負，他會這樣想或許不無道理。

這次的事件可能也是導致我們兄弟倆開始不和的近期導火線之一。雖然他身為兄長，卻把我們的關係視為雇主—學徒，他是我的老闆，我是他的學徒，所以把我當成其他學徒一樣來使喚，但是我認為他對我的某些要求過度貶低了我的身分。身為他的弟弟，我本來期待能從他那兒得到更多關愛。

我們之間的爭執常常要父親來裁奪，我猜想也許是我理更直，要不就是我的辯才更勝一籌，所以爸爸經常站在我這一方。但是，我哥哥脾氣暴躁，我常常挨他的揍，他的暴力相向讓我耿耿於懷；此外，每每想到我那冗長乏味的學徒生活，我一直恨不得有機會可以縮短我的修業年限，未料，一個出人意表的機會出現了。

我們報紙刊登了一篇文章，某個政治觀點觸怒了議會當局，我已經忘了確實的內容。議長發出搜查令，哥哥遭到拘捕、譴責，被判入獄一個月，我猜是因為他不願透漏作者的身分。我也遭到拘捕，在委員會裡遭到訊問；我沒有稱他們的心如他們的意，他們把我訓斥一番後直接當庭釋放我——也許是因為他們覺得我只是學徒，理所當然會保守老闆的祕密，才把我放了吧。

儘管我們兄弟之間存在著嫌隙，我對於哥哥下監入獄一事依舊感到憤慨。在他入獄期間，我暫代他接管報務；而我卻敢冒大不諱去挖苦嘲諷執政當局，哥哥對此大表認同，但是其他人卻不敢苟同我的作風，他們開始認為我只是個性好誹謗的少年天才，只會惹禍上身。一個月後，哥哥帶著議會的一紙古怪禁令獲釋出獄，命令是「詹姆士・富蘭克林從此不得在新英格蘭發行《新英格蘭新聞》報」。

他召集朋友在印刷廠開會，商討後續的因應之道。有人提議更改報名以迴避政府當局的禁令，但他認為這樣做會造成不便，最後他們想出了一個比較妥善的方法，就是未來報紙會以我的名義班傑明・富蘭克林繼續發行；而且，為了不讓議會找到任何把柄，指控報紙仍然用其學徒的名義繼續發行，權宜之計就是把我的合約交還給我，並在背面註記合約作廢無效的聲明，以便在有需要時當作證明，但是哥哥為了確保我繼續為他效力到舊約期滿，我們簽下了新的師徒合約，這是我們之間的祕密。這個計謀其實不堪一擊；但不管怎樣，我們很快就照原定計畫付諸實行，報紙在我的名義下繼續發行了幾個月。

獨自離開波士頓

最後，我們兄弟之間爆發新一波戰火，我料想他不敢拿出新合約，所以果敢地採取行動捍衛

THE New-England Courant.

From MONDAY December 4. to MONDAY December 11. 1721.

On SYLVIA *the Fair.* A Jingle.

A Swarm of Sparks, young, gay, and bold,
Lov'd *Sylvia* long, but ſhe was cold;
In'treſt and Pride the Nymph control'd,
So they in vain their Paſſion told.
At laſt came Dalman, he was old,
Nay, he was ugly, but had Gold.
He came, and ſaw, and took the Hold,
While t'other Beaux their Loſs Condol'd.
Some ſay, ſhe's Wed; I ſay, ſhe's ſold.

The Letter againſt Inoculating the Small Pox, (*Sign'd* Abſinthium) *giving an Account of the Number of Perſons who have dy'd under that Operation, will be Inſerted in our next.*

FOREIGN AFFAIRS.

Iſpahan, March 6. The Conſpiracy form'd by the Grand Vizir laſt January was Twelvemonth, with deſign to make himſelf King of Perſia, was ſeaſonably diſcover'd, and himſelf and Accomplices ſecured; ſince which the State hath enjoy'd its former Tranquility, and a new Vizir is appointed in his room, The old one's Eyes being both put out, he is kept alive (but in Priſon) to make him diſcover ali his Riches; which muſt be immenſely great, ſince they found in one of his Cheſts four hundred thouſand Perſian Ducats, beſide Foreign Coin, and in another Place abundance of Jewels, Gold and Silver; and ſo in proportion among ſeveral of his Accomplices; by the help of which Treaſure they hoped to compaſs their Ends.

Tripoli, July 12. As ſoon as our Squadron fitted out againſt the famous Baſſaw Gianur. Cogia, appear'd off Darna and Bengan, with two thouſand five hundred Mooriſh Horſe, and a thouſand Foot, and skirmiſh'p a little with his Squadron, he abandon'd both thoſe Places, and fled to the Iſland of Serby in the Territories of Tunis: But the Bey of that Place having deny'd him Shelter, he ſail'd farther away, in a French Barque, we know not whether; and his own Galleys and Barques, are gone after him, ſo that we are now entirely rid of that troubleſome Gueſt. Our Rovers keep all in Port, for fear of the Malteze.

Cadiz, Aug. 12. The Flota is expected Home from the Weſt-Indies before the End of this Month. Thirteen Pieces of Cannon and two Mortars were lately ſent from hence to Ceuta. The three Spaniſh Men of War of 50 to 60 Guns each, which carried the Spaniſh Cardinals to Italy, are now at Alicant: It is ſaid they are to join the Dutch Vice-Admiral, who is now in this Bay with four Ships of his Squadron of 50 Guns each, and cruize againſt the Algerines. Wheat and Barley being very cheap in theſe Parts, great Quantities have been ſent lately to the Canaries, where for ſome Time paſt the Inhabitants have been in great Want of Corn. On the 9th Inſtant died Mr. Charles, His Britannick Majeſty's Conſul at St. Lucar.

Berne, Aug. 20. The Deputies of this Canton who went to the Diet at Frawenfeldt, are now aſſembled at Baden with thoſe of Zurich and Glaris, to regulate certain Affairs relating to the Town and County of Baden, which formerly belonged to the Eight Eldeſt Cantons, but in the laſt Swiſs War was given up to Zurich and Berne in Propriety, with a Reſervation to the Canton of Glaris (which is moſtly Proteſtant) of the Share it had before in the Sovereignty of that Diſtrict. The three Deputies of Zurich, Lucern & Ury, who were commiſſioned by the late General Dyet to go to Wilchingen, to try to compoſe the Differences which have been long ſtanding between the Inhabitants of that Place and the Canton of Schafhuyſen whoſe Subjects they are, have offered thoſe Inhabitonts a full Pardon for all paſt Misbehaviour, and the Maintenance of their Privileges for the future, provided they forthwith return to their Duty; but it is adviſed that thoſe of Wilchingen perſiſt hitherto in their Diſobedience.

Schaffhauſen Sept. 1. They write from Italy, that the Plague is no longer obſerv'd at Marſeilles, Aix, & ſeveral other Places; and that at Toulon it is very much decreas'd: But alas! how ſhould it be otherwiſe, when the Diſtemper hath hardly any Objects left to work upon? At Arles it is likewiſe abated, we fear for the ſame Reaſon. Mean while, it ſpreads in the Gevaudan; and two large Villages in the Neighbourhood of Frejus were attack'd the beginning of this Month. The French Court hath prohibited all communication with the Gevaudan upon ſevere Penalties. The Plague is certainly got into the ſmall Town of Marvegue in that Diſtrict, which Town is ſhut in by eight hundred Men. Letters from Geneva ſay, the two Battalions employ'd in ſurrounding La Canourgue, are infected; and that Maages is very much ſuſpected. The Marquis de Quelus had retired to a Caſtle near Avignon; but the Sickneſs being got among his Domeſticks, he was fled farther away.

Paris, Sept. 5. The Diſtrict over which the Duke of Berwick is to have the Command, extends to the Borders of the Bourbonnois; and the Court puts a great Confidence in the Care of that General to hinder the Infection from ſpreading. The Marquis do Verceil is actually drawing Lines to ſhut in the Gevaudan; and twelve Regiments of Foot, and as many of Dragoons, are marching to reinforce the Troops already poſted on that ſide. The Plague ſeems to have almoſt ſpent itſelf in Provence. Tho' it is yet a great way off of us, Men talk neverthelſs of laying up Magazines of all ſort of Proviſions here, and of making twenty thouſand Beds, to be ſet up in the Hoſpitals and Tennis-Courts.

Hague, Sept. 9. The Deputies of our Admiralties had, laſt Saturday, an extraordinary Conference with thoſe of the States General, upon the ſpreading of a Report, that ten or twelve Perſons died daily at a certain Place in Normandy, which was therefore ſuſpected to have received the Contagion; But upon the matter, it doth not appear there was the leaſt Foundation for ſuch a Report; tho' it is too plain the Diſtemper gains ground apace in the Southern Parts of France.

We can by no means penetrate into the Deſigns of the Czar; who, notwithſtanding 'tis confidently written that the Peace between him and Sweden is as good as concluded, hath a Fleet of thirty Men of War and two hundred Galleys at Sea near Aland. However, an Expreſs gone by from Stockholm, doth not confirm

一七二一年十二月四日至十一日發行的《新英格蘭新聞》第一頁。資料來源：麻州歷史協會圖書館館藏。

自己的自由。我覺得反將哥哥一軍對他並不公平，所以我視此為人生的早期錯誤之一；但是，相較於我經常被他暴力相向，我對自己的理虧不覺得於心不安。他在其他方面並不是一個性情乖戾的人，或許是我太莽撞，太咄咄逼人了，才惹怒了他。

當他察覺到我要離去，便開始採取圍堵行動，不讓其他印刷廠雇用我。他到處遊說同業負責人，他們也如他所願地拒絕我的求職。事態發展至此，我打算去紐約，因為那裡有離波士頓最近的印刷廠；再者，想到我已經有點惹怒地方當局，又看到議會是如何專斷獨裁地對付哥哥，如果我繼續留在這裡，難保能逃過一劫，這都促使我亟欲離開波士頓；還有，我對宗教的魯莽言論，讓自己變成了善良的男女信徒的眼中釘，他們厭惡地指稱我為異教徒或無神論者。

這個時候，我已經鐵了心要離開，但是看到爸爸站在哥哥這一邊，我體悟到如果我打算公然離開，他們一定會想方設法來阻止。我的朋友柯林斯答應會幫我打點好一些事情，他找到了一艘駛往紐約的單桅小船，並以我是他的一位年輕朋友為由，讓船長同意帶我離開。於是，我賣掉一些藏書換到一些錢，然後被悄悄帶上船。由於一路順風，三天後我已經置身紐約，一個十七歲男孩在沒有任何人脈的穿針引線下，人生地不熟，而且幾乎身無分文，要在離家三百英里（約四百八十公里）遠的城市求生。

[1] 葛拉布街：英國文學裡著名的街道，窮困潦倒作家聚居之處。

[2] 洛克（一六三二～一七〇四）：著名的英國哲學家，是所謂的「常識哲學學派」的創始人，參與了卡羅萊納憲法的起草。

[3] 皇港：知名學會，由一群博學、虔誠人士在巴黎附近的皇家港口修道院成立，出版學術著作，《皇港邏輯》是最著名的一本。

[4] 蘇格拉底在辯論中，透過高明的詰問來駁倒對手。他運用精心設計的問題，讓對手的回答肯定詰問者的立場，或是顯出對手的錯誤。

[5] 亞歷山大・波普（一六八八～一七四四）：十八世紀上半葉最偉大的英國詩人。

[6] 富蘭克林在此的記憶並不正確。《新英格蘭新聞》實際上是美國第五家創刊的報紙，雖然一般稱之為第四家，因為第一家報紙《國內與國外時事報》於一六九〇年創報後，才出版一期就遭禁。接下來依序成立的四家報紙，分別為：《波士頓新聞通訊》一七〇四年成立；《波士頓公報》一七一九年十二月二十一日成立；《美國信使週報》一七一九年十二月二十二日於費城成立；《新英格蘭新聞》一七二一年成立。

3 費城的新生活

若不是我的航海夢在這個時候已經消失殆盡，我此時應該可以得償所願，一圓這個多年來的夢想。但是仗著自己有一技在身，而且自認是個優秀工人，我向本地一位印刷商，老威廉·布雷福德（William Bradford）先生毛遂自薦，他開設了賓夕法尼亞第一家印刷廠，後來與喬治·凱斯（George Keith）發生齟齬而離開。因為店內工作不多，現有的幫手已經綽綽有餘，所以他沒有雇用我；不過，他告訴我：「我兒子在費城，他的一位得力助手阿奎拉·羅斯（Aquilla Rose）最近過世了；如果你去他那裡，我相信他會雇用你。」費城距離紐約有一百英里（約一百六十公里）遠，但我還是決定乘船渡海前往安博伊（Amboy），其他隨身攜帶的箱子衣物等家當，晚些再由海路運抵。

前往費城的曲折旅程

在橫渡峽灣途中，我們遇到狂風大作，破舊的船帆被吹得七零八落，殘破不堪，船隻無法順利駛進基爾凡庫海峽（Kill van Kull）[1]，我們被吹到了長島。航行途中，一個醉醺醺的荷蘭籍乘客落水，眼看他就要沒入水中，我急忙伸手抓住他的頭髮，把他拉出水面，大家合力把他拖回到船上。全身濕透讓他清醒了些，他從口袋拿出一本書，要我幫他把書晾乾，然後就去睡覺了。

我看著那本書，確定是我以前最喜歡的作家約翰・班揚的作品《天路歷程》，這是一本荷蘭譯本，紙張質佳，印刷精美，附有銅版插圖，裝幀優於我看過的英文原版，現在這本書已經被翻譯成許多歐洲語言，我認為除了《聖經》之外，《天路歷程》應該是讀者最多的書籍。

誠實約翰是我所知道的第一個把敘事和對話混合使用的作家，這種寫作技巧能夠讓讀者沉浸於故事中，當他讀到引人入勝的情節時，會有身歷其境的感覺，彷彿自己成了書中人物且出現在對話中。狄福在《魯賓遜漂流記》、《情婦法蘭德絲》、《宗教求婚》、《家庭指南》和其他小說中，也效法了這種寫作方式，而大獲成功。薩繆爾・理查遜也在他的小說《帕梅拉》等作品中加以運用。

當船駛近長島時，眼前洶湧的浪濤拍打著嶙峋多石的海岸，無處可以靠岸。於是我們下錨，然後調轉船身朝向海岸。有些人來到岸邊朝我們大喊打招呼，我們也大喊回應，但風強浪急，我們根本聽不清彼此在說什麼。岸邊有幾艘獨木舟，我們又比手勢又喊叫，以為他們會來接我們；他們可能不了解我們的意思，或是認為那樣是行不通的，最後我們只能眼睜睜看著他們離去。

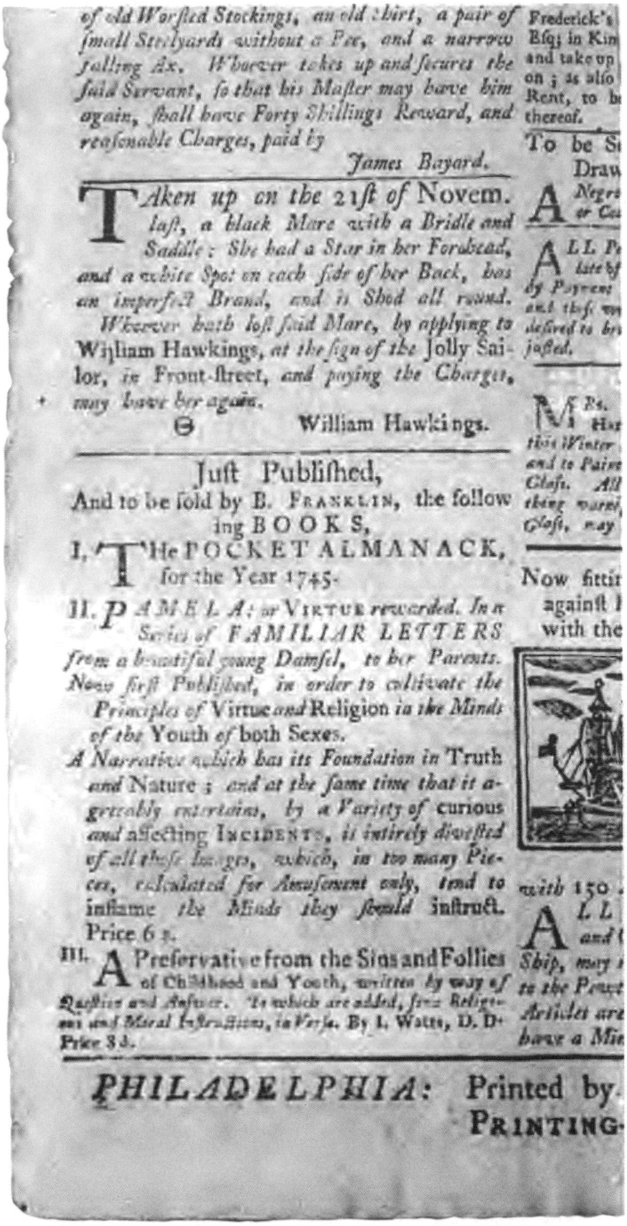

of old Worsted Stockings, an old shirt, a pair of small Steelyards without a Pee, and a narrow falling Ax. Whoever takes up and secures the said Servant, so that his Master may have him again, shall have Forty Shillings Reward, and reasonable Charges, paid by

James Bayard.

TAken up on the 21st of Novem. last, a black Mare with a Bridle and Saddle: She had a Star in her Forehead, and a white Spot on each side of her Back, has an imperfect Brand, and is Shod all round. Whoever hath lost said Mare, by applying to William Hawkings, at the sign of the Jolly Sailor, in Front-street, and paying the Charges, may have her again.

William Hawkings.

Just Published,
And to be sold by B. FRANKLIN, the following BOOKS,

I. THe POCKET ALMANACK, for the Year 1745.

II. PAMELA: or VIRTUE rewarded. In a Series of FAMILIAR LETTERS from a beautiful young Damsel, to her Parents. Now first Published, in order to cultivate the Principles of Virtue and Religion in the Minds of the Youth of both Sexes.
A Narrative which has its Foundation in Truth and Nature; and at the same time that it agreeably entertains, by a Variety of curious and affecting INCIDENTS, is intirely divested of all those Images, which, in too many Pieces, calculated for Amusement only, tend to inflame the Minds they should instruct. Price 6 s.

III. A Preservative from the Sins and Follies of Childhood and Youth, written by way of Question and Answer. To which are added, some Religious and Moral Instructions, in Verse. By I. Watts, D. D. Price 3 d.

PHILADELPHIA: Printed by
PRINTING-

富蘭克林幫《帕梅拉》在媒體上打廣告。

夜幕低垂，我們無計可施，只能靜等風勢減弱；我和船夫決定要睡上一覺——如果睡得著的話。我們倆加上荷蘭人，就這樣三個人擠在狹小的艙口中，荷蘭人依舊全身濕答答，而當時浪花拍打船頭，水滲進艙口，我們也全都變得跟他一樣濕透了。我們就這樣濕淋淋地度過了一整個晚上，幾乎沒有闔眼。隔天，風勢緩和下來，我們排除萬難在入夜之前抵達安博伊。我們已經在海上待了三十個小時，沒吃沒喝，只有一瓶汙濁的蘭姆酒和一片鹹水汪洋。

入夜後，我發現自己發著高燒，便去睡覺。我突然想起曾在某個地方讀到多喝冷水有助於退燒的處方，便照著去做，經過一晚大量排汗後，燒果然退了。早上，我橫渡碼頭上岸後，便徒步繼續旅程，因為有人告訴我，可以在伯靈頓（Burlington）搭船抵達費城，而從安博伊到伯靈頓還要走上五十英里（約八十公里）。

那一整天都下著傾盆大雨；我整個人淋成落湯雞，到了中午，我已經精疲力竭，便找了一家簡陋的旅店在那兒過夜，心中也開始浮現但願自己從未離家的念頭。我看起來如此落魄潦倒，從別人的問話中，我察覺到自己被懷疑是偷偷從主人家逃走的奴僕，有可能遭人通報而被追捕。

所以隔天，我立即馬不停蹄地繼續往前行，在傍晚投宿一家旅店，離伯靈頓大約有八或十英里（約十二或十六公里），店東是布朗（Brown）醫生。我在取用茶點時，他和我攀談起來，當他發現我稍有學問時，態度變得熱絡而友善。我們後來結為一生的朋友，直到他過世。

我猜，他曾經周遊各國行醫，對英國每個城市或歐洲各國，可說是瞭如指掌。他小有學問，人也很聰明，是個十足的懷疑論者，不相信宗教。幾年後，他用玩世不恭的態度寫起打油詩來曲解《聖經》，就像查爾斯・卡頓（Charles Cotton，一六三〇～一六八七，英國詩人與作家）改寫維吉爾（Virgil，西元前七〇～一九，古羅馬時代詩人）的詩一樣。也就是說，他用戲謔嘲諷的詩句來歪曲《聖經》裡的許多事實，如果他的打油詩出版發行的話，可能會傷害某些讀者脆弱的心靈，不過它們從未印行。

我只在布朗先生的旅店住了一個晚上，翌日上午便抵達了伯靈頓，然而令我懊惱的是，在我抵達之前，定期往返的船隻已經先我一步啟程離開了。下一班船要到下星期二才會到，而現在才星期六！我只好轉回鎮上一位老婦人那兒，我之前跟她買了在船上果腹用的薑餅，我徵詢她的意見。她邀請我在她家中住宿到下一個航班抵達；因為徒步跋涉，我的體力也透支了，便接受了她的好意。

1738 **窮理查年鑑**

行善莫進遲；別像聖喬治——
雖然是騎士，上馬卻是沒半次。

她知道我是印刷工後，便請我留在本鎮創業，彷彿開辦印刷廠不需要錢似的。她非常好客，用牛頰肉盛情款待我，讓我飽餐一頓，卻只接受我用一罐麥酒來回報她的殷勤招待。

我原本以為我會待在這裡直到星期二。孰料，我晚上在河岸邊散步時，正好有一艘船經過，我留意到它正往費城去，有幾個人在船上。他們收留了我。因為當日是個風平浪靜的好天氣，我們一路不停歇地划著船往前行；大約到了午夜的時候，因為一直還沒有看到費城的任何影兒，有幾名同伴確信我們划過頭了，就不再繼續往前划；其他人則不知道自己到底身在何處。最後我們決定往岸邊划去，來到了一條小河，然後在一處老舊圍欄附近上岸。我們就地取材，拆下圍欄生火取暖，十月的夜晚已經可以感受到陣陣寒意，我們一直待到黎明時分曙光初露。一位同伴環顧四周後，確信這裡是庫伯溪（Cooper Creek），地處費城北邊不遠處。我們一離開庫伯溪，遠遠地就看到了費城，我們大約在星期日上午八、九點的時候抵達費城，在市場街（Market-street）碼頭靠岸登陸。

我多費了一些筆墨細述這段旅程，接下來也會詳細闡述抵達費城後的新生活，或許你會在心中把這個初來乍到的落魄開始，與我後來在當地的發展成就兩相比較。我穿著工作服，我最好的行頭正在運送途中。我一路風塵僕僕行來，現在全身髒兮兮，蓬頭垢面；我的口袋裡塞滿襯衫和襪子，人生地不熟，連要去哪裡投宿都不知道。經過長途跋涉、划槳和缺乏休息，我已經精疲力竭，飢腸轆轆；現金所剩無幾，只剩一枚一元荷蘭幣，還有合計約一先令的銅幣。我把銅幣給了讓我搭船的其他人，他們起初婉拒了我，因為他們認為我也出力幫忙划槳；但是，我堅持他們一定要收下。有時候啊，人在沒錢時比富裕時更慷慨，或許是怕被人當作是窮鬼吧。

在費城當印刷工

下船後，我朝街道走去，然後漫無目的閒逛，四下環顧。來到市場附近，我看到了一個拿著麵包的小男孩。我在旅途中多次靠著吃麵包果腹，於是便問他是在哪裡買的，他告訴我麵包店開在第二街，我隨即火速前往，跟店家要了家鄉味波士頓比司吉麵包，但他們沒有賣——費城似乎並未製作販售這款麵包。我改點一條三便士麵包，他們也沒有！我沒想過也不知道物價會因地而異，費城的消費水準就比波士頓便宜許多，我不知道店裡有哪些麵包，所以請他給我三便士的麵包，隨便哪種麵包都可以。結果，他給了我三個份量十足的蓬鬆麵包捲。我被這樣的份量給嚇到了，不過我還是買下來，由於口袋已經放不下，我便把兩個麵包分別夾在腋下離去，剩下的一個則邊走邊吃。

然後我從市場街直接走到第四街，經過了雷德（Read）先生我未來的岳父家門前；我未來的妻子就站在門口，她看到我的模樣，心想著多麼古怪可笑的一個人，我確實如此。然後，我轉了個彎沿著栗樹街往下走，再經過核桃街。我邊走邊吃著麵包捲，繞了一圈後，發現自己又回到市場街碼頭，我搭乘的船隻就停泊在附近。我想喝水，於是朝船隻走去飲用河水；因為肚子已經填飽，我便把剩下的兩條麵包捲送給同船的一位婦人和她的孩子，他們正在等船再次啟航，往更遠的地方去。

吃飽喝足，恢復了體力後，我又回到街上。我看到許多人儀容乾淨地朝同一個方向走去，於是跟著人群來到市場附近一處寬敞的貴格會禮拜堂，我坐在會眾當中四處張望，現場安靜無聲。因為前一晚耗費太多體力加上缺乏休息，我感到昏昏欲睡，不知不覺就進入了夢鄉，一直睡到聚會結束被一個人好心喚醒為止。這是我抵達費城後進到的第一間房子或者說睡覺之處。

我再次朝河邊方向走去，來往人群的臉孔在我眼前閃逝而過，我遇到了一個慈眉善目的年輕人，他是貴格會教徒，於是我趨前問他，初來乍到的外地人可以在哪裡投宿。我們當時就在「三個水手」（Three Mariners）旅店招牌附近。「這裡。」他說：「他們願意接待外地人，只是名聲不好；如果你願意跟著我，我可以帶你去一家更好的旅店。」他領我到水街上的「克魯克德船員旅店」（Crooked Billet）。我就在這裡用餐，我在吃飯的時候被人巧妙地迂迴問了幾個問題，主要是我年紀輕和外表都引人狐疑，以為我是個逃犯。

富蘭克林的妻子。

吃完飯後，我的睡意又回來了，旅店的人領我到房間後，我一看到床，連衣服都沒脫就倒頭睡覺，一直睡到隔日晚上六點被叫醒吃晚餐，吃完後又早早上床睡覺，一覺到天明。早上起來後，我開始梳洗、整理儀容，盡可能讓自己看起來容光煥發，然後出門前往安德魯・布雷福德（Andrew Bradford）的印刷廠。

我進到店內，就看到一位老人家，也就是他的父親，我們先前在紐約見過面，他騎馬過來，比我早一步抵達費城。老布雷德福把我介紹給他兒子，而他兒子殷勤地招待我，還為我準備了早餐，卻告訴我他現在不缺人手，因為他才剛找到人；不過，他知道城中有另一位印刷商凱默（Keimer）剛成立一家印刷廠，可能會雇用我；如果不行的話，他很歡迎我寄住在他家，他會提供一些零工給我做，直到我找到全職工作。

老布雷福德說，他會陪我一起去拜會這位新印刷商；當我們見到凱默，老布雷福德便開口說：「嘿！鄰居，我要讓你見見一位年輕同業；也許你會想雇用他。」凱默問了我一些問題，然後交給我一個排字盤，看看我會怎麼操作，之後，他告訴我，儘管他現在沒有事情可以讓我做，但很快就會聘用我。

接著，凱默就跟老布雷福德談及他現在的事業計畫和展望，其實他之前從未見過老布雷福德，以為對方是個對他親切友好的費城人。然而，就在凱默興致勃勃地說及他很快就會拿下費城大部分的印刷業務時，並不知道眼前的人是另一位同業的父親。老布雷福德用很高明的問題套他的話，還提出了一些疑問，企圖讓凱默招出他的完整看法、他有哪些靠山，以及他打算怎麼拓展業務等等。我做為一個旁觀者，聽著兩人之間的所有對話，立即洞悉一個是老謀深算的老狐狸，一個是初出茅廬的菜鳥。老布雷福德把我獨自留在凱默那裡，當我把老人的真實身分告訴凱默時，他著實驚訝萬分。

在凱默的印刷廠裡，我看到了一部破舊的印刷機，還有一套已經磨損的小號英文鉛字，他自己排版了一篇紀念阿奎拉・羅斯的輓詩。

我在前文曾提及這位聰穎的年輕人，他的人品出眾，廣受鎮民尊敬，他是議會祕書，也是一位非常出色的詩人。凱默也寫詩，但只能說平庸無奇。他甚至稱不上是寫詩，因為他是直接將腦中的詩句排印下來，並沒有手稿。他只有一副排字盤，但他寫的輓詩很可能就要用去所有鉛字，沒有人能幫得了他。

我竭盡所能想辦法修好那部印刷機（他還沒有使用過，也對印刷機一無所知），以便可以開工；我答應他，只要他一切就緒，我可以隨時過來幫他付印紀念輓詩。我回到布雷福德的印刷廠，他給了我一些活兒做並提供食宿。幾天後，凱默要我去他那裡開印輓詩。現在，他新添了一副排字盤[2]，還有一本要重印的小冊子，他全都交給我負責印刷。

我發現，這兩位印刷商根本沒有能力經營印刷業務。布雷福德沒有印刷方面的專業訓練，大字不識幾個；至於凱默，他雖然胸有點墨，但只會排字，對印刷作業也是一竅不通。凱默曾是一位法國先知[3]，可以裝出該教派的狂熱激動。但他現在沒有特定的宗教信仰，端視場合搖擺；他完全不懂人情世故，後來我發現，他骨子裡是個十足的無賴。他不喜歡我在為他工作期間，還寄住在布雷福德家。他有一幢房子，但裡面沒有家具，所以不讓我住進去；他安排我寄宿在我前面提到的雷德先生家，他是凱默的房東；我的箱子和衣物都已經運抵，比起雷德小姐第一次偶然看到我邊走邊吃麵包捲的窘態，我現在在她眼中看起來要體面多了。

我開始在費城結交了一些年輕的朋友，他們都熱愛閱讀，我們在一起度過愉快的晚間時光；我努力工作，省吃儉用，開始有了積蓄，在這裡過著快樂的生活。我努力忘掉波士頓，除了暗中跟朋友柯林斯繼續保持通信外，我不希望老家還有其他人知道我的行蹤。

後來，發生了一件事情，我不得不回去波士頓，時間比我預期的要提早許多。我的姊夫羅伯特・霍姆斯（Robert Holmes）是一艘多帆單桅小船的船東，在波士頓與德拉瓦爾（Delaware）間往返從事貿易。有一次，他在費城南方四十英里（約六十四公里）的新堡（Newcastle）聽說了我在費城，於是寫了一封信給我，信上提到波士頓的朋友在我不告而別後對我的關心，並向我保證他們是出自真心誠意，如果我願意回去，所有事情都會順我的心，他非常積極地敦促我回波士頓。我回了一封信謝絕他的建議，但也詳細說明了我離開波士頓的原委，藉此讓他明白事情不是如他所想的那樣，是我咎由自取。

[1]基爾凡庫海峽將史坦頓島（Staten Island）和新澤西州北部隔開。
[2]印刷用鉛字盤分成兩層，上層放大寫字母鉛字，下層放小寫字母鉛字。
[3]指南法的新教徒，他們在路易十四的迫害下成為宗教狂熱者，而且認為自己有先知的預言恩賜。他們的理念是：抗稅和良知自由。

4 暫回波士頓

威廉・凱斯（William Keith）爵士時任賓夕法尼亞省總督（譯注：美國獨立之前，北美十三州是英屬美洲殖民地的一部分，賓州獨立前全名為賓夕法尼亞省，即後來的賓夕法尼亞州），當時人在新堡，我的回信送到霍姆斯船長手上時，他恰好與凱斯爵士在一起，便跟爵士提起了我，還把我的信拿給他看。總督讀了信，在聽了霍姆斯提及我的年齡時，似乎有些吃驚。他說，我展現出一個有為青年的潛質，理當予以鼓勵；而且費城印刷工人的素質非常低落，如果我在當地創業，他相信我一定會成功；他會讓我承包公家生意，並在其權責範圍內在其他方面全力幫助我。這是我姊夫後來在波士頓的時候告訴我的，我當時完全不知情。有一天，我和凱默兩人正在窗戶旁忙著時，看見總督和另一位紳士（後來確定是新堡的法蘭奇〔French〕上校）穿著華服，直接從對街走到我們房子前，門口傳來他們的聲音。

凱默以為他們是來拜訪他的，隨即匆匆跑下樓；未料，凱斯總督指名要見我。凱斯總督上樓後，用一種我很不習慣的屈尊俯就態度，對我說了許多客氣的恭維話，還表示他很希望能對我有更多認識，並用溫和的語氣責怪我剛到費城的時候怎麼不來找他，讓他認識。他要我跟他一起去一家小酒館，他和法蘭奇上校正打算去那兒品嚐上好的馬德拉（Madeira）白葡萄酒，我簡直是受寵若驚，凱默則是一臉目瞪口呆[1]。但我還是跟著總督和法蘭奇上校一起去了小酒館，它就開在第三街的轉角。

凱斯總督一邊喝著馬德拉白葡萄酒，一邊建議我應該創業，跟我分析成功的可能性，他和法蘭奇上校向我保證，他們會關照我，運用他們的影響力讓我取得兩個地方政府的公家生意[2]。當我表達不確定父親是否會援助我創業時，凱斯總督立刻表示他會寫一封信給我父親，告訴他讓我創業的種種好處，他很有把握會說服我的父親。

我們最後的結論是，我應該回波士頓，並帶著凱斯總督的推薦信搭第一班船回去。這段期間我守著這個祕密，像平常一樣繼續與凱默一起工作。總督偶爾會派人來接我去與他共餐，這是我莫大的榮幸，他總是以令我不可思議的親切熱絡態度與我話家常。

短暫返回波士頓

有一艘小船預定於一七二四年四月底左右開往波士頓。凱斯總督交給我一封內容洋洋灑灑的信，向我父親說了許多稱讚我的好話，大力推薦我在費城創業的計畫，認為我一定能藉此飛黃騰達。我們的船出港時，因為觸礁造成船身出現裂縫，不巧又遇上颶風，我們必須輪流合力把水從船上抽出直到靠岸，我也加入抽水行列。在海上航行兩個星期後，我們終於安全抵達波士頓。

我已經離家七個月，這段期間朋友都沒有我的任何消息。由於姊夫霍姆斯尚未回到波士頓，他也沒有捎信提到我的事情，所以我的突然出現把家裡所有人都嚇了一跳。不過，他們都非常開心能見到我，歡迎我回來，除了我的哥哥。我到哥哥的印刷廠去找他，我的穿著行頭要比在他手下做學徒時有派頭多了，從頭到腳一身時髦新衣，配戴一只懷錶，口袋裡裝有近五英鎊的銀幣。他對我的到訪表現得很冷淡，把我上下打量一番後，便轉頭繼續做他的事。

其他印刷工人則對我非常好奇，七嘴八舌地詢問我這段時間到哪裡去了，那是一個什麼樣的地方，我是否喜歡那裡等等問題。我大力稱讚那裡，以及我在當地的快樂生活，強烈表達了我有意要再回去。其中一個人問我當地的錢長什麼樣子，我從口袋拿出一把銀幣，然後在他們眼前把手打開，彷彿在展示西洋鏡般讓他們大感驚奇，因為波士頓使用的是紙幣[3]。然後，我趁機秀出掛錶讓他們欣賞；最後（我的哥哥依舊悶不吭聲，緊繃著臉），我給了他們一枚西班牙銀圓[4]去喝酒，然後道別離去。我的這趟造訪大大惹火了我的哥哥；我會知道這件事，是因為不久後母親對他說，她希望能看到我們兄弟倆化解彼此的恩怨，重修舊好，未來可以像兄弟一樣生活，他的回答是，我在他的手下面前羞辱他，他永遠不會忘記，更不會原諒我。其實，他誤會我了。

父親收到凱斯總督的信後顯然非常驚訝，有好幾天都對我守口如瓶，不告訴我信裡寫了什麼具體內容。霍姆斯船長回來後，父親把信拿給他看，詢問他是否認識凱斯，以及他是一個什麼樣的人；他認為凱斯一定是個粗枝大葉、思慮不周的人，才會支持一個三年後才成年的男孩創業。霍姆斯說他會支持這項計畫，但是父親非常不認同，認為此事不宜而一口回絕。於是，他寫了一封很有禮貌的信給凱斯總督，感謝他如此愛護我，對我大力提攜，但不會提供我任何創業協助，因為在他看來，我實在是太年輕了，無法委以管理一家事業的重責大任，而且籌備費用就是一筆龐大的開銷。

我的好友柯林斯任職於郵局，他聽了我對新家園的描述後深受吸引，決定也要去那裡闖蕩；在我等待爸爸做決定的期間，他已經先我一步走陸路抵達羅德島，把他所珍藏的數學和自然哲學豐富藏書交給我，屆時由我將這些書及自己的藏書一併帶到紐約，他打算在那裡等我與他會合。

儘管父親並不贊同凱斯總督的提議，但看到我獲得這樣一位重要地方大人物的有力推薦，又看到我如此勤奮、小心謹慎，在短短時間之內就大幅精進自己的能力，還是非常欣慰。父親看到我和哥哥之間和解無望，便同意我回到費城，並且諄諄告誡我在那裡對人要謙恭，要努力贏得大家的尊重，要克制他認為我生性中好嘲諷和誹謗的傾向。父親還說，如果我能保持勤奮不輟、力求儉約，那麼到我二十一歲的時候，應該可以存到足夠的錢創業；如果屆時我還差一點錢，他願意補足，父親能給我的就是這些了。除此之外，我從父母那兒拿到了表達關愛的一些小禮物。如今當我再次搭船前往紐約，我得到的是他們的讚許和祝福。

途經紐約回費城

我搭乘的單桅帆船暫泊於羅德島新港（Newport），我趁機去探望住在當地的哥哥約翰，他已經在此成家立業多年。他熱情地迎接我的到訪，讓我深切感受到他對我的愛，他一直都對我愛護有加。他的朋友維農（Vernon）被人拖欠了三十五英鎊，借錢的人就在賓夕法尼亞，他希望我能替他要回來，而且在收到他的匯款指示前，都暫時由我保管。然後，他給了我一張匯票。這件事後來帶給我很大的壓力，讓我惴惴不安。

我們的船在新港又增加了許多前往紐約的旅客，其中有兩個年輕女孩，她們是朋友，還有另一位嚴肅端莊、明達事理，充滿貴氣的貴格會婦人，以及侍候她的僕人。我曾向那位婦人表示，若有需要，我很樂意幫她一點小忙，我想這讓她對我留下了良好的印象；因此，當她看到我跟兩位年輕女孩愈走愈近，她倆也向我示好時，便把我拉到一旁說：「年輕人啊，我很關心你，雖然我們不是朋友，我對這個世界或是年輕小伙子所面對的誘惑所知也不多；但我從她們的行為就能看出，她們絕對不是良家婦女。你只要稍不留意，她們就會讓你惹禍上身。你根本不了解她們，為了你好，我好心奉勸你，千萬不要跟她們往來。」我起初不像她那樣把她們想得那麼壞，她就把自己所觀察和聽到的事情告訴我，全是一些我所忽略的事情，使我相信了她的話。我很感謝她的善意忠告，也答應會照她的話去做。

當我們抵達紐約後，那兩個女孩就把她們的地址告訴我，並邀約我去找她們，但是我沒有答應。我的決定看來是對的，因為隔日船長的銀湯匙和其他一些東西不見了，它們已經被人偷走帶下船。船長得知兩人是妓女後，便申請了搜索令，然後前往她們的住處進行搜查，順利找到了失物，也讓小偷受到懲罰。我們之前曾從觸礁的航程中安然脫身，但我認為這次的脫身對我而言，意義更為重大。

我找到了人在紐約的朋友柯林斯，他比我早些時日抵達紐約。我們從小就是非常要好的親密朋友，我們一起讀相同的書，不過他比我有更多閱讀和學習的時間，他也是個令人驚豔的數學天才，他在這方面遠勝於我。我在波士頓的那段成長歲月，閒來無事就找他聊天，他一直是個頭腦清醒的勤奮傢伙；他的學識頗獲得一些牧師和其他仕紳的看重，看來前程似錦。

但是，在我離開波士頓後，他染上了酗酒的惡習，白蘭地不離口；我從他口中和其他人那裡得知，他從抵達紐約的第一天起，每天都喝得醉醺醺，行為荒誕而離譜。他還賭博，把所有的錢都輸光了，我只好替他付清所有的住宿費。他在前往費城途中與定居費城後的所有開銷，也都由我一手包辦，對我造成極大的困擾。

當時，紐約總督伯內特（Burnet，伯內特主教的兒子）從船長那裡聽說，在他的乘客中，有個年輕人帶了許多書，所以他很希望船長可以把我帶去跟他認識。於是我去見了他，我本來打算帶著柯林斯同行，但他已經醉得不省人事。伯內特總督對我非常客氣有禮，還向我展示了他的偌大藏書室，我們交流了許多書籍和作家方面的看法。這是第二個對我投以關注的總督，對於我這樣微不足道的男孩而言，我備感榮寵而滿心喜悅！

與好友反目

我們出發前往費城，並在途中拿到了維農先生被拖欠的錢，如果沒有這筆錢，我們幾乎到不

1746
窮理查年鑑

美色與美酒，賭博與詐欺，會讓財富貶低、欲望無底。

了費城。柯林斯希望可以找一份會計工作，雖然他有推薦信，但雇主也許是從他呼出的氣味或是言行舉止看出他酗酒，以致他的求職全都石沉大海，只好繼續與我同住，由我支付一切開銷。他知道我拿到了給維農先生的還款，就繼續向我借錢，並且答應只要一找到工作就會還錢。到後來，他借去的錢多到讓我承受莫大的壓力，很擔心萬一接到匯款通知時，該怎麼辦。

柯林斯繼續喝酒，我們時常為此爭吵；因為他只要有點喝醉，脾氣就會變得非常暴躁。有一次，我們和其他幾個年輕人在德拉瓦爾河划船，輪到他划槳時，他耍賴不划。

「你們划就好，把我送回家。」柯林斯說。

「我們才不要。」我回答。

「你們一定要，否則你們整晚就待在河上。」柯林斯還說：「你們看著辦吧。」

其他人則回說：「我們划吧，沒什麼大不了的。」

但是，我一想到他的其他行徑，不由得怒火中燒，便堅持不划。他發誓一定會讓我划，否則他會把我丟到船外；然後，他朝我走近，腳踏在坐板上看著我，突然朝我猛烈攻擊。我急忙抓住他的胯下，然後將他抬起來拋出船外，他整個人倒栽蔥沒入水中。

我知道他是游泳好手，所以不是很擔心。但是在他浮出水面抓住船身之前，我們已經把船划離了一點點，不讓他接近；每當他接近船，我們邊問他要不要划，邊把船再划遠一些。他氣炸了，但依舊堅持不肯划船。眼看著他漸露疲態，我們才合力把他拉上船，在晚間，把全身濕透的他送回家。

我們過著幾乎是惡言相向的生活，後來他偶然遇到一位來自西印度群島的船長，對方受巴貝多（Barbados）一位仕紳之託，為兒子們尋找家庭教師，他答應帶柯林斯前去。隨後，他向我道別，而且允諾一領到薪水就會匯給我，清償欠債；但是，他從此音訊全無。

籌劃創業事宜

侵占維農先生的錢，是我一生中犯下的最嚴重錯誤之一。這次的事件證明了我父親的判斷並非無的放矢，那時候他說我太年輕，無法承擔管理事業的重責大任。但是，凱斯總督在讀了他的信後，認為他實在太過謹慎了。這突顯出人與人之間性格大不相同；謹慎不一定與年長者劃上等號，年輕人也不一定輕率莽撞。

「既然他不讓你創業，」總督說道：「那麼我自己來。你把需要從英國進口的必需品開一個清單給我，我會派人去處理。等你有能力了，再把錢還給我；我鐵了心一定要讓費城出一個優秀的印刷商，我相信你一定會成功的。」

他的談話是如此真摯誠懇，所以我對他的話沒有一丁點懷疑。我之前在費城的時候便一直保守這個創業的提議，到現在依然如此。如果有人知道我倚仗總督，或許一些對他有更深入認識的朋友會勸我，不要寄望於他，因為後來我聽說他是一個輕信寡諾的人，從未認真去遵守自己的承諾。他對我的幫忙完全是出於他的主動，我怎麼會想到他的慷慨伸援根本只是虛晃一招？我那時候相信他是全世界的大好人之一。

我把成立一家小印刷廠所需的設備清單交給他，我算出來合計約需一百英鎊。他很歡喜，但詢問我能否親自前往英國選購鉛字，確認所有設備的品質都沒有問題，或許此行會讓我獲益更多。「如此一來，」他說：「你在英國期間，可能會結識一些朋友，藉此建立圖書銷售和文具方面的管道。」我同意這樣做會更有利。「那麼，」他說：「你準備好後就搭乘安妮絲號出發。」

這艘往返於倫敦和費城之間的船隻，一年只有一次航班。現在距安妮絲號啟航還有幾個月的時間，所以我繼續與凱默一起工作，繼續被柯林斯之前從我這兒借用的錢搞得心煩意亂。我每天都擔心會被維農要求匯款，然而，幾年過去了，這件事都沒有發生。

我想我忘了一件事沒說，就是在我第一次搭船離開波士頓前往費城的航行途中，我們的船在離開布洛克島（Block Island）時是風平浪靜的好天氣，因此船員們開始捕撈鱈魚，捕獲了許多。截至當時，我一直堅持吃素的信念，而在那一刻，我想到了我的啟蒙師父特萊昂

（Tryon），他說過，每吃一條魚就像是無故殺生，因為沒有一條魚曾經或是有能力可以傷害我們，讓我們有正當理由「屠殺」牠們。這個理由似乎很合理。但是，我以前曾經是個酷愛吃魚的人，當熱騰騰的魚從煎鍋起鍋，那香噴噴的味道實在令人難以抗拒。我有一段時間在個人原則與愛好之間躊躇不定，直到我看到一條條小魚從被剖開的魚肚中被取出時，我心想著，「你們可以吃小魚，那麼我實在看不出我有什麼理由不能吃你們。」於是我大快朵頤，大啖鱈魚。之後，仍繼續與其他人一起吃，偶爾才會應場合需要吃素。所以，做一個理性的人很方便，因為總是能找到或編造理由去做想做的事。

[1] 坦普・富蘭克林（富蘭克林的孫子）考慮到這個具體人物的庸俗，而將本句原文“star'd like a pig poison'd.”（呆若中毒的豬）改為“stared with astonishment.”（一臉目瞪口呆）。

[2] 指賓夕法尼亞和德拉瓦爾兩個殖民地。

[3] 由於當時的英屬美國殖民地中沒有鑄幣廠，因此金屬貨幣為外國鑄幣，不像在美國大量發行的紙鈔那麼普遍，小面額的貨幣也是以紙鈔發行。

[4] 一種西班牙幣，相當於美元。

5 費城三友

凱默對我的創業計畫一無所悉，所以我們倆相處得十分融洽，彼此的意見大抵相投。他保留了許多舊有的狂熱愛好，喜歡與人辯論，所以我們之間常常出現唇槍舌劍的爭辯場面。我會以蘇格拉底辯證法來應對，常常用問題引誘他掉入圈套；我會用風馬牛不相及的問題問他，卻能逐步進逼到要害，讓他陷入困境和自相矛盾的窘境。最後，他小心翼翼到荒唐可笑的地步，就連最常見的問題都會先問：「你想要從我的話中推論出什麼？」儘管如此，他還是對我的辯論技巧給予高度的評價。

他有意創建一個新教派，鄭重地邀請我與他合作。他負責講道，我則負責反駁異議份子。當他向我解釋他擬定的教義時，我對其中某些觀點感到疑惑而不敢同意合作一事，除非我的觀點能融入其中。

凱默留了很長的鬍子，因為在摩西律法的某處寫著：「頭的周圍不可剃，鬍鬚的周圍也不可損壞。」（譯注：出自《聖經・利未記》一九：二七）他也謹守一星期的第七天為安息日；他堅持將這兩條戒律納入教義中。但這兩個我都不喜歡，不過只要他納進不吃葷的戒律，我就照單全收。

「我怕我的身體會受不了。」他說。

我向他保證他一定做得到，而且吃素會讓他的身體更健康。凱默向來是個大胃王，喜歡大吃大喝。我只要想到他吃不飽的模樣，就忍俊不住。

他說，如果我願意陪他一起吃素，他會試試看。我答應他，所以我們一起吃了三個月的素。我們委託一位鄰居太太負責烹調我們的飲食，煮好後就送來給我們。我開了一張列有四十道菜色的清單給她，請她根據菜單變化菜色供餐，菜單上沒有魚、豬、牛、羊、雞、鴨等葷食。我當時的突發奇想，讓我得以享用更經濟實惠的飲食，這樣的轉變其實更適合我那時候的經濟狀況，因為我們一星期的伙食費不超過十八便士。

從此以後，我開始養成在四旬齋嚴格禁食，齋期過後就立即依平日飲食的習慣進食，一點都不覺得有任何不便或不適，所以我覺得那種主張在禁食前後採取循序漸進式的飲食轉換建議，實在沒有必要。

我吃素吃得很快樂，但是凱默就慘了，吃素簡直讓他苦不堪言。最終他厭倦了這項計畫，垂涎著埃及肉鍋，於是點了一頭烤乳豬。他邀請我和兩位女性友人跟他一起享用；但是乳豬太快上桌，他禁不起美食當前的誘惑，在我們抵達之前，就獨自把整頭烤乳豬吃下肚。

這段期間，我對雷德小姐展開追求。我很尊重她，也深愛她，而且我相信她對我的感覺也是一樣。由於我即將遠行，加上我們都還很年輕，才十八出頭，所以雷德小姐的母親認為，現在最保險的作法就是防止我們的戀情進展神速，若真要結婚，最好等我歸來，如願創辦了自己的印刷廠後才更適合。

說不定，她認為我的創業計畫根本不會實現，將會胎死腹中。

以詩會友

我在這段時期的主要友人，有查爾斯・奧斯朋（Charles Osborne）、約瑟夫・華森（Joseph Watson）和詹姆士・拉爾夫（James Ralph），他們全都是愛書人。前兩位是費城著名的代書及契約起草人查爾斯・布洛克登（Charles Brockden）旗下職員，另一位則在一名商人手下擔任店員。華森是一名敬虔、通達明事理的年輕人，為人正直；其餘兩位對信仰則顯得漫不經心，特別

1737
窮理查年鑑

沒有醜陋的愛情，
也沒有美麗的監獄。

是拉爾夫，他和柯林斯曾經把我搞得惶惶不安，吃足苦頭。奧斯朋個性明理、耿直坦率，對朋友真誠，有情有義，但是一個喜歡對文學作品吹毛求疵、挑三揀四的讀者。至於拉爾夫，他頭腦聰明，舉止斯文，口若懸河；我大概再也找不到比他更能言善道的人。他們兩位都是愛詩人，也開始嘗試寫一些短詩。我們四個人常常在星期天結伴出遊，在斯庫基爾（Schuylkill）附近的森林悠閒漫步，我們在這裡一起朗讀、交換閱讀心得。

拉爾夫有意在詩藝上深造，以寫詩餬口為業，但他不會成為出色的詩人，這點是無庸置疑的。他宣稱，最優秀的詩人在他們剛開始寫詩的時候，一定也跟他一樣錯誤連篇。然而，奧斯朋勸阻拉爾夫，設法說服他相信自己不是當詩人的料，勸他要認份，好好專心在自己的本業上，其他就別妄想了；從商業角度來看，雖然他沒有資金，但是憑著他的勤奮和準時守信，應該可以毛遂自薦做個代理商以收取佣金，最終可以自食其力。我可以接受偶爾寫詩自娛，最多就是藉此精進自己的用字遣詞，就別無其他想法了。

有鑑於此，有人提議我們每個人回去後都要創作一首詩，讓我們在下次的聚會時，可以交換彼此的看法、批評和指正。但是，基於我們看重的是提升自己的措辭和表達力，所以這次不考慮純創作，而是改寫《聖經‧詩篇》第十八篇，這首詩描寫了上帝的降臨。

在下次聚會將近之前，拉爾夫來找我，說他的詩已經寫好了。我告訴他，我一直在忙，還沒有提筆的打算。然後，他把自己寫好的詩拿給我看，要我說說自己的看法，我大表讚許，在我看來，這是一首非常出色的詩。

「既然這樣，」他說：「因為奧斯朋絕對不會對我寫的東西有任何好話，只會吹毛求疵，極盡挑剔之能事，那全是因為他忌妒我；可是，他並不忌妒你，所以我希望你可以把這首詩當作是你寫的，至於我呢，我會假裝說自己實在太忙了，抽不出時間寫。然後，我們一起來看看他會怎麼說。」

我同意了，我很快就抄寫了一份，看起來就像是我自己寫的。

我們碰面了。華森把自己改寫的詩朗讀出來；其中有一些佳句，但是缺點很多。奧斯朋也朗讀自己的詩作，遠優於華森的作品。拉爾夫對它們做出公允的評論，他指出了其中瑕疵，也不吝稱讚它們的優點。他自己則無詩可讀。

輪到我的時候，我表現得猶豫而怯懦，以沒有足夠的時間可以做更好的修潤等等為理由，希

1739
窮理查年鑑

別聽信朋友的閒話，
也別說敵人的壞話。

望能得到大家的諒解，不要讓我獻醜。但是，其他人拒絕了我的請求，一定要我公開我的詩。我重複朗讀了詩篇。華森和奧斯朋表示自己技不如我而讓賢，對我的詩大表讚賞。拉爾夫的批評只點到為止，還提出了一些可以改進之處，我則為自己的作品辯護。奧斯朋反駁拉爾夫說，他的批評就跟他寫的詩一樣不值得一哂，讓拉爾夫不好再繼續爭辯下去。

在回家途中，奧斯朋更是強烈表達了他對這首詩的喜愛；根據他自己的說詞，他之前之所以壓抑不說，是擔心我把他的稱讚當作是逢迎我的場面話。「但是，有誰想到富蘭克林竟然有如此令人驚豔的表現；他的詩寫得多麼揮灑自如、鏗鏘有力又熱情洋溢！甚至更勝原作。在平日的談話中，他似乎不怎麼講究用詞，說話吞吞吐吐、錯誤百出；可是，老天爺啊！他竟然寫出如此佳作！」在下次的聚會中，拉爾夫拆穿了我們開的玩笑，他被我們小小嘲笑了一番。

這場惡作劇更加堅定了拉爾夫要成為詩人的決心。我竭力阻止他，希望他打消這個念頭，他卻依然堅持繼續胡亂寫詩，直到亞歷山大・波普糾正，他才死心[1]。總之，他後來成為非常出色的散文作家，我後面還會提及他。但是，我對另外兩位故友不會再多加著墨，在此一併陳述說明。幾年後，華森死在我的懷中，令我哀傷不已，因為他是我們當中最優秀的一個。奧斯朋後來去西印度群島發展，成為當地著名的律師，賺了許多錢，卻英年早逝。他生前曾和我鄭重約定，先離世的人要去探望還在世的朋友，告訴他那裡是一個什麼樣的世界。但是他從未履行諾言。

[1]在〈愚人誌〉近期的版本中，出現了下面的詩句：

安靜吧，狼群！
拉爾夫在對辛西亞嚎叫，
把夜晚變得恐怖駭人
——回答他吧，夜梟。

亞歷山大・波普還加註如下：「詹姆士・拉爾夫，一個出現在第一版裡的名字，一個默默無名之輩，直到寫了一首罵人的詩〈呆瓜〉而聲名大噪，他在詩裡詆毀史威夫特（Swift）博士、蓋伊（Gay）先生和我。」

6 倫敦之行

凱斯總督似乎很喜歡我的作伴，經常把我叫到他的官邸，也總是把資助我創業一事掛在嘴邊，就像是例行公事一般。除了攜帶信用狀，讓我得以籌措到購買印刷機、鉛字與紙張等必需器材的資金外，我還會帶著他的推薦信去謁見他的許多朋友。我三番五次被叫到官邸去拿總督的推薦信，他卻是一延再延，不知何時才能塵埃落定。駛往倫敦的航班也在多次延誤之後，終於即將啟航，但總督的推薦信卻延宕依舊。在我告知我即將出發，必須拿到推薦信後，他的祕書巴德（Bard）先生前來找我，告訴我總督正在埋首努力寫推薦信，不過他會在船班抵達新堡之前先一步抵達，而我會在那裡拿到推薦信。

拉爾夫已經結婚，還有一個兒子，但仍決意要陪我遠行。大家以為他此行是要建立一個供貨

1736
窮理查年鑑

天下沒有受騙的人，
只是有的人會信以為真。

管道，然後收取銷售佣金。我後來發現，原來他對妻子這邊的姻親大感不滿，打算把妻子丟給他們，自己永遠離她而去，不再回來。

啟程前往倫敦

我拜別了朋友們，也跟雷德小姐交換誓約後，便搭乘這班船離開費城，下一站在新堡停泊。凱斯總督已經在新堡，但是當我來到他的下榻處要見他的時候，卻是由他的祕書出來接待我，並代為轉達全世界最委婉有禮的總督口信，說他現在正被一件至關重要的公務纏身，無法抽空見我，但是他應該會把信件送到船上，並且衷心祝福我旅途愉快，早日回到費城云云。雖然我感到有些困惑，還是回到了船上，仍不疑有他。

安德魯・漢彌爾頓（Andrew Hamilton）先生是費城著名的律師，他帶著兒子搭乘了同一班船；還有鄧漢（Denham）先生，他是一位貴格會信徒和商人；以及一家馬里蘭鐵工廠的業主歐尼恩（Onion）和羅素（Russel）兩位先生，他們訂下了整個頭等艙，所以我和拉爾夫只得忍受窩身在經濟大統艙中的一個小臥鋪。

船上沒有一個人認識我們，我們在其他人眼中就是個無名小卒。後來，漢彌爾頓先生臨時被召回費城，於是他和兒子（詹姆斯，後來成為總督）從新堡打道回府，他被重金禮聘去處理一宗被捕船隻的訴訟案。

就在我們即將啟程之前，法蘭奇上校登船來看我，他對我的恭敬有禮態度，讓其他人對我另眼相看。船上其他有頭有臉的紳士們則請我和拉爾夫入住到頭等艙，因為現在這裡有空位了，於是我倆移到了頭等艙。

我在得知法蘭奇上校已經把凱斯總督的信件火速帶上船後，便要求船長把我的信件都交給我自己保管。船長說，它們已經和其他信件全部混在一個袋子裡，無法在這個時候處理，不過在抵達英格蘭之前，他會給我時間把它們挑出來。我很滿意船長的提議，便放心地繼續後續的行程。我們在頭等艙跟其他人相處愉快，加上有漢彌爾頓先生所留下來的豐盛食物可以享用，日子快活得不得了。我和鄧漢先生也在此因緣際遇下，結下一生的友誼。否則，一路天候惡劣，這趟航程實在稱不上舒適。

到了倫敦才明白的真相

當我們進入英吉利海峽後，船長信守他的承諾，允准我可以翻找信件袋，找出凱斯總督送達的信件，但我卻找不到任何一封信上面有我的名字。我只好根據筆跡挑出了六、七封信，我想它們可能就是當初總督答應我的推薦信，尤其是寫給英王御用的印刷商巴斯基特（Basket），以及寫給某位文具商的兩封信。

我們於一七二四年十二月二十四日抵達倫敦。下船後，我首先去找這位文具商，我把那封筆跡像是凱斯總督寫的推薦信交給他。「我不認識這樣的一個人，」他說道，不過，他還是把信拆開看了。「喔，這是雷多斯登（Riddlesden）寄來的。我最近察覺到他根本是個惡棍，不想再與他有任何牽連，他的信我一概拒收。」然後，把信塞回我的手裡，連忙轉身招呼其他顧客，把我晾在一旁不管。我很驚訝，這些信竟然都不是總督寫的。我前思後想整個事件的來龍去脈，開始懷疑起總督的誠信。

我去找了朋友鄧漢，把所有事情的始末一五一十地告訴他，而他讓我明白了凱斯總督是怎麼樣的一個人；他告訴我，他肯定沒有寫推薦信，一封都沒有，因為只要了解他的為人，就根本不會相信他。他對於總督會寫一張信用狀給我一事，嘲笑我的天真，說這種人具名的信用狀哪來信用可言。在我表達了自己的憂慮及茫然失措後，他建議我先去找一份跟本行相關的差事。他告訴我，「進到本地的印刷廠工作，將有助你提升自己的印刷技能，日後你回到美國創業，一定會比其他同業更吃香。」

我們兩人恰好得知，那位雷多斯登律師正如該文具商所形容的，就是一個徹頭徹尾的惡棍。他勸服雷德小姐的父親替他扛下法律責任，把他害得悽慘無比。他在信中透露出，他正密謀陷害漢彌爾頓（他原本會與我們搭同班船來到倫敦）；而凱斯總督也涉入其中。鄧漢先生身為漢彌爾頓的朋友，覺得有義務告知他這件事。所以，漢彌爾頓先生一抵達英國不久，我基於對凱斯總督和雷多斯登的憤慨與厭惡，以及對漢彌爾頓的好感，便前去拜訪他，把信交給了他。他由衷地感謝我，因為這個消息對他至關重要；我們從此成為朋友，他在日後許多場合幫助我甚多。

關於凱斯總督竟對一個可憐無知的男孩耍弄這種卑鄙手段，我們又怎麼想呢？我們認為這已經成為他的習性。他想要討好每一個人，卻是口惠實不至，一味給人希望卻無實際援助。若非如此，他稱得上是一個聰明、通達事理的人，也是一個相當優秀的作家，以及造福民眾的傑出總督，但對他的選民，也就是殖民地的領主們卻非如此，因為他有時候會對他們的指示置若罔聞。我們當時最好的一些法令規章，就是在他治理期間所規劃頒布通過的。

在倫敦的第一份印刷工作與友人們

拉爾夫和我形影不離。我們落腳在小布列顛地區[1]租屋而居，房租每個星期三先令六便士，再高的話我們也租不起了。他去見了一些親戚，但他們都是窮苦人家，無法資助他。此時，他向我坦言，他打算留在倫敦，永遠不再回費城了。他所有的錢只足夠買單程船票，現在已經身無分文。我還有十五塊匹斯托爾[2]，他偶爾會跟我借錢以支應生活開銷，也一邊找工作。他一開始去劇院應徵，自認為可以勝任演員的工作。但是，面試他的劇場經理威爾基斯（Wilkes）[3]，很坦白地告訴他可以死了這條心，他不會在這一行成功。接下來，他向一個開在派特諾斯特洛街（Paternoster Row）[4]的出版商羅伯特（Roberts）提案，願意有條件每週撰寫類似《旁觀者》的文章，但被羅伯特拒絕了。隨後，他前往書商和聖殿區（Temple）[5]的律師事務所求職，希望能謀得抄寫的工作，不過沒有職缺。

我很快就在帕爾默（Palmer）的店裡開始工作，這家當時著名的印刷廠座落於巴賽洛繆街（Bartholomew Close），我在這裡做了差不多一年的時間。我工作勤奮，但是我和拉爾夫把我賺來的錢大肆揮霍在看戲和其他娛樂場所上。我們也花光了我全部的匹斯托爾金幣，現在只能勉強餬口度日。看來，他已經把妻兒完全拋在腦後，而我也漸漸忘了與雷德小姐的約定，來到倫敦至今，我只寫了一封信給她，告知我在一年半載內是回不了費城了。這是我犯下的另一個大錯，如果人生可以重來，我希望能把它改正過來。事實上，按照我們花錢如流水的揮霍程度，我不可能有錢買船票回去。

我在帕爾默印刷廠負責排印沃勒史東（Wollaston）的著作《自然的宗教》的第二版。他文章中有些立論根據在我看來是站不住腳的，所以我寫了一篇形而上的短文來點評它們。文章的標題為〈論自由與必然、歡愉與痛苦〉，我把它題獻給朋友拉爾夫，只印了少量幾本。我的文章讓帕爾默先生對我另眼相看，他覺得我是個有些才華的年輕人，不過他就文中表達的某些原則對我提出嚴肅的忠告。印製這本小冊子是我犯下的另一個人生錯誤。

住在小布列顛期間，我認識了一位書店老闆威爾考克斯（Wilcox），他的書店就開在我們租屋處隔壁。他收藏了大量的二手書。那個時候還沒有流動圖書館，但是我倆同意在合理的條件下，具體的條件內容我已經忘記了，我可以借閱他的所有藏書，看完就歸還。我認為這實在是太方便了，便物盡其用。

外科醫生李昂斯（Lyons）想辦法拿到我印行的小冊子，我們因此結識，他著有《人類判斷的無誤性》。他很關照我，經常來探望我，與我談論那些主題，帶我去奇普塞街（Cheapside）的號角（Horns）淡啤酒屋，把我介紹給《蜜蜂寓言》的作者曼德維爾（Mandeville）。曼德維爾開了一家俱樂部，而他本人就是該俱樂部的靈魂人物，他生性幽默風趣，有他在的場合永遠充滿歡樂。李昂斯在貝特森咖啡屋（Batson's Coffee-house）把我介紹給彭柏頓（Pemberton），他答應若有機會會帶我去見牛頓（Isaac Newton）爵士，我求之不得，但這件事始終沒有成真。

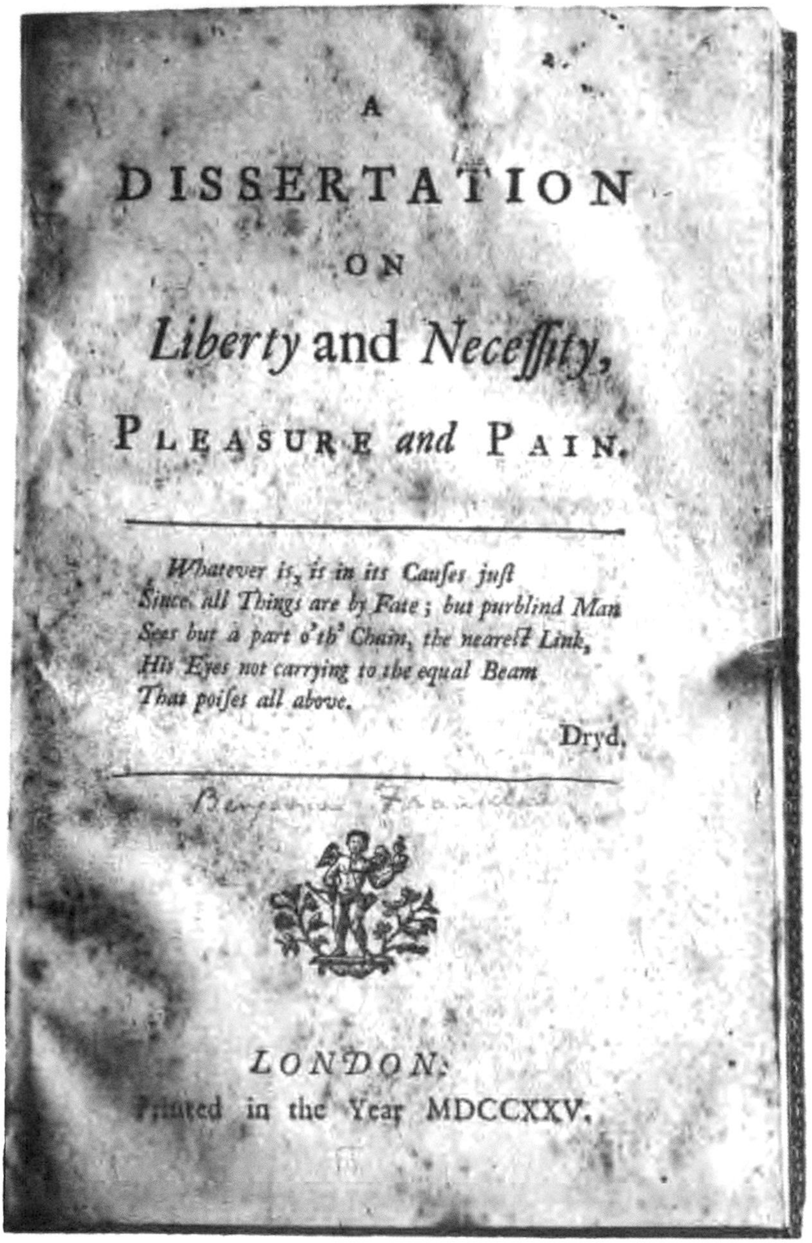
A

DISSERTATION

ON

Liberty and *Necessity*,

PLEASURE *and* PAIN.

Whatever is, is in its Causes just
Since all Things are by Fate; but purblind Man
Sees but a part o'th' Chain, the nearest Link,
His Eyes not carrying to the equal Beam
That poises all above.

Dryd.

LONDON:
Printed in the Year MDCCXXV.

富蘭克林為點評《自然的宗教》第二版所寫的短文〈論自由與必然、歡愉與痛苦〉。

我隨身帶了一些古玩飄洋過海而來，其中一件高溫煉製的石棉錢袋，最為珍貴。漢斯•史隆（Hans Sloane）爵士聽聞之後，特地來找我並邀我去他家，他的宅邸座落在布倫貝瑞廣場（Bloomsbury Square），他向我展示了他所蒐藏的全部奇珍異寶，並說服我將錢袋割愛給他，讓他的古董收藏再添一件，他付給我一筆非常優渥的收購價錢。

有個年輕女人與我們同住一棟樓，她專門販售女帽頭飾，我想她的店是開在修道院附近。她具有良好的教養，舉止優雅，為人明理、個性活潑，與她談話其樂無窮。拉爾夫會在晚上朗讀劇本給她聽，他們變得愈來愈親密。後來，她搬到另一個地方，拉爾夫也搬去與她同住。他們同居一段時日後，拉爾夫仍然賦閒在家，她的收入不足以支付兩人和她兒子的生活開銷，所以拉爾夫決定離開倫敦，去應徵一所鄉村學校的教師職缺，他深信以自己的資歷絕對能勝任這個職位，他不僅寫得一手好字，算術和會計也很在行。

總之，拉爾夫覺得自己是大材小用，深信自己日後會功成名就，到那時候，他應該不願意讓

1734
窮理查年鑑

散播歡樂散播愛，
終得愉悅笑開懷。

人知道自己曾經做過如此低薪卑微的工作，所以他決定改名換姓，蒙他青睞，我的名字雀屏中選。我會知道，是因為我很快就收到他的來信，得知他現在落腳在一個小村莊（我想，應該是在伯克郡，他在那裡教十到十二個小男孩讀寫，週薪六便士），信中還拜託我照顧T女士，希望我能寫信給他，而且信封上要指名是寄給當地小學老師富蘭克林先生。

他三不五時就寫信給我。當時他正在創作一首長篇史詩，把大段大段樣詩寄給我，希望我能批評指正。

我也不負他所望，不時回覆我的批評，但我的目的是希望藉此大澆他的詩興。詩人愛德華・楊（Edward Young）[6]當時剛發表了一首諷刺詩，我把大部分的詩抄錄下來寄給他，詩中強烈諷刺了那種希冀追求繆斯以提升詩作的愚蠢行徑。但是我的努力全都白費了，一封又一封樣詩繼續隨著每次郵件寄到我的手上。

至於T女士，因為拉爾夫之故，沒了朋友也丟了生意而陷入愁雲慘霧中。她常常差人把我叫去，開口向我借錢，說如果我有餘裕的話可以慷慨解囊，幫助她脫離財務困境。我變得愈來愈喜歡與她在一起，當時我視宗教禮數為無物，以她的恩人自居，試圖要與她親暱（我犯下的另一個人生錯誤），但被她嚴厲地拒絕了。她也把我的行徑告訴拉爾夫。

這造成了我倆之間的嫌隙，他回到倫敦後告訴我，我的行徑讓他決定跟我割義斷袍。換言之，對於他會還清欠我的所有錢或是墊付款項，我可以死了這條心。反正，這對我沒什麼影響，因為當時他根本無力償還。反而，失去這段友誼，讓我覺得自己解脫了。

我開始想要存錢，所以打算找一份薪水更優渥的工作。後來我離開帕爾默，跳槽到更大的瓦茲（Watts）印刷廠[7]，它位在林肯律師學院廣場（Lincoln's Inn Fields）。我一直待在那裡直到離開倫敦。

跳槽到大印刷廠

我剛進瓦茲印刷廠時是做印刷工，但我覺得這裡缺少了過去在美洲已經習慣的體力操練，因為美洲的印刷工人身兼排版。

我只喝水，其他差不多五十位工人每個都狂飲啤酒。有時候，我會兩手各拿著一個大型鉛字版上下樓梯，其他工人都是用兩隻手拿著一個鉛字版。他們每每好奇地看著我這個「喝水美國人」（這是他們給我取的綽號），比他們這些牛飲啤酒的人都來得強壯。

一個在啤酒店打工的男孩經常出現在我們的印刷廠，供應啤酒給工人。

我的印刷夥伴每天吃早餐前都會先喝上一品脫啤酒，然後邊吃麵包與起司，又邊喝掉一品脫，早餐和晚餐之間，繼續喝掉一品脫，到了晚上六點左右，又喝掉一品脫，一天工作結束時，又是一品脫下肚。

我覺得這是一個不良習慣，但是他的想法是，要有強健的體力可以勞動，就要靠喝大量啤酒來補充體力。我全力說服他，啤酒補充體力的強弱和溶解於啤酒的麥粕或麥粉成分的多寡成正比；而一便士麵包裡的麥粒成分要多於啤酒，如果再搭配一品脫的水，這種飲食組合比起一夸脫（即兩品脫）啤酒更能補充體力。

總之，他依然故我，每個星期六晚上，他一拿到薪水就先拿出四、五先令買啤酒喝，而我完全可以省下這筆開銷。這就是為什麼這些可憐的傢伙總是過著捉襟見肘的生活。

幾個星期後，瓦茲把我調到排版室[8]，讓我離開了印刷工的崗位。排版工人要求我付五先令的迎新費，或者說索取酒錢。我認為那根本是敲詐，因為我已經在樓下的印刷室付過了。排版領班也這麼認為，要我不必付了。我堅持了兩、三個星期，因此遭到他們的排擠，並在私下對我做了許多雞腸鳥肚的惡作劇，只要我離開一會兒，便弄亂我的鉛字、頁序，破壞版面等等不勝枚舉，並推託說那都是小教堂[9]裡的鬼魂在作祟，說不被接納者都會遭到鬼魂的糾纏。雖然有領班的力挺，我最後還是不得不妥協，付錢了事，因為我領悟到只有傻瓜才會與朝夕相處的人搞壞關係。

我現在已經與他們打成一片，而且很快就對他們發揮了巨大的影響力。我對他們的小教堂規矩提出了其他合理規範，而且力抗所有反對聲浪，使其通過。

因為有我身先士卒為榜樣，許多排版工放棄了原來使其頭腦不清的早餐組合：啤酒加麵包加起司，轉而加入我的供膳團，由一位鄰舍負責烹煮供應：一大碗熱騰騰的粥，撒點胡椒，還有少許塗了奶油的麵包塊，合計起來等於一品脫啤酒的價格——三便士半。這種早餐吃起來既令人安心又便宜，還能讓他們保持頭腦清醒。

至於那些依舊嗜酒如命的同事，因為經常賒帳，在啤酒屋的信用早已掃地，無法再賒酒，所以屢屢指使我去幫他們弄些啤酒來，按照他們的說法，他們的「光芒」已經黯淡。我利用星期六晚上檢視支出表，上面記載了我為他們買酒的酒錢，一個星期累計下來有時高達三十先令，此外，我也是他們公認的幽默諷刺高手，這都讓我在這裡博得了舉足輕重的地位。

我在工作上的全勤（我從來不過聖星期一[10]）表現，博得了領班對我的器重，加上我的排版

1750 窮理查年鑑

把酒灑出來，只會損失那一點；
把酒喝下去，往往連自己也搞不見。

速度非常快，因此所有急件全交給我來做，這類案子通常都能拿到更好的工資。這讓我過了一段怡然自得的日子。

新住處的房東和房客

由於我在小不列顛的租屋處距離工作地點實在太遠了，便在杜克街天主堂的對面覓得了新的住處。

房子在一個義大利倉庫後方，要爬兩段階梯。房東是個寡婦，她有一個女兒、一個女僕，還聘了一個工人管理倉庫，但他住在外面。房東派人到我之前的租屋處打聽過我的人品後，同意我入住，房租依舊維持每週三先令六便士。她說，她之所以用比較便宜的價錢租給我，是因為她希望家中有個男人會比較安全。

她是個寡婦，年事已高，從小就是基督徒，父親是牧師，結婚後在丈夫的要求下改信天主教。她對丈夫的思念從未消停，對他崇敬有加。她曾與許多名流往來，他們的趣聞軼事信手拈來起碼就有一千個左右，甚至可以追溯到查理二世的時代。她的雙腿因為痛風不良於行，所以很少出門，有時候很希望有個人可以陪她談心聊天。跟她在一起總是讓我很開心，所以只要她有需要，我很樂意晚上過來陪陪她。我們的晚餐很簡單，就是每人半條鯷魚，一小條奶油麵包，並共享半品脫麥酒，但她的談話才是主菜。

我總是早睡早起，也不惹麻煩給他們一家帶來困擾，所以當我提到工作地點附近有房子要出租，而且一星期只要兩先令，因為我現在正在存錢，這樣的價差不無小補時，她萬般不捨我離開。所以，她一聽完便叮囑我連想都不要去想，她會把我的房租調降兩先令。所以，從那時候起，我便一直用每週一先令六便士的房租住在她那裡，直到離開倫敦。

房東家的閣樓還住著一位未婚的七十歲單身女士，她過著深居簡出的日子，幾乎與外界隔絕。房東跟我娓娓道來她的故事：她是一位羅馬天主教徒，年輕時被送到國外念書。她有意當修女，住進修女院裡，卻因為水土不服而返回英國。這裡沒有修女院，但是她發誓要在目前的俗世環境中，竭力過著修女的生活。所以，她把名下所有房產和財產全部捐出做慈善，只保留每年十二英鎊的生活費，儘管如此，她這筆錢主要還是用於慈善救濟，自己就靠稀飯果腹度日，除了煮稀飯，她基本上是不用柴火的。她住在閣樓已經有許多年，多虧樓下那些來來去去的天主教徒房客們的通融，讓她可以一直免費住在這裡，因為他們覺得有她住在這裡，是他們的福氣。

有個神父每天都會來探望她，聽她告解。「我曾問過她，」房東說：「像她這樣生活，怎麼可能會有這麼多要向神父告解的事情呢？」而她回答：「因為我們總有一些虛妄的念頭。」

我獲准可以去拜訪她，她性情快活、客氣有禮，也很健談風趣。屋內很乾淨，只有幾樣簡單的家具，一張床墊，一張桌子，桌上放著一個刻有耶穌受難像的十字架和一本書，還有一張凳子，就是她拿給我坐的那張。

此外，在壁爐上方掛著一幅畫，畫的是聖維若妮卡展示自己的手帕，上面有一張基督滿臉是血的神奇肖像[11]，她一臉肅穆地向我解釋背後的故事。她看起來臉色蒼白，但從未生過病。我把她當作另外一個例子，來說明即使收入再微薄，生活和健康依然可以兼顧。

倫敦時期的好友

我在瓦茲的印刷廠認識了一個聰明的年輕人——魏蓋特（Wygate），他有幾個有錢的親戚，比起很多印刷工人，教育程度也更高；他的拉丁語說得還可以，也會說法文，而且熱愛閱讀。我教他和另一個朋友游泳，我們下水游了兩次，他們很快就成為游泳好手。後來，他們把我介紹給幾位紳士，這一行人特地從水路來到切爾西（Chelsea）參觀學院和唐•索爾特羅（Don Saltero）的古董收藏[12]。

在回來的途中，魏蓋特激起了眾人的好奇心，要求我展示游泳本領，於是我脫掉衣服跳進河中，從切爾西附近一直游到布萊克法爾（Blackfriar）[13]，一路炫耀自己的泳技，展現了多項高超的水上及水下游泳技巧，他們大感新奇，看得驚喜連連。

我從孩童時期便熱愛這項運動，不斷鑽研及練習泰佛諾特（Thevenot）所傳授的各種游泳動作和姿勢，也融入了我個人的一些創新，設法讓游泳變成一項更優美、輕鬆、有益的運動。我趁這次機會將多年的演練成果一次呈現，引來現場同伴的交相讚譽，讓我心花怒放。

魏蓋特一直嚮往自己能成為游泳高手，再加上我倆擁有相似的研究喜好，促使我們變得愈來愈親近。後來他提出結伴環遊全歐洲的計畫，打算每到一處就靠我們的印刷技能在當地打工賺錢來維生，我確實為此而心動。那時候，我只要有空閒，便常常去找好友鄧漢先生聊上一個小時。我跟鄧漢先生提了這件事，但他勸我打消這個念頭並建議我返回賓夕法尼亞，因為他已準備好啟程回去。

我一定要說說這個好人的一些人格特質。他本來在布里斯托（Bristol）做生意，後來因為經

1757
窮理查年鑑

再怎麼樂善好施；
也不會降低生活品質。

營不善，積欠了許多債務，在與債主們取得債務和解後，便遠走美國。他努力打拚，短短幾年內便經商有成，賺進了大筆財富。

回到英國後，他設宴邀請過去的債權人。在飯局上，他感謝他們對其債務的慷慨通融，他們原以為只是單純吃飯，未做他想，但是第一道菜一撤走，每個人眼前都有一張銀行匯票，上面的金額就是當年鄧漢積欠自己的錢加上利息的總額，悉數償清。

他告訴我，他即將啟程返回費城，而且會攜帶大批貨物回去開店。所以他希望可以帶我同行成為他的職員，負責管理帳務，他會教導我這方面的知識，還有謄寫信件和照料店面等事宜。除此之外，他還提到，只要我對商務方面的事情都上手了，他就會拔擢我，派我負責把一船的麵粉和麵包等貨物安全送抵西印度群島，我會拿到可觀的佣金。如果我打理得好，就能夠在事業發展上站穩腳步。

他的提議正合我意，因為我已經對倫敦感到不耐，開始懷念起昔日在賓夕法尼亞的幾個月快樂時光，很想再重回故地，所以我立刻接受了鄧漢先生開出的一年五十鎊賓夕法尼亞幣條件[14]。這份薪資確實低於我目前的排版工收入，但有更光明的前景。

我離開了印刷業，原以為從此不會再踏進這一行。

我現在每天為新工作忙碌奔波，跟著鄧漢先生與零售商往來交易，採買各種貨物，然後監督工人打包貨物、打理一些雜務、差派工人送貨等，不一而足；等到全部的貨物都上了船，我才有幾天假期可放。

有一天，一個大人物，我只知道他的名字是威廉・溫德姆（William Wyndham）爵士差人請我過去見他，我嚇了一跳，但我還是去了。我不知道他是怎麼打聽到我從切爾西游回布萊克法爾，以及我在幾個小時內就教會了魏蓋特和另一個年輕人游泳的事。他有兩個兒子，即將出門旅行，因此希望我在此之前可以先教會他們游泳，他說只要我答應，他會重金答謝我。

但因為他們兩人尚未回到倫敦，而我會在倫敦再待多久也未可知，所以我婉拒了。但是，這樁小插曲也讓我興起了這樣一個念頭，如果我繼續留在英國，或許可以開一所游泳學校，說不定這會讓我賺到盆滿缽滿。這件事對我的衝擊很強烈，如果這個提議早點提出，或許我就不會那麼急著回美國了。

許多年後，你和我與威廉・溫德姆爵士的一個兒子，亦即後來的埃格勒蒙特（Egremont）伯爵有了更重要的接觸，關於這點我會在後面適時地詳述。

結果，我在倫敦總計停留了十八個月。我大半時間都兢兢業業在工作上，所賺的錢多數花在看戲和買書上，其餘開銷不大。

我的朋友拉爾夫曾經把我搞到捉襟見肘，他欠了我二十七英鎊左右，我不敢奢望能拿得回來，雖然以我的微薄收入而言，這可是一筆大數字。儘管如此，他在其他方面還是有許多令人喜愛的特質，我依舊愛他。雖然我的財富未見增加，但是我在這裡結識了許多足智多謀的人，他們惠我良多；我在這段期間也讀了許多書。

[1]小布列顛是倫敦最古老的地區之一，位在聖保羅大教堂北邊，會有此稱號是因為布列塔尼（Brittany）公爵過

去住在這裡。參見華盛頓・歐文（Washington Irving）《見聞札記》中的〈小布列顛〉一文。

[2] 一種金幣，相當於四美元左右。

[3] 一位受歡迎的喜劇演員，特魯里街劇院（Drury Lane Theatre）的經理。

[4] 聖保羅大教堂北邊的街道，出版社林立。

[5] 位在聖保羅大教堂南邊，艦隊街與泰晤士河之間，法學院和律師事務所在此林立，

[6] 愛德華・楊（一六八一～一七六五），英國詩人，文中所提內容可參見他的諷刺詩作品集第三卷，書信集（下），第七十頁。

[7] 這部富蘭克林工作用的印刷機，保存於華盛頓專利局。

[8] 富蘭克林現在離開了耗費體力的操作印刷機工作，開始做較需要技巧和腦力的排字工作。

[9] 印刷廠會被稱為小教堂，是因為卡克斯頓（William Caxton）。他是英國第一個印刷商，在與西敏寺毗鄰的一間小教堂裡開始他的印刷業務。

[10] 聖星期一為假日，工人在這天繼續揮霍星期六領到的週薪。

[11] 這是關於聖維若妮卡在耶穌基督前往被釘十字架的途中，遇見祂的故事。她拿出自己的手帕擦拭基督臉上的血跡，之後，這條手帕便一直浮現著基督的血臉像。

[12] 詹姆士・索爾特（James Salter）曾是漢斯・史隆（Hans Sloane）的僕人，住在切西爾的切恩沃克街，「他的房子，一家理髮店，後來以『唐・索爾特羅咖啡屋』著稱。他的古董收藏在一個玻璃櫃中，各式各樣的珍藏令人大開眼界——有一個來自中國的螃蟹化石、一個『木質化的豬』、『約伯的』眼淚、馬達加斯加長矛、征服者威廉大帝的火焰劍，還有一件英王亨利八世的鎧甲。」——史密斯

[13] 大約三英里（四・八公里）。

[14] 大約一百六十七美元。

7 在費城創業

一七二六年七月二十三日，我們從格雷夫森德（Gravesend）啟航。我把航行途中發生的事情都詳細記載在一本日誌上，你可以查找翻閱。「計畫」這一部分是其中最重要的內容[1]，它規範了我日後的言行舉止，是我在航行途中構思出來的。

比較值得注意的是，我是在年少輕狂的年紀制訂出這些行為準則，但直到年紀老，邁仍忠實地持守到底。

費城人事已非

我們於十月十一日返抵費城，我發現物換星移，人事已非。凱斯不再是總督，由高登（Gordon）少校繼任。我有一次在街頭遇見了已經是一介平民的凱斯迎面走來。看到我，他顯得有些愧色，卻不發一語地從我身旁走過。

如果我看見雷德小姐，理當也是羞愧難當。之前她接到我的來信後，她的閨蜜對於我的歸期遙遙無期深感絕望，力勸她改嫁其他人，後來她嫁給一個叫做羅傑的陶匠，當時我還在倫敦。婚後，她一直過得不快樂，很快就離開了他，拒絕再與他住在一起，或是冠上他的姓氏，據說，他還有另一個老婆。這個傢伙是人渣，卻是一名出色的工匠，因此才博得雷德小姐閨蜜們的好感。後來他為了躲避債務，於一七二七年或一七二八年潛逃到西印度群島，最後死於當地。

至於凱默，他現在有更好的房子，開了一家貨品新穎、種類繁多的文具店，也雇用了許多人手，儘管素質低落，生意卻興隆。

鄧漢先生的店面開在水街，我們將載運來的貨物拆箱販售。我孜孜矻矻地打理店面的生意，學習記帳，也漸漸摸索出賣東西的竅門，很快就上手了。我們吃住都在一起，他像父親般指導我，發自真心地關心我。我對他敬愛有加，我們本來可以繼續過著十分快樂的生活，但在一七二六或一七二七年二月初，我剛過二十一歲生日後，我們兩人都生了一場重病。我罹患胸膜炎，這場病差點要了我的命。我痛苦難當到想一死了之，但當我發現自己的病情正在好轉康復時，反而感到非常失望，懊惱著我哪天好了，又要重返無趣的工作崗位。

我已經忘了鄧漢先生生得了什麼病，最終他因為久病不癒而過世。他在口授遺囑中留給我一筆金額不大的遺產，象徵著他對我的關愛。他撒手離去，留下我一個人再次面對蒼茫世界。他的店面由他的遺囑執行人接手，我在他手下的工作也到此結束。

重回前東家手下工作

我的姊夫人在費城，建議我重操舊業；凱默也提出巨額年薪利誘我，希望我回去管理印刷廠，讓他可以專心經營文具店。我在倫敦就已經從他的妻子和朋友那裡，聽說了他的惡劣人品，不想再與他有任何瓜葛。我想再做商店店員，但都沒有如願，只好回頭找凱默，談妥條件簽約後，再次回到老東家。

我在他的印刷廠見到了一些工人，他們分別是：修・梅瑞迪斯（Hugh Meredith），威爾士裔賓夕法尼亞人，三十歲，做農活出身；為人誠實、明理，具有非常敏銳的觀察力，喜歡閱讀，但是嗜酒成癖。史蒂芬・波特斯（Stephen Potts），這個已經成年的鄉下青年，一樣也是做農活出身，他天資聰穎，為人機靈幽默，只是有點懶散。他們同意接受凱默開出的極低週薪，然後隨著他們的技能與時俱進，每三個月會調升一先令。凱默畫的大餅，讓他們懷抱著有一天會領到高薪的大夢。

凱斯指派梅瑞迪斯做印刷，波特斯做裝訂，雖然他自己對這兩項技能都一竅不通，卻同意會教他們。約翰（John），一個我行我素的愛爾蘭人，沒有一技之長，凱默從一位船長那裡買下他，要為凱默做四年工；約翰也被分配到做印刷工。喬治・韋伯（George Webb），一名牛津學生，凱默可能也用相同的招數買下他的四年工期，有意讓他做排版工作，我很快會再提到他。還有大衛・哈利（David Harry），凱默收了這個鄉下男孩為學徒。

我很快就看穿了凱默的意圖，他會給我超出之前工資非常多的高薪雇用我，就是要我教導這些廉價的生手。因為凱默與他們所有人簽約在先，一旦我教會了他們，將來就算沒有我，凱默也能經營下去。儘管如此，我還是樂在工作中，把他的印刷廠管理得有條不紊，步上軌道。這裡曾經亂成一團，如今，我把他的工人漸漸調教到懂得要對工作用心，在技術上也愈發嫻熟。

看到牛津學生喬治・韋伯被買下來當工人，實在引人好奇。他未滿十八歲，向我娓娓道出他的故事。他出生於英格蘭的格洛斯特（Gloucester），就讀當地的文法學校，在學校戲劇演出上的出色表現，遠優於其他同學。他也是當地智多星俱樂部（Witty Club）的一員，寫文章，也寫詩，還發表在格洛斯特的報紙上，得以進入牛津大學就讀，念了差不多一年左右。但牛津的生活無法滿足他，他一心嚮往去倫敦見世面，成為演員。最後，他在拿到了十五吉尼的季度獎學金補助後，沒有拿來償還債務，而是把校袍藏在荊豆叢中，然後離開牛津，一路徒步走到倫敦。

他在倫敦舉目無親，沒有諍友相伴，反而交上了一群狐群狗黨，很快就把身上的錢揮霍殆盡。他找不到門路可以打進演員圈子中，生活愈來愈拮据，最後只好把衣服拿去典當，換得麵包充飢。他飢腸轆轆地走在街上，正對未來感到茫然無措時，突然一名船公司的招工仲介[2]把一張傳單塞到他的手上，上面寫著只要願意簽約前往美國工作的人，能立即獲得吃住等招待與其他獎勵。他毫不猶豫，當下直接簽約上船，飄洋過海來到這裡。他至今從未寫下任何隻字片語給友人，告知自己的近況。他個性活潑，為人機智、溫厚，是個親切友善的同伴，但也是個極其懶散、粗心、輕率的人。

約翰，那位愛爾蘭人，很快就逃跑了。我跟其他人相處得非常融洽愉快，因為他們發現凱默根本沒有能力教導他們，反之，他們每天都能從我這裡學到一些東西，而對我愈發尊敬。由於凱默守安息日，我們星期六從不工作，所以我有兩天假日可以拿來閱讀，而且我在費城也結交了更多聰明有見識的朋友。凱默對我非常客氣有禮，表面上也對我尊重有加，除了維農的債務還讓我耿耿於懷之外，我現在沒有其他煩心的事情，但因為我不善節流開銷，所以仍無力償還這筆錢。所幸，他很好心，從未向我討債。

我們的印刷廠經常鉛字不夠用，美國卻沒有鉛字鑄造工。我曾在倫敦詹姆士的印刷廠裡，看

1735
窮理查年鑑

挑朋友要慢，
要比換朋友更慢。

過他們鑄造鉛字，但當時並未多加留意。現在我只好想辦法製作出一個堪用的鑄模，利用現有的鉛字字母充作打印機，壓鑄出一個個鉛字，勉強供應所有缺少的鉛字。我有時候也會刻一些東西，製作油墨；我就是一個倉庫總務，包辦所有大小事情，簡言之，就是一個打雜的人。

然而，不管我多麼好用，我察覺到自己在這裡的重要性正在下降中，因為其他人在工作上已漸漸上手。凱默在給付我第二季度的薪資時，擺明了告訴我，他覺得我的薪水太高了，應該要減薪。他對我愈來愈沒禮貌，擺出更多老闆架子，經常找我的碴，對我吹毛求疵，看來一場戰火正蠢蠢欲動，蓄勢爆發。不過，我仍然保持極大耐性繼續工作，我想債務問題也是造成他出現這些行為的原因之一。

最後，一件芝麻小事成了結束我們關係的導火線。有一天，法院附近出現巨大嘈雜聲，我把頭伸出窗外想一探究竟。當時凱默正站在街道上，他抬起頭看著我怒吼說，先把自己的事情管好再說，還繼續叨唸不停。他惹惱我的主要原因，還是他當眾對我發火，附近的街坊鄰居紛紛探出頭來，都目睹了我怎麼被他斥責。他立刻衝上樓進到印刷廠，繼續對我開罵，我們高聲怒言相向，他要我做完這一季就走人，還說後悔當初跟我簽了這麼長的合約。我告訴他沒必要後悔，我馬上離開走人；一說完，我立刻拿起帽子離開，在樓下碰到梅瑞迪斯時，我請他幫忙看管我留在廠裡的東西，然後打包送到我的住處。

在伯靈頓合作印鈔業務

晚上，梅瑞迪斯依約前來，我們討論了我的事情。他一直對我尊重有加，看到我離開，他也不願意再待在那裡。回老家的想法開始在我心中蠢動，他力勸我打消這個念頭。他提醒我，凱默的負債到了瀕臨破產的地步，債權人已經感到恐慌。他的文具店生意慘澹，為了手邊有現金可用，常常賠錢賤賣文具，而且賒帳也不記帳；所以，他一定會破產，到那時或許我有機會從中得利。我反駁說，我沒有錢。他告訴我，他的父親對我有很高的評價，從他們父子倆的幾次談話中，他確信如果我願意與他一起合夥，他的父親一定會資助我們創業。

他說：「我和凱默的合約在春天就要到期了，到了那個時候，我們就能從倫敦進口印刷機和鉛字。我有自知之明，知道自己不是當技工的料；如果你同意的話，你出技能，我出資金，獲利平分。」

我認為這是一個合理的提議，於是欣然接受。他的父親在城中，也點頭同意。他看到了我對他兒子的巨大影響力，且成功開導他戒掉酗酒習慣，他希望有朝一日我們可以變成十分親近的朋友，那麼或許可以讓他徹底根除這項惡習。

我開了一張印刷設備清單給他的父親，他會轉交給一名商人去採購。所有事情都是派人在私底下進行，直到全套設備都運抵，才會公諸於世。另外，我想在這段期間到其他印刷廠工作，但都不缺人手，所以我就這樣無所事事了一段日子。

這時，凱默有望拿到紐澤西殖民地的印鈔業務，需要銅版和各種鉛字，這些只有我能辦到，另外他還顧及到，布雷福德可能會雇用我而從他手上搶下到手的生意，所以他捎來一封措辭非常恭敬有禮的信給我，說老朋友之間不應該只為一些口角就搞到分道揚鑣的地步，那只是一時情緒激動所致，希望我能回去再與他合作。

梅瑞迪斯勸我妥協接受，因為在我的指導下，他才能精進自己的印刷技術。所以，我回去了，我和凱默的關係也比之前和諧許多。我們最後取得了紐澤西的印鈔業務，我為此設計了一部銅版印鈔機，是美國第一次出現這類機器，我還為紙鈔刻了一些裝飾圖和格子圖案。最後我倆聯袂前往伯靈頓，我在這裡全權負責執行所有的印鈔事務，成果令所有人都滿意；凱默因此獲得巨額報酬，讓他可以從財務難關中繼續苟活殘喘一陣子。

我在伯靈頓結交了許多紐澤西的重要人物，有些人是印鈔監督委員會委員。該委員會是紐澤西議會所指派成立，負責監督印鈔作業，確保不會超印法定的印鈔量。他們輪流前來，且通常都會帶一、二位朋友作伴。比起凱默，閱讀大大提升了我的心智，我認為這是我的言論更得到他們重視的原因。他們會邀我去家裡作客，把我介紹給其他朋友，而且對我十分有禮；反之，凱默雖然是老闆，卻有些受到冷落。事實上，凱默個性古怪，不懂社交，喜歡反駁其他人的意見且態度粗魯，不修邊幅，骯髒邋遢，對某些宗教觀點十分激進，還有點奸詐。

我們在伯靈頓待了差不多三個月的時間，我在這段期間結識了一些新朋友，他們是：亞倫（Allen）法官、紐澤西殖民地政府祕書長薩繆爾・巴斯提爾（Samuel Bustill）、約瑟夫・庫伯（Joseph Cooper），還有幾位史密斯議員，以及測繪局局長伊薩克・狄考（Isaac Decow）。狄考是個精明睿智的長者，他向我訴說了他的人生奮鬥故事：年輕時，他替砌磚工運送黏土，成年後才學會寫字，在為測量師背測鍊的期間，他們傳授他測量技巧。他一路靠著勤奮打拚，才有了今日的生活，累積鉅富。狄考還說：「我預見你很快就會在這一行冒出頭，幹掉這個人，在費城致富。」他說這句話的時候，完全不知道我有意在這裡或任何其他地方創業。這些朋友後來都給了我很大的幫助，我也在他們有需要時為其效勞。他們終其一生都對我十分尊重。

正式展開印刷事業

在陳述我的印刷生意正式公開營運之前，我要先說說我的為人處事原則和道德觀，你會從中看到它們如何對我後來的一些人生重大際遇影響深遠。

我的父母從小就灌輸我宗教觀念，引領我整個童年過著有別於英國國教信仰的敬虔生活。但是，我還不到十五歲的時候，便開始陸陸續續對一些觀點抱持質疑的態度，之後我在不同的書中讀到了駁斥它們的論述，使我開始懷疑啟示論的觀點。

我拿到了一些反對自然論的書籍[3]，據說它們是《波義耳演講集》（一六九一）裡講道的精義。它們對我產生了影響，只是恰與其本意相反，因為書中所駁斥的自然神論者論點，在我看來，遠比他們的批駁更強而有力。

簡言之，我很快就變成了一個徹徹底底的自然論者。我的宗教觀點也把一些人帶入歧途，特別是柯林斯和拉爾夫；但是，這兩個人後來都對我恩將仇報而沒有一點悔意，有時候回想起凱斯對我的行徑（他也是一個反宗教權威的自由思想者），以及我自己對維農和雷德小姐的行為，便讓我備感苦惱，我開始質疑起自然神論，它的論點或許是對的，但無甚助益。我在倫敦所寫的小冊子裡，引用了德萊頓（Dryden）[4]的詩句做為卷首題辭：

凡是存在的都是正確的。但是半盲之人
只看見鏈結中的一部分，亦即最近的連結：
他的眼睛看不到超乎萬物之上的公平秤桿。

我還從上帝的屬性，亦即祂的無限智慧、良善與能力來看，得出如下結論：這個世界沒有事物會出錯，沒有善與惡的區別，因為根本不存在這樣的差異。現在在我看來，這本小冊子似乎不像我當初所評價的那樣精妙；我懷疑我的理解是否出了差錯，以至於後面的推論也跟著出錯，這在抽象推理上是很常見的錯誤。

我愈來愈相信，人生要蒙福，最重要的是做人要保持誠實、真誠與正直；因此我寫下自己的決心，到今天都還可以在我的日誌上找到，矢志終生奉行不渝。我確實沒那麼看重啟示論，但我秉持下面這個觀點：雖然某些行為不會因為被啟示論所禁止就意謂它們是惡行，或是啟示論命令要做就是好行為，但它們之所以會被禁止，或許是因為經過全盤考量後，這些行為的本質對我們就是有害的，反之，是為了讓我們受益而命令我們要遵行。

出於上帝或是某個守護天使的保佑，或是受惠於一些機緣巧合，或者兼而有之，這樣的信念帶領我走過年少歲月的危險，以及置身於陌生人中所面臨的一些凶險處境，因此即使沒有父親在

1746
窮理查年鑑

惡行知道自己醜，
所以才會拿張面具蓋住頭。

旁管教，也沒有宗教信仰的約束，我也沒有放任自己犯下重大惡行或不義之事。我說放任，是因為我前面提及了自己所面臨的一些處境，因為我年紀輕、歷練不夠，加上人心狡詐，確實會引誘我罔顧道德恣意而為。如此看來，做為一個社會新鮮人，我的品格還算健全，我很珍視這一點，決心持守品格到底。

我們回到費城後不久，新購的鉛字設備也尾隨而至。在我們創業的事情傳進凱默耳裡之前，我們與他達成了協議，他也同意我們離開。我們在市場附近承租了一間房子，房租一年二十四英鎊，後來我知道它曾經用七十英鎊出租。為了減輕房租的負擔，我們把房子分租給裝玻璃工湯瑪士・高佛瑞（Thomas Godfrey）一家，他們負擔了大部分的房租並把錢交給我們，而我們就近向這家人搭伙。

我們才剛打開鉛字，把印刷機裝設好，我的朋友喬治・豪斯（George House）就帶了一個鄉下人來到店裡，因為他在街頭向豪斯打聽哪裡有印刷廠。我們的現金已經全都用在採買各項印刷設備上，所以他支付的五先令，亦即我們的第一筆營收，猶如及時雨，這筆錢比我日後賺得的每一克朗（五先令硬幣）都要讓我更加開心。我對豪斯的感激也使我日後更樂意協助剛起步的年輕人，若不是他，我可能不會如此熱心。

烏鴉嘴無所不在，言之鑿鑿地預言衰敗一地。當時，費城也有這樣的一個人；他是費城的名人，年紀長，看起來博學而聰明，說話一本正經，他名叫塞繆爾・米柯爾（Samuel Mickle）。我與這位紳士素昧平生，有一天他出現在我家門口，問我是否就是那個最近新開張一家印刷廠的年輕人。聽到我的肯定回答，他說，他為我感到遺憾，因為我做的是燒錢的生意，而這些費用最終會落得以賠錢收場。因為費城是一個正在走下坡的城鎮，居民不是處於半破產就是近半破產狀態；舉凡現在出現的新建築、上漲的房租等，據他所知都只是假象而已，與事實不符。其實，它們很快就會和其他事情一起毀了我們。

他把費城不幸的現況或是即將迎來的災難，說得言之鑿鑿。在他離去後，我也變得憂心忡忡。如果我在開業前就認識他，或許永遠不會創辦我的印刷廠。他繼續住在這個破敗中的城鎮，繼續竭力宣揚他的論調，許多年來都拒絕在費城購屋置產，因為這裡正走向毀滅。但我很高興我終於能看到他在費城置產，只是從他開始鼓吹悲觀論調以來，房價已飆漲到當時的五倍。

成立講讀社社團

我早該提及這件事，就是那年的前一年秋天，我和那群聰明的朋友組成了一個名叫講讀社（Junto）[5]的社團，藉此互相砥礪成長，我們每個星期五晚上聚會。我要求成員遵守我制訂的以下規則：成員輪流每週提出道德、政治或自然哲學方面的一或多個問題，讓大家討論；以及，每人每三個月必須寫一篇文章在聚會中朗讀出來，主題不限。社長必須控制辯論現場的秩序與進行。我們的辯論是基於誠心探索真理的精神來進行，不是為了辯而辯，或是一心求勝而逞口舌之能。為了避免激起火爆的氣氛，凡是過於自信武斷的表述或嚴詞反駁，後來都被禁止，違者會被處以微薄的罰款。

第一批社團成員有約瑟夫・布萊恩諾（Joseph Breintnal），他為契約起草人謄寫契約，性情溫和，是個友善的中年人，愛詩成癡，看到詩就讀，他也創作了幾首詩，品質尚可。他手藝精巧，製作了許多小飾品，言之有物。

湯瑪士・高佛瑞（Thomas Godfrey）是一位自學有成的數學家，在數學專業上成就斐然，後來發明了一種儀器，即今天所稱的「哈德利象限儀」（Hadley's Quadrant），但他在專業之外所知甚少，不是一個受歡迎的同伴。他就和我見過的許多數學家一樣，凡事要求說得精準靡遺，對於芝麻小事要不是一概否定，就是細究分明，因而破壞了整個談話。於是他很快就退出了社團。

尼可拉斯・史卡爾（Nicholas Scull）是個測量師，後來晉升為測繪局局長，是個愛書人，偶爾詩興大發時也會提筆作詩。

威廉・帕森斯（William Parsons）是製鞋匠出身的，卻十分熱愛閱讀，汲取了大量的數學知識——他起初是為了占星術而開始學習數學，後來他還對此自嘲了一番。之後他也坐上了測繪局局長的位子。

威廉・毛格理吉（William Maugridge）是細木工，也是個技藝精湛的技工，為人穩健、通情達理。

修・梅瑞迪斯、史蒂芬・波特斯和喬治・韋伯，我已在前文描述過了。

羅伯特・葛瑞斯（Robert Grace），一位年輕紳士，身價不菲，為人慷慨、爽朗、機智風趣；說話喜歡一語雙關，很受朋友歡迎。

還有威廉・柯爾曼（William Coleman），他那時是商店店員，年紀跟我差不多，頭腦異常冷靜聰明，心地非常善良，是我見過品行最端正的人。後來他成為一名家喻戶曉的商人，也出任賓夕法尼亞殖民地的法官。直到他去世前，我們之間的友誼維繫了四十餘年之久，從未中斷。

我們的社團也持續了大約四十年，後來發展成為賓夕法尼亞最好的哲學、道德與政治學會。

1736 **窮理查年鑑**

豬要肥美，
人要德美。

我們會在每次的聚會中提出下週要討論的問題，所以有一週的時間可以聚焦於閱讀相關的主題，這有助於我們的論述能更切中要旨。我們也建立了良好的交談習慣，因為一切都得按照避免成員厭惡彼此的社團規定來探究，社團因此得以長久維持和諧而不墜，我在後面還會不時對社團的情況有更詳盡的敘述。

我之所以要敘述這些事情，是要呈現一件與我利害相關的事情。上述每一位都竭盡全力為我們招攬生意。尤其是布萊恩諾，在他的穿針引線下，貴格會把有關其歷史沿革的四十頁會史交給我們印刷，後續作業則交由凱默完成。

我們做得異常辛苦，因為價格壓得非常低廉。這本大頁面對開的書，選用十二級大小的鉛字排版正文，注釋則選用十級字[6]。我一天只能排版一張對頁，然後由梅瑞迪斯接手付印。由於朋友偶爾會給我們一些零活做，我們常常要加班趕工，等我拆版把所有鉛字歸位以備明天使用時，大多已經是深夜十一點了，甚至更晚。但是，我心意甚堅，每天一定要把一大張的對頁內容排版完畢才肯罷休。

有一天晚上，我已經把整個頁面鎖版[7]，想說可以收工了，卻不小心把其中一個印版碰壞了，鉛字散落，導致兩頁的內容變得混淆不明，我立刻把整個版拆掉重新排版，直到排好才上床睡覺。左右鄰舍全都看見了我的勤奮不懈，開始對我們交相讚譽。

我聽說，在商人聚集的夜夜俱樂部（Every-night club）裡，提到新開張的印刷廠時，普遍的看法是一定會關門收場，因為費城已經有凱默和布雷福德兩家印刷廠了。但是，貝爾德（Baird）博士卻獨排眾議（你和我在許多年後，在他的故鄉蘇格蘭聖安德魯斯見過他），說：「富蘭克林是我看過最勤奮的人，當我從俱樂部回家時，常看到他還在工作，而當他的鄰居都還在睡夢中時，他已經開始一天的工作。」他的話讓其他人印象深刻，其中一位很快就來找我們，提出代銷文具用品的建議，他會供貨，不過，我們當時並沒有開文具店的打算。

儘管有自吹自擂之嫌，但我之所以如此毫不避諱地特別彰顯自己的勤奮不輟，無非是希望讀到本書的後代子孫，在看到勤奮在我身上產生的正面影響後，能夠了解這個美德的好處。

展開辦報事業

喬治・韋伯找到一個女性友人，向她借錢來支付尚未期滿就離職的違約金，離開凱默後，他來找我們，表明願意在我們的印刷廠做印刷工。

我們當時無法雇用他，但是我竟然傻呼呼地向他透漏這個祕密：我打算辦報，屆時或許會有適合他的職缺。我告訴他，我的成功希望就繫於此，當時費城唯一的報紙是由布雷福德印行，但只是聊備一格而已，辦得很糟糕，一點吸引力都沒有，但仍為布雷福德帶來盈利。因此，我認為一份優質報紙一定會創造好口碑。

我要韋伯不要說出去，但是他告訴了凱默，結果凱默搶在我的前面，立刻宣布他要發行報紙的計畫，韋伯受雇統籌辦報事宜。他們的行為惹惱了我，由於我一時之間還無法展開辦報紙事業，為了反制他們，我為布雷福德的報紙寫了幾篇有趣的文章〈愛管閒事者〉，然後由布萊恩諾接棒又寫了幾個月。我們的文章牢牢吸引了大眾的目光，凱默的辦報計畫在我們的戲謔模仿和嘲諷下，無人聞問。

無論如何，凱默還是開始了他的辦報事業，不過只維持了三個季度，頂多只有九十個訂戶，後來他以低價要轉賣給我，我早已準備了一段時日，所以毫不遲疑地立即從他手中接下這份報紙。事實證明，短短幾年內，我就從報紙賺進大筆金錢。

雖然我和梅瑞迪斯依舊維持著合夥關係，但是我察覺到自己在說話時常常用單一人稱來指稱。我想主要原因是，印刷廠實際上完全由是我在經營管理。梅瑞迪斯既不會排版，印刷技術也很差勁，還經常喝得神智不清。我的朋友都對我跟他合夥而感到惋惜，但是我也充分利用了這種合夥關係。

我們發行的第一份報紙，光是版面就與當地之前發行的各家報紙截然不同；有更美觀的字體，和更好的印刷品質。報紙針對伯內特總督與麻塞諸塞殖民地議會之間持續上演的唇槍舌劍戲碼，發表了幾篇十分尖銳的評論，打動了重要人物的心，我們的報紙和經營者成了他們口中的熱門話題，所以幾個星期內全都成了我們報紙的訂戶。

也因此，他們成了我們報紙的活招牌，許多人起而效法，紛紛成了我們的訂戶，報紙訂戶數因而持續增加中。這是我略曉寫作皮毛所帶來的第一個成效；另一個影響則是領袖級人物看到報紙掌握在一個能搖筆桿的人手上，以為可以用施予恩惠和獎勵就輕易收買我。

布雷福德依舊承印選票、法規和其他公家生意。他也承印議會對總督的答辭，但印刷粗糙、錯誤百出，後來由我們接手重印，印刷精美又正確，並送交到每一個議員手中。他們都能看出兩者的優劣，這強化了議會友人對我們的支持，投票支持我們取得議會新年度文件的印刷業務。

我一定不會忘記一位議員友人——漢彌爾頓先生，我在前面曾經提過他，此時他已經從英格蘭回來，成為議員。他在這件事上全力支持我，後來在許多事情上也是如此，他對我的愛護直到他過世[8]。

約莫這個時候，維農先生通知我該還錢了，但沒有催逼我。我寫了一封坦誠的感謝信給他，並請他再寬限一些時間，他同意了。後來我一有錢可以償還，便把本金加利息馬上還清，還向維農先生千恩萬謝了一番。所以，我人生中的這項重大錯誤，在某種程度上，算是改正過來了。

terfeited but those of 18 *d.* And it is remarkable that all Attempts of this Kind upon the Paper Money of this and the neighbouring Provinces, have been detected and met with ill Success.

Custom-House, Philadelphia, Entred Inwards.

Sloop Hope, Elias Naudain, from Boston.
Sloop Dove, John Howel, from Antigua.
Brigt Pennswood, Thomas Braly, from Madera.

Entred Outwards.

Scooner John, Thomas Wright, to Boston.
Brigt. Richard and William, W. Mayle, for Lisbon.
Ship Diligence, James Bayley, for Maryland

Cleared for Departure.

Ship London Hope, Thomas Annis, for London.
Ship John and Anna, James Sherley, for Plymouth.

Advertisements.

TO be Sold by *Edward Shippen*, choice Hard Soap, very Reasonable

RUN away on the 25th of *September* past, from *Rice Prichard* of *Whiteland* in *Chester* County, a Servant Man named *John Cresswel*, of a middle Stature and ruddy Countenance, his Hair inclining to Red: He had on when he went away, a little white short Wig, an old Hat, Drugget Wastcoat, the Body lined with Linnen; coarse Linnen Breeches, grey woollen Stockings, and round toe'd Shoes

Whoever shall secure the said Servant so that his Master may have him again, shall have *Three Pounds* Reward, and reasonable Charges paid, by

Rice Prichard.

RUN away on the 10th of *September* past, from *William Dewees* of *Germantown* Township, in *Philadelphia* County, a Servant Man named *Melchizedeck Arnold*, of a middle Stature, and reddish curled Hair: He had on when he went away, a good Felt Hat, a dark Cinnamon-colour'd Coat, black Drugget Jacket, mouse-colour'd drugget Breeches, grey Stockings, and new Shoes.

Whoever secures the said Runaway, so that his Master may have him again, shall have *Twenty Shillings* Reward, and reasonable Charges paid, by me

William Dewees.

Lately Re-printed and Sold at the New Printing-Office near the Market.

THE *PSALMS* of *David*, Imitated in the Language of the *New Testament*, and apply'd to the Christian State and Worship By *I. Watts*, V D M The Seventh Edition.

N B. *This Work has met with such a general good Reception and Esteem among the Protestant Dissenters in* Great Britain, &c. *whether* Presbyterians, Independents, *or* Baptists, *that Six large Impressions before This have been sold off in a very short Time*

The chief Design of this excellent Performance (as the Author acquaints us in his Advertisement to the Reader) is "to improve Psalmody *or* Religious Singing, *and to encourage and " assist the frequent Practice of it in publick Assemblies and private Families with more Honour and Delight; yet the " Reading of it may also entertain the Parlour and the Closet " with devout Pleasure and holy Meditations Therefore he would " request his Readers, at proper Seasons, to peruse it thro', and " among 340 sacred Hymns they may find out several that suit " their own Case and Temper, or the Circumstances of their Families or Friends, they may teach their Children such as are " proper for their Age, and by treasuring them in their Memory " they may be furnish'd for pious Retirement, or may entertain " their Friends with holy Melody.*

LAtely Imported from *London*, by *John Le*, and are to be sold by him at the lowest Prices, either by Wholesale or Retale, at his Shop in *Market Street*, over against the *Presbyterian* Meeting-House, these Goods following, *viz*

Callicoes, divers Sorts. Hollands, and several sorts of Sheeting Linnen. Several sorts of Diapers and Table-Cloths. Several sorts of Cambricks. Mantua Silks, and Grassets. Beryllan, and plain Callimanco Tamie yard-wide. Men's dyed shammie Gloves. Women's *Ditto*, Lamb. Stitching Silk, Thread and Silk. Twist for Women. Silk and Ribbands. Double Thread Stockings Men's white shammie Gloves Silk Handkerchiefs, & other sorts of Handkerchiefs. Men's glaz'd Gloves, Topp'd Men's Shoe-Buckles, Bath-metal. Masks for Women. Several sorts of Penknives Plain metal Buttons for Men's Coats and Jackets Ivory Case-Knives, and several sorts of Pocket-Knives Dowlasses several sorts Huckabags, and Russia Linnen. Oznaburghs. Several sorts of Looking Glasses. Garlicks and brown Holland. Bag-Holland *Ditto*. Several sorts of Druggets Fine Kerseys. Superfine double-mill'd Drab. Broad-Cloths. London Shalloons Fine and coarse Hats Men and Women's *English* Shoes Stockings, several sorts, for Men, Women and Children. Several sorts of Caps. Women's Bonnets. Several sorts of Horn and Ivory Combs. Gun-powder, Shot, and Flints Bibles of several sorts. Testaments, Psalters and Primers Large Paper Books, and small ones, with Pocket-Books, and other Stationary Ware Several sorts of Checquer'd Linnen Flannels and Duroys Scots-Snuff

To be L E T by the above Person, One Half of the House he now possesseth. Enquire of him and know further

BIBLES, Testaments, Psalters, Psalm-Books, Accompt-Books, Bills of Lading bound and unbound, Common Blank Bonds for Money, Bonds with Judgment, Counterbonds, Arbitration Bonds, Arbitration Bonds with Umpirage, Bail Bonds, Counterbonds to save Bail harmless, Bills of Sale, Powers of Attorney, Writs, Summons, Apprentices Indentures, Servants Indentures, Penal Bills, Promisory Notes, &c. all the Blanks in the most authentick Forms, and correctly printed; may be had at the Publishers of this Paper, who perform all other Sorts of Printing at reasonable Rates.

VEry good Live-Geese Feathers to be sold at *Evan Powel's* in Chesnut-street, next Door but one to *Andrew Hamilton*, Esq;

Just Published:

TITAN LEEDS's Almanack, for the Year, 1730. in his usual plain Method; being far preferable to any yet published in *America* To be Sold by *David Harry* at the late Printing Office of *Samuel Keimer*, at Three Shillings and nine-pence per Dozen

N. B. *As this Almanack for its Worth has met with universal Reception, it has rais'd the Price of the Copy to 25 l. a year, for which Reason the Printer cannot afford them under the abovementioned Price: But gives this Friendly Caution to the Publick, That when they buy Almanacks for 3 s. a Dozen, they must not expect* Titan Leeds's, *or any so valuable*

Speedily will be Published:

GODFREY's Almanack, for the Year 1730 Containing the Lunations, Eclipses, Judgment of the Weather, the Spring Tides, *Moon's Rising and Setting*, Sun's Rising and Setting, Length of Days, Seven Stars Rising, Southing and Setting, Time of High-Water, Fairs, Courts, and observable Days Fitted to the Latitude of 40 Degrees, and a Meridian of Five Hours West from London *Beautifully Printed in Red and Black, on One Side of a large Demi Sheet of Paper, after the London Manner* To be Sold by the Printers hereof, at the New Printing-Office near the Market, for 3 s. per Dozen

Philadelphia: Printed by *B Franklin* and *H Meredith*, at the New Printing-Office near the Market, where Advertisements

THE

Pennſylvania *GAZETTE.*

Containing the freſheſt Advices Foreign and Domeſtick.

From Thurſday, September 25. to Thurſday, October 2. 1729.

THE Pennſylvania Gazette *being now to be carry'd on by other Hands, the Reader may expect ſome Account of the Method we deſign to proceed in.*

Upon a View of Chambers's *great Dictionaries, from whence were taken the Materials of the* Univerſal Inſtructor in all Arts and Sciences, *which uſually made the Firſt Part of this Paper, we find that beſides their containing many Things abſtruſe or inſignificant to us, it will probably be fifty Years before the Whole can be gone thro' in this Manner of Publication. There are likewiſe in thoſe Books continual References from Things under one Letter of the Alphabet to thoſe under another, which relate to the ſame Subject, and are neceſſary to explain and compleat it; theſe taken in their Turn may perhaps be Ten Years* [illegible] *deſire to acquaint themſelves with any particular Art or Science, would gladly have the whole before them in a much leſs Time, we believe our Readers will not think ſuch a Method of communicating Knowledge to be a proper One.*

However, tho' we do not intend to continue the Publication of thoſe Dictionaries in a regular Alphabetical Method, as has hitherto been done; yet as ſeveral Things exhibited from them in the Courſe of theſe Papers, have been entertaining to ſuch of the Curious, who never had and cannot have the Advantage of good Libraries; and as there are many Things ſtill behind, which being in this Manner made generally known, may perhaps become of conſiderable Uſe, by giving ſuch Hints to the excellent natural Genius's of our Country, as may contribute either to the Improvement of our preſent Manufactures, or towards the Invention of new Ones; we propoſe from Time to Time to communicate ſuch particular Parts as appear to be of the moſt general Conſequence.

As to the Religious Courtſhip, *Part of which has been retal'd to the Publick in theſe Papers, the Reader may be inform'd, that the whole Book will probably in a little Time be printed and bound up by it ſelf; and thoſe who approve of it, will doubtleſs be better pleas'd to have it entire, than in this broken interrupted Manner.*

There are many who have long deſired to ſee a good News-Paper in Pennſylvania; *and we hope thoſe Gentlemen who are able, will contribute towarls the making This ſuch. We ask Aſſiſtance, becauſe we are fully ſenſible, that to publiſh a good News-Paper is not ſo eaſy an Undertaking as many People imagine it to be. The Author of a* Gazette *(in the* Opinion *of the* Learned*) ought to be qualified with an extenſive Acquaintance with Languages, a great Eaſineſs and Command of Writing and Relating Things cleanly and intelligibly, and in few Words; he ſhould be able to ſpeak of War both by Land and Sea; be well acquainted with Geography, with the Hiſtory of the Time, with the ſeveral Intereſts of Princes and States, the Secrets of Courts, and the Manners and Cuſtoms of all Nations. Men thus accompliſh'd are very rare in this remote Part of the World; and it would be well if the Writer of theſe Papers could make up among his Friends what is wanting in himſelf.*

Upon the Whole, we may aſſure the Publick, that as far as the Encouragement we meet with will enable us, no Care and Pains ſhall be omitted, that may make the Pennſylvania Gazette *as agreeable and uſeful an Entertainment as the Nature of the Thing will allow.*

The Following is the laſt Meſſage ſent by his Excellency Governour *Burnet*, to the Houſe of Repreſentatives in *Boſton*.

Gentlemen of the Houſe of Repreſentatives,

IT is not with ſo vain a Hope as to convince you, that I take the Trouble to anſwer your Meſſages, but, if poſſible, to open the Eyes of the deluded People whom you repreſent, and whom you are at ſo much Pains to keep in Ignorance of the true State of their Affairs. I need not go further for an undeniable Proof of this Endeavour to blind them, than your ordering the Letter of Meſſieurs *Wilks* and *Belcher* of the 7th of *June* laſt to your Speaker to be publiſhed. This Letter is ſaid (in *Page* 1. of your Votes) *to incloſe a Copy of the Report of the Lords of the Committee of His Majeſty's Privy Council, with his Majeſty's Approbation and Order thereon in Council*; Yet theſe Gentlemen had at the ſame time the unparallell'd Preſumption to write to the Speaker in this Manner; *You'll obſerve by the Concluſion, what is propoſed to be the Conſequence of your not complying with His Majeſty's Inſtruction (the whole Matter to be laid*

《賓夕法尼亞公報》第一頁和第四頁，由凱默創辦於一七二八年，一九二九年富蘭克林接手，擔任發行人。翻印自紐約公共圖書館副本。

面臨資金危機

不過，這時候我面臨了一個完全出乎我意料的棘手問題。我原本預期，梅瑞迪斯的父親會出資支付印刷廠的所有相關開銷，但他只能預支我們一百英鎊的現金，而且已經悉數支付了。但我們還欠商家一百英鎊，對方已經快要失去耐性了，最後把我們全告上了法庭。我們交了保釋金，但如果我們無法及時籌到這筆欠款，這樁官司一定會很快進入審判並發交執行，那麼我們的大好前途，還有我們自己都會因此葬送。屆時，我們的報刊和鉛字等設備將會全部出售，甚至半價求售，以求償還債務。

難關當頭，我對兩位朋友的患難恩情一生沒齒難忘，也不該忘記，雖然我絕不會忘記一絲一毫。他們互不認識，我也沒有向他們求援，卻各自來找我，表示可行的話，願意資助我所需的金援，讓我可以自己獨資經營。

但他們都不希望我繼續和梅瑞迪斯合夥，他們說，經常看到他喝得醉醺醺地在街道上遊蕩，在啤酒屋大玩下流的遊戲，這會嚴重損害我們的信譽。

這兩位朋友分別是威廉・柯爾曼和羅伯特・葛瑞斯。我告訴他們，只要梅瑞迪斯仍有履行合約中的事項，我就不會提出拆夥的要求，因為我欠他們父子倆很大的人情，他們曾幫助我，只要

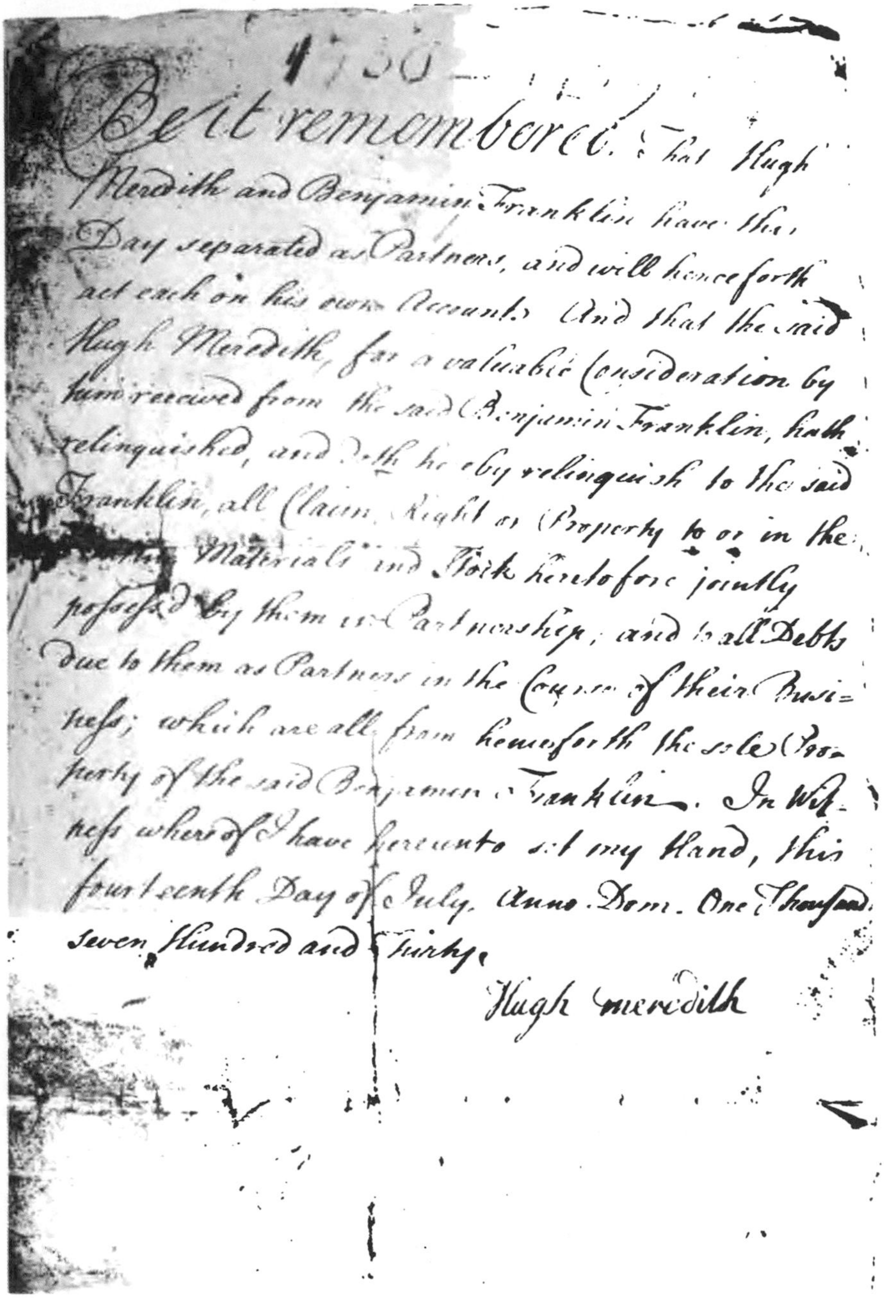
1730

Be it remembered: That Hugh
Meredith and Benjamin Franklin have this
Day separated as Partners, and will henceforth
act each on his own Accounts. And that the said
Hugh Meredith, for a valuable Consideration by
him received from the said Benjamin Franklin, hath
relinquished, and doth hereby relinquish to the said
Franklin, all Claim, Right or Property to or in the
Printing Materials and Stock heretofore jointly
possessed by them in Partnership; and to all Debts
due to them as Partners in the Course of their Busi=
ness; which are all from henceforth the sole Pro=
perty of the said Benjamin Franklin. In Wit=
ness whereof I have hereunto set my Hand, this
fourteenth Day of July, Anno Dom. One Thousand
seven Hundred and Thirty.

Hugh Meredith

富蘭克林和梅瑞迪斯拆夥。

他們能力所及，還是會繼續援助我。萬一，他們最後無法履行自己的義務，必須解除合夥關係的話，到時候，我就能接受兩位朋友的金援。

因此，這件事情暫緩了一陣子。後來，我跟合夥人梅瑞迪斯提出，「或許你父親是因為不滿意你在合夥事業中所占的份量，所以不願意再增資挹注我們，如果是你獨自經營又另當別論。果真如此的話，就實話實說，那麼我會退出，把整個印刷廠交給你經營，我自己再另起爐灶。」

「不是這樣的，」他說：「我的父親確實很失望，也愛莫能助；而我也不願意再讓他操心。我知道自己不是做這行的料。我本來是個農夫，是犯傻才會來城市發展，在三十歲這個年紀當人學徒，學習一門新手藝。我的許多威爾斯同鄉看中北卡羅萊納地價便宜，有意落腳當地。所以我打算加入他們，在那裡繼續做我的老本行。你可以找朋友協助你。如果你願意承接公司的所有債務，以及歸還我父親代墊的一百英鎊，也願意幫我償還小額債務，再給我三十英鎊和一副新馬鞍，我願意解除我的合夥人身分，把印刷廠全部交給你經營。」

我接受了他的提議，立即擬好合約，雙方在上面簽名蓋章。我給了梅瑞迪斯所提出的全部條件後，他很快就啟程前往北卡羅萊納，隔年他寄了兩封長信給我，信中對當地的氣候、土壤和農事等具有獨到的精闢見解，寫出了有史以來對當地最出色的精彩描述。我把這兩封信刊登在報紙上，深獲大眾喜愛。

梅瑞迪斯離開後，我立即回頭去找那兩位朋友。我不會厚此薄彼，我各取他們提供的資助金額的一半。我用這些錢還清印刷廠債務，以我的名字繼續經營生意，並對外公告原來的合夥關係已經終止。我想這是發生於一七二九年左右的事。

[1]「這部分未見於原始的日誌手稿中，而見諸於富蘭克林的文章中。」——畢格羅

[2]招工掮客，船公司人力仲介。招工掮客有時候被雇來做哄騙男性從事像文中所提及的工作。

[3]自然論是十八世紀的一種神學觀，相信上帝，但是反對神蹟，也不承認神啟的正當性。

[4]德萊頓，傑出的英國詩人、戲劇作家暨批評家（一六三一～一七〇〇）。這段引文並非準確引用自德萊頓的《伊底帕斯》，第三幕，第一場，二九三行。

[5]西班牙名詞，意指出於政治陰謀的勾結。這裡是指俱樂部、社團或協會等團體。

[6]開本大小為八．五吋×十三．五吋。級數，意指字型的大小。

[7]用一個長方形鐵製框架把數頁或數欄的鉛字排好後固定，準備付印。

[8]我有一次借他兒子五百英鎊。——富蘭克林欄外注。

8 大展鴻圖與第一個公共事業

大約在這個時候，民眾呼籲增加紙鈔的供給量。當時，賓夕法尼亞的紙鈔總額合計一萬五千英鎊，而且很快就會減少貨幣總額的供給[1]。有鑑於新英格蘭增加紙鈔供應量，造成貨幣貶值，損害全體債權人的利益，當地有錢人擔心會重蹈覆轍，所以反對增加紙鈔的供給。

我們也在講讀社針對這個問題進行討論，我支持增加供給，我的理由是一七二三年費城首次增加小量紙鈔，帶動了本地商業活動的繁榮、就業增加，以及居民的增加等正面效益。我看見老房子現在都有人居住，而且許多新房子在興建中。但是，讓我記憶猶新的畫面是，我第一次走在費城的街頭，邊走邊吃我的麵包捲時，看到位在第二街和第四街之間的核桃街上[2]，大多數房子的門上都貼著「房屋出租」的告示，而栗子街等其他許多街道，也出現類似景象，給了我本地的居民競相棄這個城市離去的印象。

我們的討論讓我對這個議題有充分的了解，所以我用無名氏出版了一本《紙幣的本質和必要性》小冊子，廣受普羅大眾歡迎，卻不受有錢人的喜愛，因為它助長了增加紙幣供應量的呼聲，偏偏他們的陣營裡又沒有寫手可以為其發聲，因而削弱了他們的反對聲勢，最後議會以多數決通過增加紙幣供應。我的議員朋友們認為我在這件事上功不可沒，現在是回報我的適合時機，而委由我承印紙鈔的業務。這是一宗利潤十分可觀的生意，對我的幫助很大。這是另一樁我靠著寫作本領而獲益的例子。

隨著時間的推移以及實際經驗的結果看來，紙幣的效用不言而喻，從此關於這方面的爭論也偃兵息鼓。很快地，紙幣的供給總量來到五萬五千英鎊，到了一七三九年，則增加到八萬英鎊，在獨立戰爭（一七七五～一七八三）期間更飆升到三十五萬英鎊，經貿活動、房屋、居民人數等皆欣欣向榮，呈現正成長，但是我現在的看法是，紙幣的供給量還是要有個限度，無限制地一味增加，反而會蒙受其害[3]。

擴張事業版圖

透過友人漢彌爾頓的牽線，我很快又取得了新堡紙鈔的承印業務，如同我預期的，這又是一樁利潤可觀的生意。對於小商家來說，即使只是一筆微不足道的生意都是很大的挹注；這些生意確實惠我良多，對我是很大的鼓勵。漢彌爾頓也協助我拿到了當地政府的法律文件和選票的印製業務，只要我還在這一行，這些業務就一直由我繼續承包。

我現在還開了一家小文具店，販賣各式各樣的表格紙，是我見過同類文具品中最考究的，這多虧我的朋友布萊恩諾的協助。我的文具店裡也販售一般紙張、羊皮紙和廉價圖書等。懷特馬許（Whitemash）是我在倫敦認識的排版工，是非常優秀的工人，他從倫敦來到我這裡，便一直跟著我工作，勤奮不懈；我還收了阿奎拉•羅斯的兒子為學徒。

我現在開始慢慢償還印刷廠的債務。身為生意人，我必須維護信譽和人格，所以一直戰戰兢兢，不僅身體力行勤儉，也竭力不做與此背道而馳的行為。我的穿著樸素；人們不會看到我去無益的娛樂場所。我從不釣魚也不打獵；有時，閱讀確實會讓我從工作上分心，但這樣的事情只是偶一為之，而且私密，並沒有流言蜚語傳出。為了證明我沒有瞧不起自己的職業，有時候我會推著手推車載著從商店採購的紙張，穿過街道回家。因此，人們讚譽我是個勤勞、成功指日可待的年輕人。由於我採購物品會按時付錢，文具進口商都向我招攬生意；也有人提議要做我的圖書供應商，所以我的事業蒸蒸日上。於此同時，凱默的聲譽和生意卻是江河日下，最後逼不得已賣掉印刷廠以償還債務。後來他離開費城去了巴貝多，並定居當地，過了幾年貧困潦倒的生活。

我在凱默底下做事時，曾指導過他的學徒大衛•哈利。哈利買下了凱默的所有印刷設備，在費城創立自己的印刷廠。我起初以為哈利會是一個強勁的對手，因為他有一群能幹、財大勢大的朋友。所以，我向他提出了合夥的建議，所幸他對我的提議完全不屑一顧，直接拒絕了我。

大衛・哈利這個人眼高於頂，一派紳士打扮，過著豪奢的生活，到處尋歡作樂，負債累累，無心經營事業，當然不會有生意上門。眼看無事可做，他步上凱默的後塵，帶著印刷廠設備遠走巴貝多。這位徒弟雇用了他的前老闆做資深印刷工，但兩人經常吵架。哈利繼續過著入不敷出的生活，最後迫不得已賣掉鉛字，回到賓夕法尼亞務農。買下哈利鉛字設備的人，雇用了凱默排字，但他在幾年後就過世了。

除了布雷福德，我在費城已經沒有其他競爭對手。布雷福德現在過著優渥安逸的生活，偶爾接零星的印刷業務交由臨時工打理，但是他顯然不以為意。因為他現在掌管郵局業務，大家會認為他的新聞或消息比我更靈通，在他的報紙上登廣告比登在我的報紙上效益更大，所以有很多廣告找上他。報紙讓他財源滾滾，卻不利於我，儘管我也透過郵局派發報紙，民眾卻不知道，因為布雷福德對我進行封殺，毫不手軟，我只好賄賂郵差私下為我送報。他的這項禁令讓我憤憤不平，我看不起他的雞腸鳥肚，所以當我日後取代他接掌郵局業務時，便不容自己步上他的後塵。

完成終身大事

直到現在，我還是繼續與高佛瑞一家人搭伙，他和妻小與我分租一屋，他也占據我們店面一側做玻璃裝修生意，不過生意清淡，因為他總是全神貫注在數學上。高佛瑞太太有意為我作媒，把一位親戚的女兒介紹給我，她製造機會讓我們經常在一起，直到我展開追求。對方確實是個值得我追求的女孩。女孩的父母也很支持我，常常邀我到他們家中吃晚飯，還製造機會讓我倆獨處，直到最後該論及婚嫁了。

高佛瑞太太居中穿針引線，傳達雙方的婚嫁條件。

我告訴她，我希望他們女兒陪嫁的錢，可以償還我的印刷廠剩餘的債務，我確定不會超過一百英鎊。她帶回他們的口信說，他們沒有餘裕可以拿出這筆錢。我說，也許他們可以把房子抵押借貸。

幾天後，我得到的回覆是他們不同意這門親事。因為他們徵詢了布雷福德的意見，他說印刷業是個沒有前途的行業，鉛字很快就會損耗，必須再添購換新，凱默與哈利已經相繼失敗，我很快就會步上兩人的後塵。因此，他們禁止我再踏進他們的家門，他們的女兒也被禁足了。

不管他們對於這門親事是真心反悔，或只是耍手段，想說我和他們的女兒愛得難分難捨，因此會不顧一切偷偷結婚，所以他們可以隨意愛給或不給我要求的陪嫁。我不知道到底是哪個，但我猜是後者而大感憤怒，決定不再踏進他們家一步。

後來，高佛瑞太太對於他們悔婚一事，給了我一些較好的解釋，希望我能回心轉意。但是，我斬釘截鐵地告訴她，我絕對不會再和這家人有任何瓜葛。這惹惱了高佛瑞夫婦；我們分道揚鑣，他們一家人搬離這裡，留下我一個人獨住偌大的房子，我也決定不再接受室友共住一屋。

不過，這次的事件也讓我開始考慮起自己的終身大事，我開始留意四周，也在其他地方交友。但我很快就察覺到，原來大家公認印刷工是個苦哈哈的職業，所以我別指望妻財兩全，除非我不挑剔女方錢財之外的其他條件。

身為鄰居和舊識，我和雷德小姐的家人仍然保持友好關係，從我第一天入住他們家起，這一家人就很看重我。他們經常邀我共商事情，有時候我的建議也確實派上了用場。我為雷德小姐的遭遇感到難過，她變得鬱鬱寡歡、過著離群索居的生活，歡顏不再。

我想，我在倫敦期間那種朝誓夕變的輕浮態度，是造成雷德小姐如今不幸的主因，但是她的母親很好心，認為自己才是禍首，因為她阻止我倆在我出發去倫敦前結婚，而且在我離開後，她又哄勸雷德小姐另嫁他人。

我們舊情復燃，但這次有巨大難關阻撓我們結褵。她之前的婚姻確實被視為無效，但因為據說對方的元配住在英國，要去遙遠的異地求證，實非易事。此外，據說男方已經過世，真相也未明；果真如此，那麼他留下的許多債務，可能會使得他的繼承人被債權人索償。

管他的，我們決定冒險一試，克服重重難關，我在一七三〇年九月一日正式娶雷德小姐為妻。我們所擔心的這些問題，全都沒有發生。事實證明她是一個忠實的賢內助[4]，協助打理店裡的生意，成為我的得力助手；我們一起攜手成長，全力讓對方幸福。所以，我已盡自己所能改正了這個重大的人生錯誤。

成立收費圖書館

此時，我們的講讀社聚會場地從小酒館轉移到葛瑞斯先生的一個小房間，這是為了因應我所提出的一個建議。我們為了準備每週的討論問題，會有自己的參考書，如果可以把這些書全部集合在聚會場地，我們就能隨時參考，變得很方便。於是我們所貢獻出來的圖書，便集合成一個公共圖書館，讓每個人都能享有使用其他成員圖書的好處，彷彿每個人都擁有了全部的書。這項提議獲得大家的支持，房間的一隅隨後就被每個人貢獻出來的書給塞滿了。不過，書籍的數量不如預期，雖然這些書很有用，但缺乏適當整理和維護也造成了一些問題，所以大約一年後，它們又一一物歸原主，被帶回家了。

我開始著手第一個公共事業計畫，成立一家採會員制的收費圖書館（subscription library）。我擬定草案，然後交由頂尖的專業代立契約人布洛克登寫成正式契約，並在社團朋友的協助下，招募到五十名會員，每人收取四十先令的入會費，以後每年十先令，總計五十年，這正是圖書館存續的年限。後來我們拿到了一紙特許證，會員增加到一百人，這是北美會員制收費圖書館之母，這類圖書館現在已成長到難以數計。

會員制收費圖書館本身就是一項偉大的創舉，而且還在增長中。它們普遍提升了國人的談吐，使得普通的市井商人和農夫，變得與來自其他國家的大多數紳士一樣機智，或許在促進全殖民地挺身而起捍衛其權益的作用上，也有部分貢獻[5]。

備忘錄

截至目前為止，我一路寫下來，始終維持我在信首所表達的初衷，所以涵蓋了一些對其他人無關緊要的家族趣聞軼事。以下內容是我在許多年後，遵照一些朋友來函的忠告，再次提筆寫就，是針對大眾而寫。後來因為獨立革命爆發，要事在身，我的書信寫作也隨之中斷[6]。

以下繼續我的生平記事，一七八四年拾筆於巴黎附近的帕西。

時距收到上述友人信函已經有一段時日，因為這段期間忙得不可開交，直到現在才想到應來函的要求重新拾筆，繼續未竟之言。如果我能在家中寫作，有昔日報紙在側，輔助我記憶，以及確認發生的日期，我想會更得心應手。但是我的歸期未定，趁著現在有點餘暇，我會盡記憶所及寫下這一切，倘若我能活著回去，或能再予以修訂完善。

由於我手邊沒有之前寫給你的信的副本，我不確定是否已經將我在費城建立公共圖書館的方法做了詳述，起初它的規模很小，如今已發展到龐大的規模。我記得當時是寫到一七三〇年即將創辦圖書館的階段，便嘎然而止。那麼，我就從這裡開始接續下去，如果寫到後面發現重複了，再刪去。

當時我已經在賓夕法尼亞成家立業，但是波士頓以南的殖民地，看不到一家優質書店。在紐約和費城，印刷商也兼文具商，販賣紙張、年曆、民謠，還有一些常見的教科書等。愛書人只能想辦法從英國購書，講讀社的每個成員手上都有幾本。後來我們離開酒館，另外租用了一個新的聚會場地。我當時提議，全體成員應該把自己的書帶到這裡來，這麼做不僅方便在討論時可以隨時參閱，還能自由借閱把書帶回家，互蒙其利。這項提議在通過實施後，全體社員都很滿意，順利執行了一段時間。

有鑑於這種小型圖書館所帶來的好處，我提議創辦一家以大眾為對象的會員制付費圖書館，來進一步推廣閱讀的益處。我草擬了相關的計畫和規則，並且委由代立契約專家查爾斯・布洛克登先生把草案擬成正式的契約規章，明訂每位會員必須先付一筆會費以購買第一批圖書，以及繳交年費來添購圖書。由於當時費城的閱讀人口少之又少，加上居民生活普遍窮苦，儘管我已竭盡所能招募會員，也只募集到五十人，其中多為年輕的商人，他們願意支付四十先令的會費，以及十先令的年費。我們就從這筆微薄資金起步。

所有圖書都是從海外進口；圖書館每星期對會員開放一天，讓他們可以借還書，延遲還書者會按照合約扣以書價的兩倍做為罰款。圖書館的效用很快就彰顯出來，引起各城鎮以及各殖民地爭相效法。有了大眾的捐獻，圖書館的規模愈發擴大，閱讀蔚為風潮，我們的人民在沒有其他大眾娛樂轉移其閱讀興趣的情況下，勤於閱讀，短短幾年下來，外地人就觀察到我們比起同階層的其他國家人民，更有教養也更聰明。

上述合約條款對我們和繼承人等具有五十年的法律約束效力，就在我們簽署之際，契約起草人布洛克登先生告訴我們：「你們現在都還年輕，但是要活著看到這個法律期限屆滿終止，幾乎不可能。」不過，許多人至今依舊健在；過沒幾年，我們就拿到了一紙特許證，准許圖書館轉型為法人組織，並給予永久經營權，因此前述合約自動失效。

我從遭拒或是勉強訂閱的經驗中，學到了一件事：但凡提出某個會將發起人的聲望提高到超過鄰舍的有益計畫，而又需要左鄰右舍幫忙完成時，那麼向鄰居表明自己就是計畫的發起人，實非明智之舉。因此，我盡量保持低調不出鋒頭，而把它歸功於那是許多朋友腦力激盪的結果，我只是受他們之託統籌執行這項計畫，向愛書人發出訂閱邀請。我改弦易轍後，徵集訂戶的過程就順利許多，後來我遇到類似狀況時就據此原則行事。由於頻頻奏效，我衷心推薦這項處世原則。小小犧牲當下的虛榮自負，日後會大有斬獲。如果一時無法確認該把功勞歸給誰，在強烈虛榮心的慫恿下，自然會有人表態邀功，屆時，也自然會有忌妒者還你公道，拔下這些被盜領的羽毛，將其歸還給真正的主人。

拜圖書館之賜，我藉由持續研讀不輟，找到了自我提升的方法。我每天撥出一到兩小時的時間花在閱讀上，由此彌補了部分父親一度有意讓我接受教育卻未竟其功的缺憾。閱讀是我唯一的娛樂，我不會把時間揮霍在酒館、娛樂，或是其他各式各樣的玩樂上。我依舊不知疲倦地勤奮工作，絕不懈怠。然而，經營印刷廠讓我負債累累；年幼的孩子們相繼要接受教育，我還得與兩個比我早在當地開業的同行競爭。

1744
窮理查年鑑

勤奮、有恆又節儉，
大富大貴在眼前。

但整體而言，我的生活漸入佳境。我仍然保持儉約的習性，童年時，父親經常用所羅門王的一句箴言訓勉我，「你看見辦事殷勤的人麼？他必站在君王面前，必不站在下賤人面前。」（譯注：引自《聖經．箴言》二二：二九）從此以後，我便把勤奮不懈當作取得財富和榮譽的一種方法，這句箴言鼓舞了我；雖然我從未想過自己有一天會真的站在君王面前，但確實發生了；而且，我至今已經站在五位君王面前，甚至有幸可以與丹麥國王共進晚餐。

英國有句俗諺說：「要發達，必詢妻意。」我很幸運，妻子和我一樣力行勤儉之道。她總是樂於幫助我打理生意，折疊及裝釘小冊子，照顧店面，為造紙師傅等採購亞麻破布等，不一而足。我們不請無事可做的佣人，我們吃的是粗食淡飯，用的是最便宜的家具。舉例來說，我的早餐長期以來就是麵包加牛奶（沒有茶），用的餐具是兩便士的陶碗和一支錫鉛合金湯匙。

但請留意奢侈會如何溜進家庭中，然後居於上風，無視原則地恣意而為：某天早上，家人叫我吃早餐，我發現早餐裝在一個瓷碗裡，還有一支銀湯匙！這是我的妻子偷偷瞞著我為我買的，花了她一大筆錢：二十三先令。她沒有對此做任何辯解或是道歉，因為她認為自己的丈夫值得用銀湯匙和瓷碗，如同左鄰右舍一樣。

這是銀製餐具和瓷器第一次出現在我們家中，後來的幾年間，隨著我們的經濟情況好轉，這類餐具也日漸增多，價值來到數百英鎊。

宗教觀

我受的是長老教會的宗教薰陶，但我對它的教義，諸如：上帝永恆的旨意、上帝的選民和上帝的永罰等，始終想不透，對其他教義也有所懷疑，而且早就沒有出席長老教會的崇拜聚會，因為星期日是我的閱讀學習日，但我仍然相信一些宗教原則。譬如，我從未懷疑上帝的存在；祂創造世界，並且根據祂的旨意來治理；上帝最悅納的服事，就是行善；靈魂不滅；惡有惡報，善有善報，不是在今生就是在來世。

我認為它們是所有宗教的核心教義，在我國現有的宗教中都能見到，因此我尊重所有宗教，只是程度有別，因為我發現每個宗教多少都參雜了其他教條，而這些教條無助於激勵、提升或是堅固我們的德行，反而會製造分裂，使人與人之間彼此傾軋。尊重所有宗教，意謂即使是最壞的宗教都會產生一些好的影響，因此有人在讚揚自己的宗教時，我會克制自己不說貶損的話語，以示尊重。隨著費城人口增加，當地人對於興建新的崇拜會堂的需求一直沒有停過，建堂的資金一般都是透過自由奉獻，不論是哪個教派要我捐獻，我一概來者不拒，願盡棉薄之力。

雖然我很少參加崇拜聚會，仍認為只要進行過程得當，做禮拜是合宜且有益的宗教聚會，所以我每年會固定奉獻一筆金額，來支持費城唯一的長老教會牧師或聚會所。牧師有時會以朋友的身分來拜訪我，勸我參加他主持的主日崇拜，我偶爾會被他說服，有一次連續五個星期日都到場聽道。如果他是一個出色的講道者，即使要犧牲我的星期日學習，我都會繼續參加[7]，但是他的講道不是神學辯論就是闡釋長老會的獨有教義，我覺得非常無趣，又沒有啟發性。他講道的目的不是在闡述及灌輸道德原則，讓我們成為一個好公民，而是要我們成為長老教會信徒。

他在一次講道中終於引用了《聖經・腓立比書》第四章（第八節）的經句：「弟兄們，我還有未盡的話，凡是真實的、可敬的、公義的、清潔的、可愛的、有美名的，若有什麼德行，若有什麼稱讚，這些事你們都要思念。」我的看法是，以這類《聖經》經節做為講道主題，不能略過一些德行不談，但他卻將其局限於如下五點，根據這位使徒的理解就是：（一）守安息日；（二）勤讀《聖經》；（三）按時參加主日崇拜；（四）領受聖餐；（五）敬重神的牧者。這五點或許都是好行為，卻與我對本節經文所期望的好行為不符，讓我對他的講道感到徹底失望，心生厭惡，從此不再去聽。

我自己在幾年前寫了一本自己專用的小祈禱書（一七二八年）：《信條與教條》。我再次拾起這本小書，不再參加崇拜聚會。我的行為也許該受到譴責，但是就由它去吧，我不會為自己的行為開脫，因為我當下的目的是敘述事實，而不是為自己辯解。

[1] 收回紙幣。

[2] 這條費城街區如今已發展成為批發商業區的中心。

[3] 紙鈔是根據儲備的黃金或銀兩種貴金屬的面值來發行。當一州或國家發行的紙鈔總額超過其可能收回的紙鈔總額時，那麼紙鈔的價值就會貶值。在美國獨立革命期間，各殖民地居民買一雙靴子要花上好幾百元的殖民地紙鈔。

[4] 直到富蘭克林夫人過世，兩人的婚姻持續了四十多年。富蘭克林的信中充滿了大量的證據，顯示這是一樁幸福的婚姻。「我們攜手偕老，如果要說她有什麼缺點，就是我從來不覺得她有任何缺點。」下面是富蘭克林為講讀社所寫的一首詩的片段：

那些克蘿伊們和菲利斯們詩人，或會叨絮，
我謳歌我的平凡村婦瓊，
結縭十二年的妻子，依舊是我生命中的喜樂，
她成為吾妻那日，我的幸福滿溢。

[5] 這本自傳的第一部在一七七一年寫於特威夫特，到此結束。以下為第二部，一七八四年寫於帕西。

[6] 在此備忘錄後面，富蘭克林插進了亞伯・詹姆士（Abel James）和班傑明・佛格漢（Benjamin Vaughan）寫來的信，驅策他繼續完成自傳。

[7] 富蘭克林後來對於出席教會崇拜聚會，表達了不同的看法。

9 操練美德計畫

約莫在這個時候，我構思了一個大膽的艱鉅計畫，來完善自己的品德。我希望能過一個隨時隨地都不會犯錯的生活，因此我會克服所有可能會導致我犯錯的因素，像是天性、習性或是朋友等。既然我知道，或說我自以為能明辨是非，我不能理解為什麼自己無法貫徹趨善避惡呢？我很快就明白，要做到趨善避惡，遠比我預期的困難許多[1]。因為當我留意不要犯某個錯時，卻又常常出其不意地犯下其他錯誤；一個不留神，我們就會被習慣牽著鼻子走；我們的喜好有時候強過理智。所以，我最後得出一個結論：只是理智上堅信著完善德行是為了我們好，還不足以阻止我們犯錯，而是必須棄絕不良習慣，養成良好習慣，才能持之以恆地將正直的言行持守到底。基於這個目的，我想出了以下方法。

在所讀到的各種美德條目中，我發現列舉的德行有多有少，端視作者對同一德行的見解多寡而異。就以「節制」為例，有些作者主張節制只局限於飲食和飲酒，有些則將其擴展到其他每一種享樂，還有欲望、喜好、肉體或精神上的激情，甚至是我們的貪慾和野心等都要加以節制。我要求寫給自己的美德清單必須清楚明瞭，因此採取多羅列美德項目，訓誡言簡意賅，而捨棄少列言繁的作法。我選擇了十三項當時認為是必須或合宜的美德，每項美德都附上簡要的訓誡，充分表達了我對每項美德的定義與其適用範圍。

這十三項美德與其訓誡，分別為：

1 **節制**：食不過飽；酒不過量。

2 **靜默**：只說對人對己有益的話；不做無聊的閒扯。

3 **秩序**：物歸其位；做事有時程表。

4 **決心**：決定做該做的事時，務求使命必達。

5 **節儉**：只花利人、利己的錢；換言之，要杜絕浪費。

6 **勤奮**：不浪費時間；致力於有用的事情；禁絕所有不必要的活動。

7 **真誠**：不要詭詐；心思純正；說誠實話。

8 **公義**：不做冤枉害人之事，善盡救人濟世的本分。

9 **中庸**：避免極端；克制以怨報怨、加倍奉還的烈怒。

10 **清潔**：保持身體、衣服和居處的乾淨。

11 **平靜**：勿因芝麻小事、常見或不可避免的事故而心煩。

12 **貞潔**：除了健康與繁衍後代，實應節欲，避免毀損自己與他人的名譽和平靜。

13 **謙遜**：效法耶穌與蘇格拉底。

展開操練計畫

我的目的是把這十三項美德培養成習慣，但我判斷同時操練恐力有未逮，最好一次只專注在養成一項美德上。換言之，每當我習慣了一項美德，就換另一項美德來操練，如此循序漸進，直到我順利養成這十三項美德。基於先養成某些美德後，會讓其他美德的操練更容易，我的操練順序就是上面這張清單的排序。

首先是**節制**，因為節制可以保持頭腦的冷靜和清晰，這對於要恆常保持警覺是不可或缺的，進而讓我們保持警戒以抗拒積習已久的惡習，以及無處不在的誘惑。一旦養成了節制的美德，操練**靜默**就容易多了。我渴望在操練德行的同時也能獲致知識，而我認為要在談話中獲得知識，用耳朵聽比用舌頭說更有效，因此我希望根除自己喜歡閒聊、一語雙關和插科打諢的談話習性，因為那會讓我只結交到輕浮的朋友，所以我把靜默放在第二位。

我期望藉著靜默和接下來的**秩序**，可以讓我有更多的時間致力於這項美德養成計畫和閱讀學習。**決心**，一旦變成習慣，會讓我堅定不移地致力於養成後續所有美德；**節儉**與**勤奮**讓我還清債務，擁有經濟自由，進而致富和保持獨立自主，而這又會讓我更容易培養出**真誠**和**公義**等其餘的美德。基於畢達哥拉斯（Pythagoras）[2]在其著作《金詩》中的忠告，每天的自我省察是不可少的，我想出了下述的自省方法。

我做了一個小本子，一項美德占一頁[3]。我在每一頁上用紅筆畫出格線，我畫出七個直行欄位代表一週的七天，每個欄位依序標上星期日至星期六。接著，再用紅筆畫出十三個橫列與欄位交叉，列首標上十三個美德。每天在做自我省察時，只要發現我在哪項美德上犯了錯，就會在此美德列對應的星期欄位上標記一個黑色汙點小記號。

我決定每週密切關注一項美德，一項接一項依序執行。因此，第一週我嚴密留意不讓自己犯下一丁點違反節制的行為，其他美德則順其自然，每天晚上標記當日違反的美德。如果我在第一週能使標示「節制」的第一列上面完全乾淨空白，沒有標記任何犯錯汙點，就表示我在那項美德上已建立強固的習慣，弱化了反面行為，那麼我就可以把注意力延伸含括下一項美德，在下一週就必須努力做到讓這兩列沒有標記汙點記號。如此循序實行到最後，我就能在十三週內完成一個回合，如此周而復始，一年下來就能施行四次。

這就像一個要清理花園的人，他不是一次就清除完所有的雜草，這會超出他的極限和體力負

美德＼星期	日	一	二	三	四	五	六
節制							
靜默	*	*		*		*	
秩序	*	*	*		*	*	*
決心			*			*	
節儉		*			*		
勤奮			*				
真誠							
公義							
中庸							
清潔							
平靜							
貞潔							
謙遜							

荷，而是一次只清理一小塊，清完第一塊，再清理第二塊。所以，當我在頁面上看到自己在美德上的進步，連續不斷地清除美德列上的汙點記號，我應該會大受鼓舞而感到開心。如此進行到最後，經過了許多回合的操練後，在一次十三週的每日自省回合結束後，我應該會很開心地看到一本完全沒有汙點記號的乾淨本子。

我從艾狄生的劇作《卡托》摘錄了詩句，做為這個小本子的題辭：

我願意相信，如果有個超乎我們之上的力量存在，
（整個大自然透過祂的創造在揚聲說，祂存在），
祂一定因美德而喜悅；
而祂所喜悅的必感到快樂。

此外，我還摘錄了西塞羅（Marcus Tullius Cicero，古羅馬政治家、哲學家及修辭學家）的一段話——

哲學啊，生活的指引！

美德的追尋者與惡行的消除者！
過好每一天，以及堅守你的規誡，
遠勝於敗壞墮落的生活。

另外，還節錄了《聖經・箴言》裡，所羅門王所寫的關於智慧或美德的經文：

他右手有長壽，左手有富貴。
他的道是安樂；他的路全是平安。（箴言三：十六——一七）

我想到上帝是智慧的泉源，尋求祂的幫助來得著智慧，乃是合宜且必要的。於是我寫了一則短禱文，置於檢查表的前面，每天使用：

喔，大能的上帝！慷慨的天父！仁慈的引導者！
請加添智慧給我，讓我可以發現真正於我有益的事情。
堅固我的決心，好讓我行出從那智慧而來的命令。

早晨	問題：我這一天要做哪些好事？ 起床、梳洗，向全能之神禱告；思考今天要做的事，並做出決定；展開今天的研讀，吃早餐。
中午	工作 閱讀或是查看帳目，吃午餐。
晚上六至九點	問題：我今天做了哪些好事？ 把所有東西歸位好；吃晚餐；聽音樂或其他消遣，或是聊天；省察這一天的生活。
晚上十點至隔日清晨	睡覺

請接納我對祢其他兒女所提供的有益服務，這是我對祢的源源不絕恩惠的唯一報答。

我有時候也會使用湯姆生（James Thomson）詩集中的一則祈禱文祈禱：

光明與生命之父，良善的至高神！
祢親自指教我良善的真諦；
將我從愚行、虛榮和罪惡中救拔出來，
將我從每一次的敗壞墮落中救拔出來；
用知識、平安，
用純全的美德，
充滿我的靈魂；
賜給我神聖、堅實、永不凋萎的至福！

我給自己定下的秩序戒律，是要求按時作息，我的小本子中有一頁就包含了日常一天二十四小時的作息時間表（上表）。

我開始展開自省計畫，除了幾次因故中斷之外，持之以恆地進行了一段時日。我驚訝地發現，我犯下的過失竟然遠遠超出自己的想像；但是看見它們一個個被消除，我也感到無比滿足。為了把黑色汙點記號擦掉，以供新一回合使用，造成頁面上滿是被我擦破的坑坑洞洞，而必須經常更換本子。

為了省事，我改用記事本的象牙色厚光紙，在上面畫出表格和美德規誡。我用較持久的紅筆畫出表格，而改用黑色鉛筆標記汙點，這樣只要用濕海綿就能輕易擦拭乾淨。

過了一陣子，我用一年完成一個回合，後來要好幾年才完成一個回合。直到最後，因為我必須經常搭船遠赴海外，加上許多繁雜事務纏身，根本無暇進行，就完全放棄了。不過，我還是會隨身攜帶這個小本子。

1744
窮理查年鑑

新禱和糧草，
不是旅途的阻擾。

實踐上的難處

我對於秩序的規誡，讓我吃足了苦頭[4]。我發現，這對於可以隨意支配自己時間的人也許做得到，譬如印刷工，但是要印刷廠老闆嚴格遵行就不可能了，因為他一定要與外界打交道，經常得配合客戶的時間來接待他們。

此外，「秩序」也要求將紙張等物品歸位，我發現自己很難做到。我一開始很不習慣，因為我的記憶力很好，感受不到混亂無序所造成的不便。這讓我吃足了苦頭，頻頻犯錯也讓我心煩不已，但始終難以改正，經常故態復萌——我幾乎就要放棄了，接受自己有這方面的品德缺陷。

這就好像有個人跟我的鐵匠鄰居買了一把斧頭，要求斧的刃面全部都要跟鋒刃一樣鋒利。這位鐵匠答應他會磨亮，只要他願意幫忙搖砂輪；他搖了，鐵匠用力把寬大的斧面抵住砂輪，使得砂輪的轉速變得非常慢。那人三不五時就從砂輪探過頭去，看看到底進展如何，最後他想拿回現成斧頭就走，不再要求磨亮。

「不行。」鐵匠說：「你繼續搖，再搖；我們會讓它愈來愈光亮的；就快好了，只剩下一些斑點了。」

「是啊。」這個人說道：「但是，我最喜歡有斑點的斧頭。」

我想，許多人都有這樣的經歷，他們沒有和我一樣的方法，因為發現要建立良好的習慣來革除陋習是十分困難的，便放棄了做出改變的努力，還說出「我最喜歡有斑點的斧頭」的結論。一種似是而非的偽理性經常提醒我，我要求自己在道德上極度完美，或許是一種道德矯飾，如果廣為人知，我會成為笑柄；一個品格完美的人可能會招來嫉妒和仇視；還有，一個好人應該允許自己有些缺點，給自己的朋友保留一點面子。

事實是，我發現自己在秩序上的無能是矯正不了了；隨著年邁老去，我的記憶力變得非常差，我仍深切感覺到自己在這方面的不足。整體而言，雖然我曾充滿雄心壯志地想要達成完美的品行，卻仍難以企及，但是比起從未嘗試去做，我很慶幸曾盡己所能去完善自己的德行，而成為一個更優秀也更快樂的人。就像那些希望能練得一手好字而臨摹字帖的人，儘管他們永遠無法寫出像字帖一樣卓絕的好字，但是他們已經藉由努力練習而大有進步，只要練習不輟，也能寫得端正清晰。

為了我的後代子孫好，我有必要讓他們知道，拜此美德養成小技之賜，在上帝的祝福下，他們的先祖得以常有鴻福相伴，直到現下的七十九歲之齡，並寫下這本自傳。在他剩餘的年日裡，即使遭逢逆襲或不測，那也是在上帝的手裡；果真遇上了，只要憶起過去享有的諸般幸福，就能泰然面對。

他把自己的健康長壽歸功於節制，直到現在身體依舊健朗。他年紀輕輕就能過上安舒的生活並賺得財富，則要歸功於勤奮和節儉，拜二者所賜，他也成為有用的公民，在學術界小有名望。他把國家信任他而委以重任的殊榮，歸功於真誠和公正的美德。即使他在這些美德的操練上未臻完善，但多虧這些美德的交互影響[5]，使他擁有好脾氣，談話風趣，所以在同伴之間有好人緣，在年輕人之間也廣受歡迎。因此，我希望我的後代子孫可以加以學習仿效，從中受惠。

我要聲明，我的計畫雖然不是完全與宗教無關，但絕對看不到任何教派的教義身影在其中。我刻意避開，因為我深信我的方法有用且成效卓著，適用於各種宗教信仰的人，而且我打算過些時候，將其付梓出版，所以我不會在裡面寫進任何會激怒教友的內容。我會為每一項美德撰寫短評，說明擁有該美德的好處，以及相反惡行的害處，我原本要取「美德的藝術」為書名[6]，因為這是一本養成美德的方法和態度的書，有別於只是勸人行善。勸善不會教導和闡明具體的方法，就像是只有嘴上憐憫的門徒，只說願你們穿得暖吃得飽，而不告訴赤身露體與缺了日用飲食的人，要如何或是去哪裡取得衣食。——見《聖經・雅各書》二：十五—十六。

偏偏天不從人願，我打算寫作和出版相關短評的心願始終未能實現。我確實隨時記下了一些簡短的心得提示和論據等，以便運用於書中，我到現在還保留了一些。年輕時，我必須專注於自己的事業，自從我參與公眾事務後，也讓我一再延宕這個計畫。對我而言，這是一個影響深遠的重要計畫，需要我全心全力去實行，但後來發生一連串出乎意料之外的事情，使得這個計畫遲遲無法開始，直到今天仍然無法實現。

我在這裡有意闡釋和強調這項主張：單就人性而言，惡行不是因為被禁才無害，而是因為有害才會被禁。既然人人都希望可以過著幸福快樂的生活，培養美德便成了每個人利益之所在。有鑑於此（世界上總有許多富商、王公貴族和有財有勢者，需要以誠實來管理自己的事務，但這樣做的人可說鳳毛麟角），我該努力使年輕人相信，窮人想要翻身致富，沒有比具備誠實和正直的人格更有效的方法了。

我的美德清單起初只有十二項，後來一位貴格會的朋友好心地告訴我，大家咸認我是個驕傲自負的人。他說，這一點常常表現在我的談話中，不管是討論哪方面的話題，我常常得理不饒人，表現得目中無人，他舉了幾個例子讓我心服口服。我下定決心要改正這項惡習或愚行，所以我把「謙遜」加進美德清單中，賦予它更廣泛的意義。

1756
窮理查年鑑

誠實的人，
不受不該他得的金錢與褒揚。

我不會吹噓說自己在謙遜上改頭換面得有多麼成功，但起碼表面上看起來有很大的轉變。我禁止自己嚴詞反駁其他人的觀點，以及斷然堅持己見的習性。我甚至遵照講讀社的老規矩，禁止自己在言語或表達上使用武斷的用語，像是「當然」、「無疑地」等，而改用「我想」、「我理解」、「我認為事情是這樣那樣的」等取而代之，或是「現在，在我看來是這樣的」。如果出現別人堅持的事情在我看來是錯的情況，我不會逞口舌之快馬上反駁對方，指出其中的錯誤，反之，我一開始會說根據觀察他的看法，在某些狀況下會是對的，但就現況來說，我有不同的看法云云。

我很快就察覺到，這種言行上的轉變所帶來的好處，讓我可以與人保持愉快的談話。謙遜表達意見，有助於我的意見更容易被人所接受，也使反對聲浪減少；萬一我出錯了，也比較不會發窘，如果我是對的，也更能說服別人放棄他們的錯誤觀點，轉而與我站在同一陣線。

一開始，這個方法實行起來非常吃力，因為不符合我的天性，但操練到最後就變成了習慣，做起來輕鬆自如，五十年來，別人從未從我口裡聽到一句武斷的用語，來表達我的看法。拜這項習慣所賜（僅次於正直），我早年提倡新的制度或變革時，都能夠對本地民眾發揮影響力，後來我當上議員，也能在議會產生重大影響力。我口拙舌笨，從來就不是那種口若懸河的演說家，而且語病叢生，但還是能說服別人接受我的主張。

事實上，在我們的天性中，驕傲是最難馴服的。我們再怎麼想辦法去隱藏它、對抗它、擊敗它、抑制它，它依舊存活了下來，而且不時會現身。你可能會在這本自傳裡，看見驕傲的身影出沒，因為即使我以為已經完全攻克自己的驕傲自負，但可能又會以我的謙遜為傲。

以上寫於帕西，一七八四年

以下書信寫於家中，時間是一七八八年八月。由於我的許多文章都在獨立戰爭中佚失，原本寄望於這些文章，如今事與願違，不過，我還是找到了如下文章。[7]

既然提及了我所構思的一項影響深遠的重要計畫，我覺得有必要對此與其目標再做一些補充。我把自己的起心動念寫在一張小紙片上，而且意外地保存了下來，詳細內容如下：

這些是一七三一年五月十九日，我在圖書館閱讀歷史書籍後的感悟。

- 世上所發生的戰爭、革命等重大事件，都是在政黨的推動及影響下發生的。
- 這些政黨的觀點就是他們眼下的普遍利益，或是他們所認為的那種利益。

‧不同政黨間的歧異觀點，引發了各種混亂。

‧雖然政黨有其政黨總計畫要推行，每一個黨員仍有其個人利益要考量。

‧一旦政黨總計畫達成，每個黨員就會轉而致力於實現個人利益；結果，造成黨員之間扞格不入，引發政黨分裂，而導致更多的混亂。

‧在公共事務上，不論人們如何找理由來辯解自己的行徑，很少人的出發點是純粹基於國家利益；儘管他們的行為確實為國家帶來利益，但所思考的還是如何把自己的利益與國家的利益結合在一起，而不是出於嘉惠全民利益。

‧在公共事務上，出於全人類福祉而做的人更是鳳毛麟角。

‧我認為現在是籌組美德聯合黨的大好時機，把各國具有良善品德的人組織成一個正規團體，制訂適宜的良好明智黨章加以規範，那麼這些良善又睿智的黨員全體遵行黨章規範的程度，會高於一般老百姓對普通法律的遵守。

‧我現在認為凡是對此做出合宜的嘗試行動，且足以勝任的人，必能討神喜悅，取得成功。

班傑明‧富蘭克林

我在心中反覆思索這項計畫，以便日後情況允許讓我有餘暇可以實踐，因此隨時把冒出來的相關想法寫在紙片上。大部分的紙片都已遺失不見，但我找到一張上面記載了我打算成立的教派教義，我的構思是含括每個著名宗教的基本要義，又不會冒犯任何宗教的信徒。內容如下：

- 有一位神，祂創造萬有。
- 祂按照自己的意思統管世界。
- 人們應該用讚美、禱告和感謝來敬拜神。
- 行善是最討神悅納的服事。
- 靈魂不滅。
- 神當然會獎善懲惡，不是在今生就是在來世。

我當時的構思是：一開始只向年輕單身漢傳教；每一位入會者除了宣告接受上述教義，還應照前述方法操練十三週的美德自省和實踐；為了防止不適合的人士要求加入，在這個教派尚未發展壯大之前，一切活動應該祕密進行，不過每位成員應當留意朋友圈中那些頭腦聰明、性情溫良的年輕人，審慎地把這項計畫慢慢地傳達給他們；成員之間應該相互忠告、相互扶持，以促進彼此的利益、事業發展，並提升彼此的生命；我們的教派應該取名為「自由自在會」（The Society of the Free and Easy）以示區別，「自由」是因為養成美德習慣後，可以讓人擺脫惡習或惡行的挾制；尤其是養成勤奮與節儉的習慣後，可以讓人擺脫債務的糾纏，欠債會使人落入動彈不得的拘禁困境中，淪為債主的奴隸。

目前，我對這項計畫只記得這麼多了，此外，我曾經向兩個年輕人傳揚了一部分的計畫內容，他們興致高昂地採行了。由於我那時生計維艱，必須專注於生意的經營上，造成我推遲實踐的時程。之後，我被各式各樣的公私事務纏身，又是一陣拖延，就這樣一路延宕到最後我已經沒有多餘的精力和精神可以執行這項計畫。

儘管如此，我到現在仍認為這是一項可行的計畫，而且大有用途，可以培養出眾多優秀公民。我沒有因為這項計畫的宏大艱鉅而打退堂鼓，因為我始終相信凡具備一定能力的人，都有機會促成重大變革，成就一番豐功偉業，只要先擬定一個妥善的計畫，摒除所有會分心的消遣娛樂或其他事務，把執行該計畫視為自己唯一的要務，全力付諸實行。

[1]比較《聖經・腓立比書》四：八。

[2]畢達哥拉斯：著名的希臘哲學家（西元前五八二～五〇〇）。這裡引用他的作品《金詩》可能是基於以下緣由。「他建議晚上六至九點或是就寢時間反省吾身，我們可以簡短總評一天的生活，把對自己談話的反省做成晚歌，獻給神。」

[3]這本「小本子」註明的日期是一七三三年七月一日。——威廉・坦普・富蘭克林

[4]麥克馬斯特教授告訴我們，富蘭克林擔任美國駐法公使期間，他在一些事務上的雜亂無章讓同仁和友人頭疼不已。「前來拜訪他的陌生訪客，看見至關重要的文件隨意地四散在桌上或地上，無不驚訝萬分。」

[5]雖然富蘭克林在德行上的提升與幸福，無疑要歸功於實踐了這些美德，但大多數人一定會同意，我們有必要探究這個驅策他過美德人生的養成計畫。富蘭克林提及這項計畫帶有道德矯飾的意味，似乎頗為中肯。伍德羅・威爾遜總統如此評論：「我們實無必要從這些思想中尋找靈感，除非它們反映出了某種原文所沒有的更深刻意涵。在我們看來，這種在十八世紀視為一種德行系統的東西，不過就是把一些明智的規誡與良好行為集合在一起罷了。所幸，我們從這本傳記裡，可以看到它們如何對富蘭克林展現巨大影響力和裨益，他非常慎重且坦率地為自己的人生制訂了這些美德標準，使其不致淪於瑣碎令人生厭。」見《聖經・加拉太書》第五章，針對基督徒德行完善的計畫。

[6]唯有美德致富。——欄外注

[7]這是一個欄外備忘錄。

10 窮理查年鑑與其他

我用筆名理查・三德氏（Richard Saunders）於一七三二年出版了第一本年鑑。這本年鑑持續出版了二十五年，一般稱之為《窮理查年鑑》[1]。我絞盡腦汁使年鑑內容兼具趣味與實用性，而風靡一時，讓我大發利市，每年銷售近一萬本。

我留意到這本年鑑被廣泛閱讀，賓夕法尼亞的大街小巷幾乎是人手一本，所以我認為以此為媒介來傳播富有教育性的知識給幾乎不買書的一般大眾，再理想不過了。於是我物盡其用，用格言或諺語把日曆上所有重大日子之間的每一個小小空白都填滿，主要是反覆灌輸勤奮和節儉致富的觀念，並由此養成美德。但要求生計窘迫的人隨時保持誠實的言行格外困難，套用年鑑中一句諺語所言：「空布袋很難站起來。」

這些格言是來自不同時代和國家的智慧結晶，我把它們匯集寫成一篇前後連貫的文章，做為一七五八年年鑑的序言，充作一位睿智長者在拍賣會上向在場人士發表慷慨激昂的演講。這種格言集讓人眼睛一亮。這篇文章備受讚譽，獲得北美大陸各家報紙轉載。在英國，出版商用大幅對開紙張翻印這篇文章，讓人們貼在家裡。法國則出了兩種譯本，獲得牧師和貴族的大量購買，免

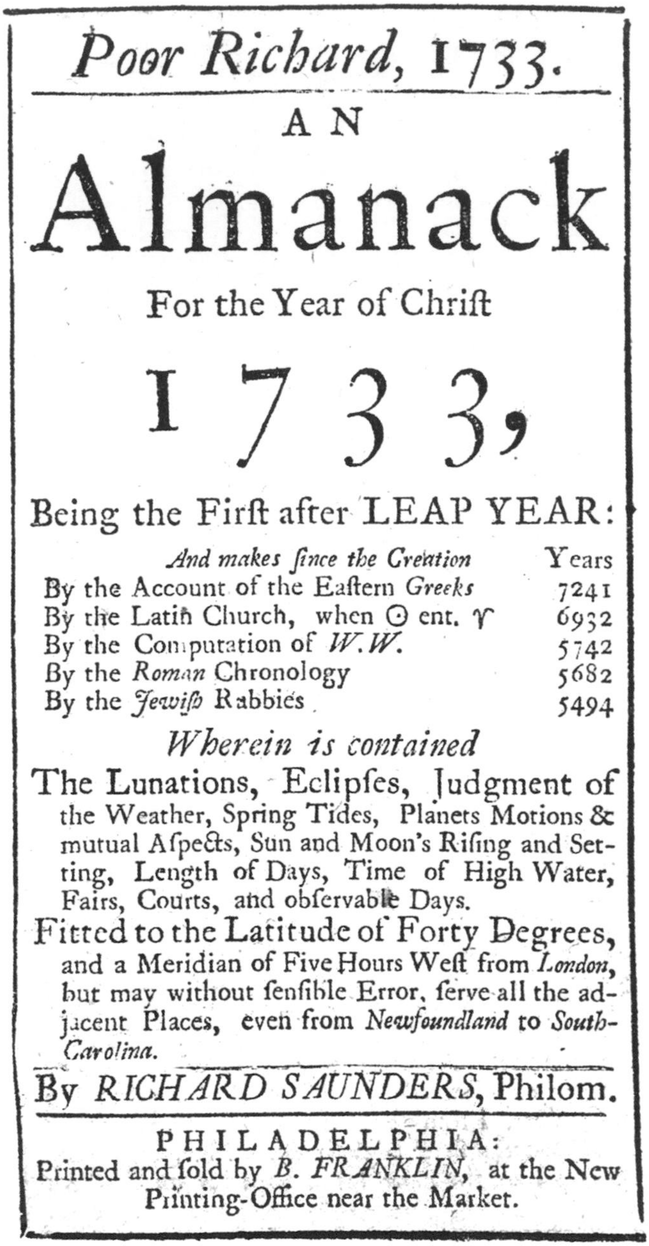

Poor Richard, 1733.

AN

Almanack

For the Year of Chriſt

1733,

Being the Firſt after LEAP YEAR:

And makes ſince the Creation	Years
By the Account of the Eaſtern *Greeks*	7241
By the Latin Church, when ☉ ent. ♈	6932
By the Computation of *W.W.*	5742
By the *Roman* Chronology	5682
By the *Jewiſh* Rabbies	5494

Wherein is contained

The Lunations, Eclipſes, Judgment of the Weather, Spring Tides, Planets Motions & mutual Aſpects, Sun and Moon's Riſing and Setting, Length of Days, Time of High Water, Fairs, Courts, and obſervable Days.

Fitted to the Latitude of Forty Degrees, and a Meridian of Five Hours Weſt from *London*, but may without ſenſible Error, ſerve all the adjacent Places, even from *Newfoundland* to *South-Carolina*.

By *RICHARD SAUNDERS*, Philom.

PHILADELPHIA:
Printed and ſold by *B. FRANKLIN*, at the New Printing-Office near the Market.

一七三三年版《窮理查年鑑》於一七三二年底出版後，之後持續出版了二十五年。

費分送給教區貧窮的教友和佃農。這篇文章勸戒大家不要購買無用的舶來品，所以在賓夕法尼亞有些人認為它在促進財富增益上發揮了一定的影響力，這種現象在其出版後的幾年間清楚可見。

我也認為，我的報紙是另一個教導大眾的傳播媒介，基於這樣的觀點，我的報紙經常刊登從《觀察者》摘錄的文章，以及其他作家論述道德的文章；有時候，我自己寫的一些短文也刊登在報紙上，這些文章起初是為了應講讀社的聚會而寫的朗讀用文章。其中一篇文章是採蘇格拉底式對話，旨在證明無論一個人的資質和才能如何，一個素行不良的人仍不配稱為賢達。還有一篇文章旨在論述克己（self-denial），闡明一個人除非把德行操練成習慣，能完全擺脫相應的惡習，否則無法真正養成美德。這兩篇文章可以在一七三五年初印行的報紙上找到[2]。

我的辦報原則是，保持戒慎恐懼，不刊登任何帶有誹謗言論和人身攻擊的文章，這種行為已經在最近幾年使我們國家蒙羞。每當有作者懇求我刊登這類文章，他們總是拿出版自由為理由，辯稱報紙就像是公共馬車，只要付錢，就有權買到一個座位。我回答說，如果他們想要，我會把這類文章另行付印，他們自己負責發行，那麼他們愛印多少就印多少，但是我絕不會承擔他們散播誹謗言論的責任，因為我已經和訂戶簽約，保證提供他們一份內容有益或是饒富趣味的報紙，所以我不能讓他們讀到的報紙充斥著他們毫不關心的私人詆毀，這明顯侵害了他們的權利。

放眼當今，許多報紙為虎作倀，毫不避諱地任由一些居心不良的人利用他們的報紙，莫須有地指控那些最正直的人，擴大嫌隙，甚至引發決鬥。此外，這些報紙未經深思熟慮便輕率刊登辱罵鄰近的州政府，甚至是我們國家最好的盟國的言論，這可能會引發嚴重的後果。我之所以提及這些事，是為了警惕年輕的印刷同業，期勉他們不會容讓這種不入流的文章汙染了他們發行的報紙，也玷汙了他們的專業，而是堅拒刊登。因為有我做他們的榜樣，他們會看到，這樣做並不會損及他們的整體利益。

一七三三年，我派了一名印刷工人到南卡羅萊納的查爾斯頓（Charleston）開業，因為當地缺一家印刷廠。我提供一部印刷機和鉛字給他，還跟他簽了一份合夥契約。根據合約，我可以分到印刷廠三分之一的營業利潤，同時也要支付三分之一的營業費用。他有學問、為人誠實，但不懂會計。他偶爾會匯款給我，但我無法從他那兒取得任何帳目，他在世期間，我對於我們之間的合夥狀態始終不滿意。

他過世後，印刷廠由他的孀妻接掌經營，她生長於荷蘭，就我所知，會計是荷蘭女子教育的必修課程，她把所能找到的過去交易資訊整理後，讓我清楚知道印刷廠的經營狀況，不僅如此，她每季都會寄給我最正規、最精確的帳目表，把印刷廠經營得有聲有色，大獲成功，賺得的錢不僅把孩子們養育成人，贏得人們的尊敬，後來合約屆滿，她還可以向我買下印刷廠，交由兒子接棒經營。

我提及這件事有個主要原因，我建議年輕女孩們也能接受會計教育，因為比起接受音樂或舞蹈訓練，會計對她們和子女的幫助更大，萬一寡居也不會受狡獪、不安好心眼者的蒙騙而遭受損失，得以繼續撐起業已鞏固的家業，或許是接掌一家賺錢的商店，直到兒子長大成人可以接棒經營，讓家業永續興旺。

牧師之爭

約莫是一七三四年左右，一位年輕的長老教會牧師亨普希爾（Hemphill）從愛爾蘭來到這裡，他有一付好嗓子，即席講道論述一流，廣受歡迎，吸引了許多不同教派的信徒前來聽道。我也是他的忠實聽眾之一，他的講道沒有專斷的教條，或認為用宗教術語就是好行為，而是諄諄訓勉信眾在生活中行出美德，深受我喜歡。但是，那些自視為正統長老會信徒的教友，不認同他的教導，一群老牧者也與他們沆瀣一氣，在教會會議上指控他是異端，試圖讓他從此噤聲不語。

我成了他的狂熱擁護者，全力籌組了一個聲援他的團體，為他奮戰了一段時間，而且看似有望成功。期間，正反雙方大打筆戰，我發現，雖然他是一個卓越的講道者，卻是一個差勁的作家，於是我為他捉刀寫了兩、三本小冊子，其中有一篇文章刊登在一七三五年四月份的《賓夕法尼亞公報》上。這些小冊子就像其他內容充滿爭議的文章一樣，在當時引起一陣競相閱讀的旋風，但是很快就退燒了，我猜它們現在恐怕一本都不存了[3]。在這場爭論中，發生一件憾事重創了他的講道。敵營一位對手聽了他的一場備受推崇的講道後，想到自己曾在某個地方讀過這篇講道，至少是一部分內容。他仔細搜尋後，終於發現有部分講道內容引用了佛斯特（Foster）博士刊登在某期《英國評論》上的文章[4]。隨著他的行跡敗露，招致許多後援會成員厭惡他而唾棄他的講道，使得我們這股支持他的勢力在教會會議中加速瓦解。

但我依舊支持他，因為我寧可他向我們傳講別人所寫的出色證道，而不是出自他手筆的拙劣講道，雖然一般傳道人都是自己親寫講稿。後來他向我承認，他的講道都不是他自己的原創，還說，他有過目不忘的本領，任何佈道文章，他只要讀過一次，就能牢記並覆誦出來。隨著我們敗陣下來，他離開教會，前往其他地方另覓好運，我也從此徹底離開這家長老教會，不過，我仍然繼續用金錢奉獻支持牧者許多年。

外語學習經驗談

我在一七三三年開始學習外語。我很快就精通法語，能夠輕鬆閱讀法文書。然後，我又學了義大利文。我的一位朋友也在學習義大利文，經常慫恿我跟他下棋。後來我覺得下棋占據了太多原本用於學習閱讀的時間，便拒絕再玩，除非他接受我開出的條件，就是每次的贏家有權可以指定輸家執行一項任務，在熟記文法和翻譯之間擇一，輸家必須保證在下次碰面時完成。我們兩人在棋藝上棋逢對手，互有輸贏，也在義大利文上都有所精進。後來我下了點苦功學習西班牙文，精通程度可以閱讀西班牙文書。

我在前面提到，我曾在拉丁文學校讀過一年書，因為那是兒時的事，之後我就把它忘得一乾二淨了。不過，隨著我精通法文、義大利文和西班牙文後，我在讀拉丁文版《聖經》時驚訝地發現，我對於拉丁文的理解程度遠遠超出我的預期，因而大受激勵，驅使我再次學習拉丁文，拜學習前三種語言之賜，讓我的拉丁文學習之路大為順暢，更加得心應手。

有鑑於此，我認為其中定有蹊蹺，與我們一般所認知的教授語言方法有些不同。我們被灌輸先學會拉丁文，之後再學習衍生自拉丁文的其他現代語言，會更容易上手。但是，我們卻不必先學希臘文，以便學拉丁文時會更容易。確實，如果你不必拾級而上就能到達階梯頂端，那麼拾級而下會更容易；反之，從最低處一步一步拾級而上，理當也會更容易到達頂端。

所以，我要建議那些主管年輕人教育的人不妨考慮，因為許多年輕人都是先學拉丁文，但學了幾年後始終無法精通這門語言，便放棄不學了，以致所學的幾乎都變成無用的東西，學習的那幾年時間也就浪費掉了，因此先學法文，再學義大利文等語言，是否會更好？因為花了相同的時間學習，前者讓他們放棄學習語言，而且永遠精通不了拉丁文，但後者讓他們已經可以學會一或兩種現代通用語言，這對於他們的日常生活也更有助益[5]。

家庭生活

由於生活變得寬裕，我決定返鄉探望老家的親戚，在此之前，我的財力還負擔不起這趟返鄉之旅。這趟返鄉途中，我先到新港探望哥哥，他已經把印刷廠遷到這裡並在此定居。

隨著我們過去的恩怨冰消瓦解，這是一次真誠交心的友愛會面。他的健康急遽惡化，認為自己大限將至，於是把當時十歲大的兒子託孤給我，後來我把他帶回撫養，也照著哥哥的囑託讓他兒子接受印刷業務的訓練。我履行哥哥的遺願，先送他上了幾年學後，再進我的印刷廠學習。他的母親繼續經營家中的印刷廠，直到他長大成人後接棒。我送了他一套新的鉛字，因為他父親所留下的鉛字早已磨損不堪。這算是我對於自己當時提早離開哥哥的印刷廠，使他蒙受損失，所能做的巨大彌補。

一七三六年，我失去了可愛的四歲兒子，他因為感染天花而早夭。我有很長一段時間深陷痛苦的自責中，直到今天，我仍然為當時沒有帶他接種疫苗而深切悔恨。我提起這件事是要提醒為人父母者，若因自己的疏忽而忘了給孩子接種疫苗，而導致孩子感染致死，你會永遠無法原諒自己。我希望能以自己的例子顯示，無論接種與否，父母都會因為孩子感染致死而抱憾，但還是應該選擇更安全的接種。

成立講讀社子社團

我們的「講讀社」發揮了很大的效益，帶給成員巨大的滿足感，所以一些成員很想介紹朋友加入，但我們認為社團要運作良好，理想的成員人數是十二人。我們從一開始就規定這是一個祕密組織，不得對外透露，大家也都嚴格遵行；目的是防止不適合的人申請加入，而其中一些人我們可能不方便拒絕。

儘管我堅持不再增加成員人數，不過還是草擬了一個提案，做為變通之計，就是每個成員都要各自努力組織子社團，並制訂與講讀社相同的討論規則等，但不必讓這些子社團成員知道所屬社團與講讀社的關係。

我擬議成立子社團的優點如下：透過使用我們的規範章程，可以提升許多青年公民的素質；

我們可以隨時充分掌握輿情，因為在某位講讀社成員提出我們要辯論哪些問題時，他也會把旗下子社團的討論和看法等，報告給其他成員知道；可以獲得更加廣泛的推薦，有助於提升我們個別事業上的利益；以及透過子社團傳播講讀社的觀點，可以擴大我們在公眾事務上的影響力，和行善的力量。

這項提議獲得大家一致通過，接下來，每位成員便開始著手成立自己的子社團，但不是每個人都成功，最後只成立了五、六個左右，每個社團都有自己的名字，像是葡萄藤、聯合社、合眾社等。每個社團都發揮了本身的效用，也給了我們許多的樂趣、資訊和啟迪。它們也針對我們的某些觀點提出詳盡答覆，而在某些特殊議題上產生了輿論影響力，我會在後面適時舉例說明。

擔任公職

我第一次受到拔擢是在一七三六年，我獲選出任賓夕法尼亞殖民地議會的祕書。這項委任獲得全體議員一致通過，但是到了隔年，我再次被提名時（就像議員選舉一樣，這個職位也是每年一選），一位新科議員有其中意的人選，所以發表了長篇大論反對我連任。

但我最終還是當選了，我很滿意這樣的結果，除了可以立即走馬上任，薪水照領外，這也是一個讓我得以繼續獲得議員關照的絕佳職位，確保我可以拿下印刷選票、法規、紙鈔和其他臨時的公家生意，整體而言，這些生意利潤可觀。因此，我並不希望這位新科議員與我為敵，他是一位有教養的有錢紳士，才華一流，假以時日，大有機會在議會中占有舉足輕重的地位，這確實在後來獲得應驗。不過，我並沒有對他卑躬屈膝以博取他的支持，而是過了一段時間後，採取了其他方法贏得他的友誼。

我聽說他有一本珍稀藏書，於是寫了一張便箋給他，表達我想要細讀該書的渴望，請求他能通融把書借給我幾天。他馬上派人把書送到我手上，我在一個星期後把書歸還，並附上一張便箋，表達我萬分感激他的慷慨出借。然後我們下次在議會碰面時，他主動開口跟我說話（這是他對我前所未見的舉措），態度誠摯有禮。

從此之後，他總是在各種場合樂於幫助我，我們變成了非常親密的朋友，直到他過世。這是另一個例子證明了我所學到的一句古老格言所言不虛，「比起受你恩惠的人，曾經對你伸出援手

1734
窮理查年鑑

對朋友好，友誼到老；
對敵人好，就是贏得他的心。

的人，會更樂意繼續伸援你。」這件事顯示了比起憎恨、報復和繼續敵視的行為，審慎地消除敵意的益處更多。

一七三七年，前維吉尼亞總督史帕茲伍德（Spotswood）上校，時任郵政總長，對其費城代理人的行徑大為不滿，他在帳目上的迷糊失職表現，讓史帕茲伍德收回了對他的任命，而委任我接掌，我欣然接受。這個職位惠我良多，儘管薪水不多，卻能方便通信聯繫，提升了我的報紙品質，訂戶隨之增加，也帶來更多廣告，為我創造巨大收益。我宿敵的報紙銷量則一落千丈，我很滿意現況，也就不去報復他過去擔任郵局局長，不准郵差為我送報的惡劣行徑。他已經因為疏於記帳而自食惡果，我提起這件事，是希望受雇的年輕管理者可以引以為鑑，總要記帳和匯款，務求清楚正確，準時守信。信守這項待人處事原則，就是謀求新職和生意成長的最有力背書。

[1]在當時，年鑑是一種定期發行的刊物，是一本關於自然現象和節氣的指南。富蘭克林取名「窮理查年鑑」源自《窮羅賓年鑑》這本著名的英文年鑑，作者便是知名的年鑑出版商理查・三德氏。關於窮理查的格言，請參見附錄〈致富之路〉。

[2]一七三〇年，六月二十三日至七月七日。——史密斯

[3]詳見《富蘭克林著作或關於富蘭克林的著作一覽表》，保羅・福特（Paul Leicester Ford），一八八九，第十五頁。——史密斯

[4]詹姆士・佛斯特博士（James Foster，一六九七～一七五三）：

只要他願意，
就讓謙遜的佛斯特，
以講道技壓十個大主教。

——亞歷山大・波普《諷刺詩集結語》卷一，一三三

「那些沒有聽過法里內利唱歌和佛斯特講道的人，沒資格出現在有教養的上流人士聚會中。」霍金斯，〈音樂史〉——史密斯

[5]富蘭克林是他那個時代最傑出的實做家，贊成人們在心智發展成熟到一定程度前，暫緩學習不再使用的絕跡語言，其權威性獲得一位古今最傑出學者的自白的背書。

歷史學家吉朋說道：「我們的中等學校教育，與斯巴達國王的訓誡背道而馳，他說孩童應當接受對他們長大成人後有用的技藝教育；但一個出身西敏或伊頓公學的頂尖畢業生，卻對十八世紀末的商業活動和英國紳士的談話完全無知。這些學校反而沾沾自喜於教授了拉丁文和希臘文的優點。——畢士羅

11 投身公共事務

我現在開始稍微把心思轉到公共事務上，不過，先從一些小事開始。城市夜間巡邏是我優先整頓的要務之一。

在當時，夜巡由各區警察輪流負責。警察會通知一些戶長晚上陪同他巡邏，不想加入的人只要支付一年六先令的費用，就能永久豁免，這筆錢理當拿來雇用替代巡邏員，但其實這筆徵收費的金額遠遠超出實際所需，讓警察成了一個有油水可撈的肥缺。警察好杯中物，經常雇用邋遢的流浪漢一起巡邏，以致素有名望的戶長都不願加入巡邏。警察也常常疏於夜巡，反而大部分時間全都拿來喝酒。

因此我寫了一篇文章在講讀社朗讀出來，指出這些不正當的行為，我尤其強調這種一律徵收六先令的措施並不公平，理當因每個人的境遇而異，譬如一個貧困的寡婦名下要巡視保護的家當可能不超過五十英鎊，但卻要付和最富有商人一樣的巡邏費，而他店中所有商品的價值就高達數千英鎊。

整體來看，我提出了一個更有效的夜間巡邏方案，包括：雇用適合的人擔任固定巡邏員；以及採取一個更公平的收費辦法，金額應當與付費者的財產成比例。我的提案獲得講讀社成員的贊同，並向各子社團傳達，但看起來卻像是每個社團自己提出來的。這項計畫沒有立即獲得執行，卻讓人心做好接受這項變革的準備，而催生出了幾年後的相關立法，我們的各社團成員那時候也愈來愈有影響力。

創建消防隊

此時，我也寫了一篇文章（在講讀社首次發表，後來付梓刊載），論述火災釀成的各種意外和疏忽，提醒人們務須慎防注意，也提出了預防火災的方法。這篇文章的實用性受到廣泛討論，由此應運而生一項計畫，催生出一支消防隊，以便火災發生時能迅速撲滅火勢，以及協力把財物搬到安全的地方。

消防隊的成員很快就增加到三十名。我們簽訂的協議條文中，規定每一位成員都要隨時保持在準備就緒狀態，還要備妥一定數量的消防用皮水桶、強韌的袋子和籃子（用來打包和運送物品），每當發生火災時就要攜至現場。我們同意定期每個月晚上聚會一次，討論和交流彼此對於火災的想法，或許有助我們的打火行動。

消防團隊的效益很快就浮現了，申請加入的人數暴增，超過我們對一支消防隊所規劃的理想人數，因此，我們建議他們另組一支消防隊，他們採納了，一支新的消防隊於焉誕生。之後，一個接一個消防隊如雨後春筍般的冒出，直到數量龐大到大多數擁有財產的男人都加入了，才告一段落。

時距我寫作的此刻，已經五十年過去了，我組織成立的第一個消防隊，取名「聯合消防隊」（Union Fire Company），至今屹立不搖，蓬勃發展，但除了我和另一個長我一歲的人還健在外，第一批創始成員都已經過世。我們規定凡是不能出席每月聚會的成員，都要繳交小額罰款，並把這些罰金拿來為每支消防隊購置消防車、雲梯、消防鉤，以及其他有用的消防器材。

我不禁想問，當今世上還有哪個城市提供了比費城更好的消防措施，來控制撲滅剛開始的火勢，因為自從成立了這些消防隊後，費城從未出現過一起火災會把一或兩戶以上住家吞噬的情況，而且在房屋被大火吞噬半毀之前，消防隊員都已經及時撲滅了火勢。

與懷特費爾德牧師的情誼

一七三九年，懷特費爾德（Whitefield）牧師[1]從愛爾蘭來到此處。他是個巡迴傳教士，在愛爾蘭的表現非常傑出。他起初獲准可以在本地的一些教會中講道，但是牧師們不喜歡他，沒多久就拒絕他再站在教會講壇上講道，不得已，他只好在野外繼續傳道。

來自各教派的信眾從四面八方大量湧進，聆聽他的講道，我也是其中一人。我觀察到他的講道對聽眾產生巨大的影響力，也看到他們對他有多麼仰慕和愛戴，即使他責罵他們全是天生的半獸半魔，讓我不禁思索起這個現象。後來我驚訝地發現，他的講道讓本地居民很快地在行為上出現改變。他們原本對宗教的態度不是粗魯就是冷淡，而現在全世界彷彿都籠罩在虔誠的宗教氛圍中，晚上經過費城大街小巷，總飄揚著每戶人家的詩歌聲。

在戶外集會，經常碰到天寒地凍或是狂風暴雨這些惡劣的天候，確實不便，因此很快就有人提議興建可供聚會的會堂，並指派專員接受建堂的奉獻，沒多久就籌到了足夠的金額來買地和建堂，會堂占地一百英尺（約三十公尺）長、七十英尺（約二十一公尺）寬，與威斯敏斯特議會大廳（Westminster Hall）[2]差不多大。由於大家建堂的心志熱切，會堂竣工的時間比預期超前許多。會堂的土地與建物歸在保管委員會名下，而且明訂不分教派，開放給每一個傳道人在此向費城人傳講信息。會堂的設計不是為了迎合特定教派，而是基於費城全體居民的需要而興建。即使是君士坦丁堡的伊斯蘭教長（Mufti）差派傳教士向我們傳講伊斯蘭教，他也能找到一處供其講道的講壇。

懷特費爾德先生離開費城後，便沿途佈道，經過許多殖民地，最後到達喬治亞。當地最近才開始湧進前來屯墾的移民。但他們不是吃苦耐勞、勤奮實幹、習慣勞動、適合辛苦墾荒的農夫。移民到喬治亞的人都是破產的商店業主，以及無力償還債務的人及其妻小，許多人都有好吃懶做、遊手好閒的惡習，又坐過牢。他們落腳於這片林木蔓生的荒野之地，既沒有能力伐樹開墾耕地，也受不了移民新土地的艱苦生活，遂相繼死於當地，且人數眾多，身後留下許多孤立無援、嗷嗷待哺的孩子。

目睹他們悲慘的處境，觸動了懷特費爾德先生的悲憫之心，有意在當地建立一家孤兒院，讓這些孩童可以得到庇護和教育。他返回北方，宣傳自己興建孤兒院的慈善計畫，他的口才出眾，具有神奇的感染力，觸動了聽者的心，人們紛紛慷慨解囊，為孤兒院募集到大筆資金，我自己就被他深深打動。

我並不反對這項計畫，但由於喬治亞當時缺乏建材和建築工人，有人提議從費城把它們運抵

1755
窮理查年鑑

勤能補拙，
懶惰會讓人更笨拙。

喬治亞，卻所費不貲，我認為更好的作法是直接在費城興建孤兒院，再把孩子們接過來。我向他這樣建議，但是他依然堅持原始方案，拒絕了我，所以我拒絕捐獻。

沒過多久，我恰巧現身在他的一次講道中，期間，我察覺到他打算以募捐來結束講道，我暗暗在心中決定，他別想從我這裡拿到一分一毫。我的口袋裡有一些銅幣，以及三、四枚銀幣，和五枚皮斯托爾金幣。他繼續講下去，我的心開始軟化，決定捐出所有銅幣。之後，他的講道再次觸動了我，讓我對只捐銅幣深感羞愧，決定再捐出所有銀幣。他的精采結語令人動容，讓我把口袋裡的金幣和其他錢幣全都掏了出來，放進募款盤裡。

一位講讀社成員在喬治亞興建孤兒院一事上贊同我的看法，也參加了這場佈道，料想期間會有募款環節，所以在來會堂之前先在家裡把口袋清空。但是隨著佈道接近尾聲，他亟欲捐獻，便向站在他旁邊的一個鄰居開口借錢。

遺憾的是，他碰了釘子，這個人可能是現場唯一一個始終堅定立場，完全不受其講道影響的人，他回答說：「我的朋友霍普金森啊，如果是在其他任何場合，我都會很樂意借給你；但現在不行，我看你頭殼壞了，沒了判斷力。」

懷特費爾德的敵人總喜歡以小人之心度君子之腹，認為他會把這些募款私飽中囊。我和他熟識（我承印他的講道文章和日誌等），但我從未對他的誠實正直有絲毫懷疑，直到今天，我依然堅信他的所有言行都表明了，他絕對是一個百分之百的誠實人；而且，我認為我對他的有利證詞應該更有公信力，因為我和他沒有任何宗教上的瓜葛。他確實偶爾會為我能改信他的教派而禱告，卻從未確信他的禱告已蒙上帝垂聽。我們之間的友誼無關宗教，就是一般的君子之交，彼此真誠相待，直到他過世。

我和他之間的友誼可以從下面的例子窺出一二。有一次，他從英國來到波士頓，寫了一封信告訴我，他很快就會抵達費城，但不知道可以寄住在哪裡，因為他的一位老朋友兼房東貝內塞特（Benezet）先生已經搬到日耳曼城（Germantown，費城西北方）。

我回信給他，「你知道我家在哪裡，如果你不嫌寒舍簡陋而願意住下來的話，我竭誠地歡迎你的到來。」

他回覆我說，如果我是看在基督的情面上而慷慨接待他，我一定會有善報。

我回答他，「別誤會，我接待你不是因為看在基督的情面上，而是看在你的面子上。」

1734
窮理查年鑑

評人莫只靠一點，
要看他種種特質才完全。

我倆的一位共同朋友就開玩笑說，這就是聖徒的習慣，他們只要蒙受恩惠，就會把它安放在天堂裡，好把人情債的壓力從自己的肩膀上卸下，我卻想方設法把它牢牢地固定在地上。

我最後一次看到懷特費爾德先生是在倫敦，他就孤兒院事宜徵詢了我的看法，他有意撥出一部分的孤兒院空間，興建一所大專院校。

他的聲音宏亮清澈，用字遣詞無可挑剔，在很遠的距離外都能聽得清楚明白，尤其是他的聽眾，就算人數再多，現場始終保持鴉雀無聲。有一個晚上，他站在費城法院最高的臺階上佈道，法院位在市場街中央與第二街西側的直角交叉處。兩條街都被聽眾擠得水洩不通，人潮向外綿延極遠。

我站在市場街的盡頭，心生好奇，想要知道他的聲音究竟可以傳到多遠，於是朝著河邊一路往後退到前街（Front-street）附近，但依舊能將他的聲音聽得一清二楚，直到有雜音蓋過他的聲音。想像以懷特費爾德先生為圓心，而我當時站在圓半徑遠的地方，聽眾擠爆了整個半圓地區，每個人占地大小約為兩平方英尺（約〇・一八平方公尺），我估計他的聲音可以被三萬多名聽眾聽得清清楚楚。對於有報紙報導，他曾在野外向兩萬五千名聽眾佈道，以及史載古時將領對全部隊發表慷慨激昂的精神講話，我都曾對它們的真實性感到懷疑，現在，我相信了。

因為常常聽他講道，我已經能夠輕易地分辨出，哪些是新出爐的講道，而哪些是他經常在旅行佈道中傳講。他在一次次的重複講道中不斷修正後者，使得每字每句的抑揚頓挫都獲得了完美的轉換，聽眾即使對講道主題不感興趣，也能夠聽得津津有味，就好像欣賞一首絕妙的音樂般賞心悅耳。這是旅行佈道家強於駐堂牧師的地方，因為後者無法把一篇講道一而再、再而三地複述及強化。

他的文章等出版品，經常給予敵對者可乘之機而拿來攻擊他。直言不諱的講道，甚至一些錯誤的論點，後來都可以透過解釋或是轉移焦點含糊其辭帶過，要不索性否認到底，但是文字卻會永遠流傳下去。批評者義正詞嚴猛烈抨擊他的文章，導致他的信眾減少，不再增長。我認為，如果他從未寫作隻字片語，他身後定會留下一個信眾人數更加龐大的重要教派，即使死後，他的聲望仍會持續擴展中，因為批評者找不到白紙黑字可以拿來對他大加撻伐，以貶低其人格，那麼改信其教派的信徒就能隨心所欲地把他塑造成一個具有豐功偉績的偉人，滿足他們對他的狂熱崇拜，而在他身上加諸種種非凡事蹟。

合夥創辦外地印刷廠

我的印刷事業蒸蒸日上，生活也愈來愈寬裕，旗下的報紙也成了一門能創造可觀利潤的生意，有段時間幾乎是費城和鄰近地區的唯一報紙。此外，我也經歷到了以下這句金玉良言所言不虛，亦即「只要賺到第一桶金一百英鎊，要賺到第二桶金就容易多了」。錢滾錢，本來就是金錢的本質。

受到卡羅萊納合夥印刷廠獲得成功的激勵，我開始推廣這樣的合夥模式。我提拔了手下幾名表現良好的印刷工人，讓他們在不同的殖民地創辦印刷廠，合夥契約的條件完全與卡羅萊納廠一樣。絕大部分的人都經營得相當成功，六年合約到期後，都能順利從我手上買下鉛字設備，繼續經營下去。透過這套模式，一些家庭的經濟狀況都得以好轉。

一般合夥事業常常是不歡而散收場，但我卻感到心滿意足，因為我的合夥事業全都運作平順，賓主盡歡結束。我認為這主要歸功於一種預防措施，我們會把每個合夥人應盡的義務或自己的期望，都落實成一條條明確的合約條文，才不會鬧得不可開交，因此凡有意採取合夥經營者，我都會推薦他們採取這種預防措施。

這是因為在簽訂合約時，不論合夥人之間多麼敬重、信任彼此，只要有一方覺得在生意照料和責任的分擔上受到不公平對待，便會開始滋生忌妒和不滿的情緒，星星之火可以燎原，這往往會破壞彼此的友誼而導致絕交，甚至對簿公堂等不甚愉快的後果。

[1] 喬治・懷特菲爾德（一七一四～一七七〇），著名的英國牧師和佈道家，衛理公會（循道宗，Methodism）創始者之一。

[2] 西敏宮的一部分，現在為倫敦國會大廈前廳。

12 組織義民兵保衛疆土

整體而言，我大可振振有詞地對我在賓夕法尼亞的成就感到心滿意足。但是，仍有兩件事讓我深感遺憾，這裡沒有防衛隊，也沒有一套完善的教育系統來培育年輕人；沒有民兵，沒有一所大專院校。因此，我在一七四三年擬定了一份成立一所學院的提案。

我原本屬意由彼得斯（Peters）牧師出任校長，他當時無職一身輕，是最適合領導管理這所學校的人選，於是我就這項辦校計畫與他展開溝通，但是他更樂於為世襲領主們效勞，因為收入更優渥，而拒絕了我的邀請。我想不出其他適合人選，便把這項計畫暫時擱置下來。隔年，一七四四年，我提出成立哲學學會（Philosophical Society）的計畫，並成功創辦起來。我寫了一篇文章來闡述學會成立的宗旨，未來可以在我的作品集裡看到。

籌組義民兵團

在防衛事務上，西班牙已經與大英帝國交戰好幾年，最後法國加入了西班牙陣營，使我們陷入重大危機中。長期以來，湯瑪斯（Thomas）總督窮盡一切努力，試圖說服在貴格會議員占多數的議會通過一條民兵法案，以及其他防衛賓夕法尼亞安全的法案，但最後都宣告失敗。於是，我決定想辦法籌組一個出於自願的義民兵團。

在第一波宣傳活動中，我出版了一本自己寫的小冊子《簡單的真相》，我在文中強調我們毫無防禦能力的處境，必須徵召及訓練自己的兵力，來保衛自己的家園，我承諾會在幾天內籌組一支義民兵團，廣召自願者簽名加入。這本小冊子引起了一陣出人意表的旋風。

人們紛紛向我索取加入義民兵團的申請表，於是我和幾位朋友擬定了一份。接著，我指定召開一場市民集會，地點就在前面提及的新落成教會，當天有許多人湧進，把現場擠爆了。我準備了許多份印好的申請表格，並在會場各處提供筆墨。我就這個主題發表了簡短的講話，在宣讀和解釋完申請表內容後，就把表格發下去，獲得大家熱烈的響應，紛紛在上面簽名加入，而且沒有人提出任何異議。

群眾散去後，我們把會場收集到的加入申請表一一清點，總計有一千二百人自願加入。還有一些散發到賓夕法尼亞其他地區的申請表，最後的總計人數攀升到一萬人。他們快速自備好武器，自組連隊和團隊，推選自己的軍官，並且每週聚集一次接受武器操練及其他軍事訓練。婦女則自願認捐贈送絲製軍旗給各連隊，上面繪製了各式各樣由我提供的圖案和精神標語。

各連的軍官組成了費城軍團，並推選我擔任他們的團長，但我覺得自己不是適合人選，於是婉拒了這項委任，並推薦了勞倫斯（Lawrence）先生，他的人品高尚，深具影響力。他們接受了我的推薦，任命他為團長。我提議發行彩票來支付在下城建造砲臺的費用，並在此部署大砲。資金迅速到位，砲臺很快就建起來，雉堞用原木構成並填土夯實。我們從波士頓購置了幾門舊大砲，但仍不敷所需，於是我們寫信向英國添購，同時請求我們的領主們給予支援，但不抱多少希望。

同時間，勞倫斯團長、威廉·艾倫（William Allen）、亞伯蘭·泰勒（Abram Taylor）和我，被義民兵指派前往紐約，銜命向克林頓（Clinton）總督借幾門大砲。克林頓總督起初斷然拒絕我們的請求，但在與其諮議會成員共進晚餐時，一行人照著當地習俗，喝了大量馬德拉酒後，他的態度出現軟化，答應借給我們六門大砲。再暢飲幾杯後，他加碼到十門；最後，他豪氣地一口答應加到十八門。他借給我們的全是精良大砲，能夠發射十八磅重的砲彈，還配備了砲架，十八門大砲很快就運抵砲臺並架好。戰爭期間，義民兵在晚間輪流於砲臺站哨，我也以普通士兵的身分按時輪班站哨。

我在義民兵事務上的活躍表現，贏得了總督和諮議會的認同。他們充分信任我，舉凡他們一致認為是對義民兵有益的措施，都會諮詢我的看法。為了取得宗教界的協助，我建議他們宣布禁食，以促進改革和祈求上帝祝福我們所做的工作。他們接納了我的提議，但這是賓夕法尼亞有史

一七四七年，一支賓夕法尼亞義民兵團的軍旗。由富蘭克林設計，當地婦女製作。

以來第一次舉行禁食活動，負責的祕書沒有前例可循，以制訂相關的實施細則。

我在新英格蘭接受教育，那裡有一年一度的禁食節期，此時便派上用場了。我沿襲當地慣例擬就這份禁食細則，還被翻譯成德文[1]，用英德雙語印製，向全賓夕法尼亞省公告周知。眾教派的牧者們得以藉此機會鼓勵信眾，加入義民兵，若不是和平很快就來到，或許除了貴格會，各教派信徒都會積極加入。

貴格會面對義民兵的矛盾心態

我的一些朋友認為，我在義民兵事務上的活躍表現，應該會激怒貴格會，而損及我在議會裡的影響力，因為他們是議會裡的多數黨。有位年輕紳士有幾個議員朋友，他覬覦我的祕書位子，告知我，議會已經決定讓我在下一次的選舉中落選。因此，他很好心地勸我主動請辭，免得我遭撤換而有失我的身分。

我回答他，說我曾讀到或是聽過某個官員給自己立了一個原則：從不求官，從不拒官。我說：「我贊同他的原則，也會遵行它。不過我要稍作補充，那就是：我從不求官，從不拒官，也從不辭官。如果他們要把我的祕書職位由其他人取而代之，那麼就從我手上拿去。我不會辭職，不會讓我的權利受損片刻，或是失去報復敵人的權利。」不過，這件事後來就悄聲無息地結束了。我在下一次的選舉中再次獲得全體議員一致通過，連任成功。

議會可能不喜歡我最近與諮議會委員過從甚密，因為委員們在軍事準備問題上，總是與歷任總督站在同一陣線，而跟議會唱反調，長期困擾著議會。如果我能主動與他們疏遠，議員肯定樂見其成；但他們不樂見我只因為積極投入義民兵團而遭撤換，又給不出其他更好的理由。

我確實有理由相信，只要不要求他們協助，貴格會的議員沒有一個會反對本土的防衛。我還發現，雖然他們反對侵略性戰爭，卻明顯支持自我防衛，在這一點上，他們的人數遠多於我的預期。關於這個主題的正反論述小冊子有很多，其中一些支持防衛的作者是傑出的貴格會信徒，我相信他們的論點說服了大多數的年輕貴格會信徒。

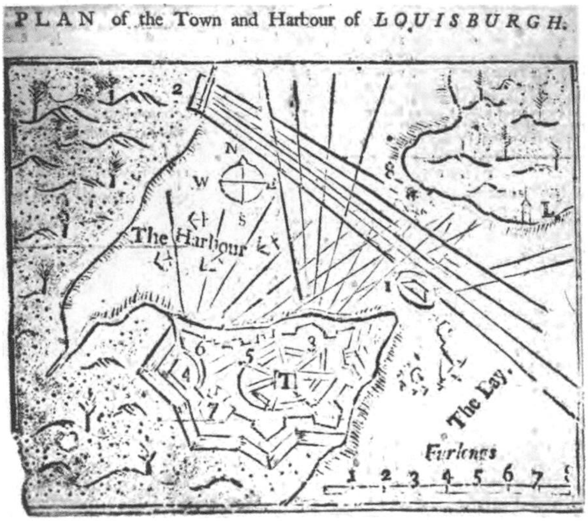

一七四七年，一支賓夕法尼亞義民兵團的軍旗。由富蘭克林設計，當地婦女製作。

消防隊發生的一件事，讓我對貴格會信徒的普遍感受豁然開朗。

有人提議拿出消防隊現有的約六十英鎊資金去購買彩票，以支持砲臺的興建。根據消防隊的規定，在這個提案提出後的下次隊員集會召開之前，這筆錢是無法動用的。消防隊有三十名隊員，貴格會信徒就占了二十二名，剩下的八名分屬其他教派。我們這八個人準時參加集會，預期會有一些貴格會隊員與我們站在同一陣線，但不確定我們能形成多數。

最後，只有一個貴格會隊員詹姆士・莫里斯（James Morris）先生出席，他反對購買彩券。他對於這項提議表達強烈的遺憾，他說貴格會隊員全都反對，他擔心這樣的不和會導致消防隊解散。我們告訴他，我們實在找不出事情會演變至此的理由；因為我們是少數，如果其他貴格會隊員反對，並在表決人數上多過我們，我們一定會遵照社團的運作慣例，接受也理當接受這樣的結果。

到了投票表決這項提案的時間，他同意我們可以照章行事，但是他向我們保證許多隊員有意出席投下反對票，應該再多等他們一下，這麼做也合乎公平。

在我們為此爭論不休的當下，一名侍者近前來告訴我，樓下有兩位紳士有話要跟我說。我下了樓，看到兩名貴格會消防隊員。他們告訴我，有八名隊員現在正聚集在附近的酒館，如果有需要，他們決定出席投票支持我們的選擇，但最好是我們可以不需要他們的協助就能通過。他們不希望走到這一步，因為投票支持這項提議，可能會使他們與長輩和朋友為此而爭執不休。

既然我們已經穩操勝算，我回到樓上後，便裝出面有難色地猶豫了一會兒後，同意把投票時間再延一個小時，莫里斯先生覺得這是非常合理的決定。但他的反對派教友們始終沒有出現，讓他大感驚訝。時間到，最後的表決結果是八比一，通過提案。

綜觀在二十二名貴格會隊員中，有八名投票支持我們，另外十三人沒有出席，顯示他們並不反對這項提議，所以我推估貴格會隊員中真正反對軍事防禦的占比僅為二十一比一。由於他們全都是正式的消防隊員，名聲又好，照例會被告知這次集會要表決的提案。

詹姆士・羅根（James Logan）[2]先生這位備受尊敬又博學的忠實貴格會信徒，寫了一篇文章給貴格會教友，表明他贊同防禦性戰事，並用了許多強而有力的論點支持他的觀點。他把六十英鎊交在我的手裡，用來購買彩票以支持興建砲臺，還指示如果中獎就全部用於這項防禦工事上。他告訴我下面這則關於他的老主人威廉・賓（William Penn）在防禦上的軼事。

羅根在年輕時便以祕書的身分跟著威廉・賓領主從英格蘭渡海而來。時值戰爭期間，有一次他們以為所搭的船隻被敵艦追趕。船長準備展開防衛行動，卻告訴威廉・賓和他的貴格會同伴們，他不期望會獲得他們的協助，他們可以躲到客艙。

除了羅根以外，其他人全都下到客艙。羅根選擇待在甲板上，受命看守大砲。之後，他們所以為的敵人經確認後是朋友，所以雙方沒有交戰。但是，當羅根下到客艙告知大家實情時，威廉・賓嚴厲指責他為什麼待在甲板上，協助防衛船隻，違背了貴格會的原則，尤其這還不是船長的要求。

他當著所有同伴的面斥責羅根，激怒了他的這位祕書。羅根回答他：「我是你的僕人，為什麼你沒有命令我下來？反而當你認為危難來時，倒是很願意我留在甲板上協助抗敵。」

我在議會擔任公職多年，貴格會議員一直占多數。每當議會根據國王命令而提出軍事援助的法案，希望他們能高抬貴手讓法案通過時，我便看到他們因為堅持反戰原則而左支右絀。他們一方面不願意直接拒絕而觸怒政府，另一方面，他們也不願意違反教義而惹惱貴格會教友。結果，他們想出各種理由來推託，萬不得已時，就掩耳盜鈴。

他們最常用的一招就是在「國王專用」的名目下，通過撥款，卻從不過問這筆錢的實際用途為何。

但若這項需求不是來自國王，這個名目就不適用了，他們就會另想辦法。舉例來說，新英格蘭政府因為火藥短缺（我想是為了防守路易斯堡〔Louisburg〕）向賓夕法尼亞求援，湯瑪斯總督力促議會通過，貴格會議員卻無法同意撥款購買火藥，因為這是戰用物料，但是他們投票通過給新英格蘭三千英鎊的援助，並交由總督去執行，准許他用這筆錢去採購麵包、麵粉、小麥或「其他穀物」。諮議會的一些委員想要讓議會難看，建議總督不要接受這項糧食補助金，因為這不符合總督所需。但總督的回答卻是：「我會接受這筆撥款，因為我很清楚他們的用意，其他穀物就是火藥。」於是他買了火藥，而議員也從未提出異議[3]。

1745
窮理查年鑑

有戰爭，
就有傷痕。

在消防隊裡，就在我們擔心支持購買彩票的提議是否會通過表決時，我想到了這件事，於是我告訴同為隊員的朋友辛格（Syng）先生。

「萬一我們失敗了，就提議把這筆錢拿來買一部消防車（fire-engine），貴格會隊員絕對不會反對。然後，你我提名彼此成立一個採購委員會，我們會買一門大砲，它當然是『火器』（譯注：英文一樣是fire-engine，玩雙關語）。」他說：「我懂了，你在議會那麼多年，果然也長心眼了。你這雙關語計畫就像是他們的小麥或『其他穀物』。」

貴格會信徒的左右為難，源自於教規明文規定所有戰爭都是不合法的，既已頒布確立，無論他們後來多麼想修正，也無法輕易做出調整，這讓我想到另一個教派德國浸禮會（Dunker），我認為他們的作法更周全。

該教派成立後不久，我就認識了它的一位創始人邁克・威爾菲爾（Michael Welfare）。他向我抱怨，他們遭到其他教派狂熱份子惡意的汙衊，這些人不明究理便卑劣地指控他們的宗教原則和常規。我告訴他，這是新教派都會碰到的問題，如果他想要平息這樣的汙衊，我認為一個適當的作法就是昭告他們的教義和教規。

他說曾有信徒提出，但未獲得同意，理由是：「當我們第一次聚集成為一個教派時，我們熱切地祈求上帝啟迪我們的心，祂讓我們看見我們一度視為真理的教義，竟然是錯的；而其他我們視為錯誤的事情，卻是真理。我們常常祈求上帝給我們更進一步的指引，使得我們的教規得以持續完備，錯誤則持續在減少中。我們現在還不確定，我們是否已經走到這段進程的盡頭，而臻於靈性或神學知識的純粹完整；我們擔心，一旦我們把信仰聲明刊印出來，就會覺得自己該奉行不渝，而不願意再做更進一步的改善，我們的後繼者只會更加故步自封，認為他們的先輩和創始者所立下的教義和教規是神聖的，永遠不能更移。」

這種教派所展現出的謙遜，可能是人類歷史上獨一無二的例子。因為其他教派自認為擁有所有真理，而視與其觀點不同的教派為大錯特錯。這猶如在霧中行進的人，他看到前面一段距離外的人被一團霧氣所籠罩，看後面的人和走在田野兩側的人皆然，但在他近處的人卻是一目了然，其實他和其他人一樣都被迷霧所籠罩。

為了避免這種左右為難的尷尬處境，貴格會信徒為了堅持他們的教義，於是選擇解除自己在政治上的權力，近年來已逐漸淡出議會和地方政府等公職。

發明開放式壁爐

按照時間順序，我本來應該在前面提及這件事，就是我在一七四二年，發明了一種開放式壁爐[4]。這種壁爐不僅可以讓室內變得更暖和，又能節省燃料，因為新鮮空氣一進入室內，就會被加熱。

我製作了一個模型當作禮物送給羅伯特・葛雷斯（Robert Grace）先生，他是我年輕時結識的友人，擁有一座冶鐵廠[5]，隨著人們對這種爐子的需求日增，他看到了一個賺錢的商機——鑄造壁爐用的金屬鐵板。

為了促銷壁爐，我出版了一本自己寫的小冊子——《新發明的賓夕法尼亞壁爐說明書：壁爐的構造和操作方式詳解；強過其他室內暖房方法的優點示範和疑難解惑等》，並且出版後效果非常好。

湯瑪斯總督對於小冊子所描述的壁爐構造非常滿意，他給我一定年限的獨家販售專利權，但是我婉拒了，因為這有違我向來重視的一個原則：既然我們從其他人的發明中受惠良多，也應當樂於用我們的發明來服務別人，而且是以免費、慷慨的方式開放自己的專利。

一名倫敦鐵器商人大量盜用我小冊子中的內容，自己動手製作了一個稍有變化的款式，卻嚴重削弱了壁爐的效用，還取得當地的專利，聽說這讓他賺了一筆小財。這不是其他人利用我的發明取得專利的唯一例子，卻不是每個都能和他一樣取得成功。我從來沒有就此與他們爭論，我本來就無意用專利來賺錢，而且我也厭惡與人爭吵。

許多賓夕法尼亞和鄰近殖民地的家庭都裝置了這種壁爐，為當地居民省下了許多柴薪。

[1] 威廉・賓曾派人前往德國貧窮的鄉村地區為賓夕法尼亞殖民地募兵，到今天，仍有許多德國人住在賓州東部，被誤稱為「賓州荷蘭人」（Pennsylvania Dutch，由於德國人的德文是Deutsch，讀音與Dutch近似，故有此稱呼），許多人都使用一種德式英語。

[2] 詹姆士・羅根（一六七四～一七五一），一六九九年與威廉・賓一起來到美國，擔任賓家的總管。他把保存在自家鄉間別墅「森通」（Senton）的珍貴藏書遺贈給費城。——史密斯

[3] 參議決紀錄。——欄外注

[4] 富蘭克林壁爐至今仍在使用。

[5] 沃里克冶鐵廠（Warwick Furnace），座落於賓州切斯特郡斯庫爾基爾河畔城鎮波茨敦（Pottstown）。

13 公職與義務（一七四九至一七五三）

隨著戰爭結束，義民兵團的事務也告一段落。我的心力重新回到興學上，亦即建立一所學院。首先，我召集了幾個活躍的朋友共同規劃設計，主要是來自講讀社的成員。接下來，是寫作及出版一本名為《關於賓夕法尼亞的青年教育提案》的小冊子，我把它分送給重要的地方人士。我判斷他們在詳讀這本小冊子後已稍有心理準備，便開始著手募集開辦和支持學院的所需經費。我評估分期支付可以籌措到更多資金，因此募款分五年定額捐獻，結果確實如我所料，如果我的記憶沒錯，最後募得的總金額不下五千英鎊。

我在這本冊子的序言中，表明它們的出版不是我個人的主意，而是一些熱心公益人士的共同規劃。我始終恪遵這項原則，盡量避免在公眾面前以公益計畫的策劃人自居，獨攬功勞。

興辦費城學院

捐款人挑選了自己的二十四名信託管理人，讓計畫可以立即獲得推動和執行。他們指定時任檢察總長的坦奇・法蘭西斯（Tench Francis）先生[1]和我，共同起草擬定這所學院的組織管理章程。獲得簽署通過後，我們承租一棟房子，也聘任了老師，學校正式開張營運，學校從無到有都在一七四九年這一年發生。

學生人數快速增加，現有的教室很快就容納不下了，於是我們開始物色地點適中的新校舍建地，期間上帝賜下了一棟現成的大房子給我們，只需稍作修改，就能符合學校需用。這棟房子就是我前面提及的，由懷特菲爾德先生的聽眾合力興建的會堂，我們取得使用的方法，詳見下文。

我要在此特別聲明，這棟會堂是由不同教派的信徒集資興建，由指定的信託管理人監督管理會堂的建物和土地，因此沒有一個教派擁有支配權，以免最後整個會堂為該教派據為己用，有違其興建宗旨。據此，英國國教、長老會、浸信會、摩拉維亞（Moravian）教派……等，每個教派各推派一名代表進入信託管理委員會，亡故委員留下的遺缺，則從捐獻者中選出一位遞補。

由於摩拉維亞教派的委員不受其他同僚歡迎，所以在他去世後，其他委員決定不由該教派的信徒遞補其遺缺，而這也留下了在遴選新委員時，如何解決一個教派不能有兩位委員的難題，幾個被提名人即因為這個原因而未能通過。最後有人提名我，因為他觀察我是一個誠實無偽的人，而且不屬於任何教派，所以我在選舉中獲得壓倒性支持而勝出。

人們起初興建會堂時的熱情早已消退了，信託管理委員募不到新的捐款來支付土地租金，以及償還會堂的其他債務，遂陷入嚴重的財務窘境中。我現在同時身兼這所會堂和學院的信託管理人，有了絕佳機會可以促成雙方展開協商，並最終達成協議，亦即會堂信託管理委員同意把會堂轉讓給學院，而由後者償還其債務，並且秉承其興建宗旨，永遠開放其大堂給傳道者佈道，以及創辦一所學校免費教育貧童。

雙方依照協議制定合約，學院信託管理委員會把會堂債務清償後，便取得了它的所有權。接下來，我們把寬敞高大的大堂分成幾個樓層，在各樓層隔出教室供各學系使用，還另外購置了一些土地，整個會堂很快就被改建成符合學院所需，學生隨後也移到這裡上課。舉凡與工人協商、採購建材和監督工程等操煩的事務全落到了我的身上，但我非常樂在其中地完成了這項任務，因為這一點都不妨礙到我私人的生意。

這主要得力於我在前一年有了一個新合夥人大衛•霍爾（David Hall）先生，他為人能幹、勤奮、誠實無欺，在我手下工作四年，所以我很清楚他的為人處事。他從我手上接管印刷廠，讓

1755
窮理查年鑑

無知還不算可恥，
不願學習才丟臉。

我完全不用費心操勞，他會按時付我該得的利潤。我們之間的合夥關係維持了十八年，這對我倆都是雙贏。

一段時日後，信託管理委員會獲得總督特許證，可組成獨立的法人團體。委員會陸續獲得來自英國的捐款和領主贈與土地，資金增加，此後議會也開始大量撥款補助，進而催生今日費城學院（University of Philadelphia）的成立[2]。我從一開始擔任其委員至今近四十年，看著許許多多年輕學子在此接受教育，精進自己的才能、服務公職，為國增光，內心有著說不出的滿足。

擔任議員

如前所述，自從我不必再事必躬親於自己的生意後，便深自竊喜在累積了稱不上豐厚但衣食無虞的財富後，從此可以過著研讀哲學和做些消遣娛樂的悠哉後半生。所以，當史賓賽（Spence）博士從英國來此講學期間，我便買下他攜帶過來的所有儀器，興致勃勃地用在我的電氣實驗中。

然而，民眾認為我現在賦閒無事，要我為他們服務，同時政府各部門也指派了幾項任務給我。總督指派我進入治安委員會；市府當局推派我進入市參議會，沒多久，便指派我擔任市參議員；之後，大多數市民選舉我出任省議員，成為他們在賓夕法尼亞省議會的代表。省議員的職務更合我意，因為我已經厭倦坐在祕書這個職位上，聽著議員諸公們唇槍舌戰，我卻無法參與其中，常常讓我大感無趣，只好玩起魔方陣、魔圈或是其他東西來自娛解悶。我認為，成為議員將有助擴展我行善的影響力，我不會虛矯地說，這些拔擢沒什麼了不起；只要想到我出身卑微，這些職務上的高升對我而言當然都是了不起的成就。尤其它們見證了大眾對我的讚譽完全是自發性的，而非我一味乞求來的，特別讓我開心。

我擔任治安法官的時間很短，幾次坐在法官席上聆聽訴訟事由，我發現自己所具備的普通法知識，完全無法勝任這個職務，進而做出明智的判決，於是我以必須就任更重要的議員職責為託辭，而慢慢淡出。我從未拜託選民投票給我，或直接或間接地表達我想要當選，但十年來，卻年年獲得民眾信任而連選連任。我出任議員後，我的兒子被任命為議會祕書。

隔年，我們將和印地安人於卡萊爾（Carlisle）簽訂條約，總督發函給議會，建議提名幾位議員和諮議會委員，共同組成特使團出行這趟簽約任務[3]。議會提名了諾里斯（Norris）議長和我，於是我們銜命一起前往卡萊爾，依約與印地安人碰面。

印地安人喜歡喝酒，常常喝得爛醉如泥，出現爭吵喧鬧等脫序行為，所以我們嚴格禁止賣酒給他們。當他們抱怨這道禁令時，我們說如果他們在簽訂條約期間可以保持清醒，那麼簽完約後，我們會送給他們許多蘭姆酒。他們信守了承諾，說到做到，因為無酒可喝，整個簽約過程井然有序，雙方都滿意收場。

之後，他們跟我們討酒喝，我們就把酒給了他們，此時是下午時間。他們男女老少合計約一百人，住在鎮外的臨時小木屋裡，小木屋圍出了一個方形廣場。到了晚上，我們聽見震天價響的嘈雜聲從他們那兒傳來，特使團成員走出屋外，想要一探究竟。我們看到，他們在廣場中央升起了大型營火，男男女女全都喝醉了，在那兒爭吵鬥毆。我們就著營火微弱的火光，依稀可見他們黝黑的肌膚、半裸的身體，拿著火把追逐和攻擊對方，一邊發出恐怖的叫聲，形成了一幅最接近我們想像中的地獄景象。眼見他們沒有停止喧囂的跡象，我們便回到宿舍。到了半夜，他們一群人前來猛敲我們的門，跟我們要更多的酒，我們根本不予理睬。

翌日，他們覺察到對我們做出了無禮的打擾舉動，所以派了三名參事者老來向我們道歉。其中一位發言代表承認他們的無禮，但把禍首歸咎於酒精，還振振有詞地為蘭姆酒辯解，說：「大靈創造萬物，萬物皆有其用途，無論祂所設計之物的用處為何，總該物盡其用。現在，祂既然創造了蘭姆酒，說：『印地安人盡情暢飲吧』，所以我們一定要喝得盡興。」如果這確實是造物主為了除滅這些野蠻人而設計的，好騰出空間給這片土地的開墾者，那麼蘭姆酒的這個指定用途並非不可能，因為它已經消滅了所有定居於海岸的印第安部落。

參與創辦醫院

一七五一年，我一位很要好的朋友湯瑪士•邦德（Thomas Bond）醫生，想要在費城創辦一所醫院（這是一個立意良好的慈善計畫，人們將之歸功於我，其實他才是創始者），來收容和醫治窮苦病患，病患不分本地人或外地人。他非常熱心、積極地為這所醫院奔走募款，但這在美國是一項嶄新的計畫，大眾起初對此不是很理解，所以沒有獲得太大的迴響。

最後，他來找我並恭維我說，他發現要推行一項公益計畫卻沒有我的參與，將難以成功。他說：「因為我常常被勸募的對象問說，你跟富蘭克林商量過這件事嗎？他怎麼想呢？當我回答說沒有的時候（因為我認為這不是你的專才），他們就不會捐款，而回說會考慮考慮。」然後，我詢問他關於這項計畫的性質和可能的用途，他給了我非常滿意的說明。我不僅捐了款，也積極地想辦法向別人募捐。不過，在此之前，我的首要之務是準備好人心的傾向，於是我在報紙上發表了相關文章，這是我在推行這類事務時的一向原則，但是卻被他所忽略。

後來，大眾爭相慷慨解囊，但沒多久就開始冷淡下來，我知道如果議會不補助，勢將無法籌到足夠的款項，於是我向議會提案要求撥款補助。鄉村地區的議員起初並不贊同，他們反對的理由是，計畫中的醫院僅服務城市居民，既然如此，就該由市民自己買單；另外，他們對這項計畫能否獲得市民普遍的支持也表示懷疑。我則是持相反意見，主張這項計畫廣受歡迎，一定能募得二千英鎊的捐款，他們認為我根本是癡心妄想，要募集二千英鎊根本就是不可能的任務。

我據此擬定了相關計畫，要求議會允許我提出一項法案，亦即照捐款者的請求，核准他們可以組成一個法人團體，並取得議會一定金額的補助。議會之所以同意我提出這項法案，主要是考量到如果他們不喜歡，可以在表決時將之否決，於是我為此重要條款增加了一個附加條件如下，「茲經議會通過確定，上述捐款者必須召開會議遴選管理人和財務主管，並募集一定金額的捐款（年息必須用於該醫院窮苦的住院病人身上，他們的伙食、看護、診療和醫藥等費用一律免費），之後須呈報議長審核確認，一經通過，議長須簽署一紙命令，允准賓夕法尼亞省財長支付二千英鎊給該醫院財務主管，分兩年支付，做為醫院創辦、興建和裝修之用。」

這個附加條件讓這項法案獲得通過，因為原本反對補助的議員想到自己不用花一毛錢，就能享有樂善好施的聲譽，何樂而不為，於是通過了這項法案。然後，在勸募行動上，我們特別強調了這個有條件的允諾，藉此刺激大眾踴躍捐款，每個人的捐款遂因此加倍。可以說，該條款在兩方面都奏效了。最後，捐款總額超出法定金額，我們隨即成功要求議會履行撥款補助，得以將此計畫付諸實行。

這棟方便民眾就醫的醫院很快就興建完成，長期經營下來的經驗證明這家醫院確實大有裨益，直到今天依然經營得有聲有色。我想不起在我所有獲致成功的政治謀略中，有哪個能在當時帶給我如此大的愉悅和滿足，或者事後回想起來，我可以輕易地原諒自己當時略施機巧。

大約就在這個時候，另一個計畫的發起人吉爾伯特・亭納（Gilbert Tennent）牧師[4]前來找我，希望我能協助他向大眾募款以興建一座新的會堂，做為他所聚集的一批長老教會信徒聚會之用，這些人起初是懷特菲爾德牧師的追隨者。我不願讓本地市民覺得我頻頻向他們募款，而被他們列為不受歡迎的人物，所以我斷然拒絕了他的請求。

於是，他希望我能提供一份名單給他，根據我的經驗將我知道的那些樂善好施又熱心公益的人士列在名單上。我認為這樣做實在不宜，因為在他們好心同意我的捐款請求後，我卻將他們的名字提供給其他募款者而增添其苦惱，所以我拒絕提供名單給他。然後，他希望我至少能給他一些建議。

「我很樂意這樣做。」我說：「首先，我勸你先向你知道會捐錢給你的人募款；再來，針對那些你不確定他們是否會捐錢給你的人，給他們看已捐款者的名單；最後，不要忽略那些你確定不會捐錢給你的人，因為你可能誤會了某些人。」他大笑並感謝我說，他會採納我的建議。他確實照做了，他向每個人募款，最後籌措到的金額遠超出他的預期，在拱門街（Arch-street）蓋了一座十分雅致的寬敞教會。

協助改善公共建設

我們居住的費城，雖然街道設計得又寬又筆直，並呈直角交錯，市容呈現井然有序之美，但長期失修的路面卻成了美中不足之處，每逢雨天，重型馬車車輪輾軋而過，街道便淪為泥沼，窒礙難行；遇到乾旱的天氣，便掀起漫天塵土，令人不快。我當時住在澤西市場（Jersey Market）附近，看到人們為了採買食物，費勁地涉泥而行，實在令我難受。市場中央的一條街道後來鋪設為磚面，來市場的人得以安心地走在穩固的路面上，但他們的鞋子上常常早已沾了泥巴。

我透過與人討論和寫文章，來探討這個主題，最後終於發揮作用，讓市場和環繞住屋的磚面人行步道之間的街道，都被鋪成石面。

這給了大眾一條輕鬆通往市場的道路，有段時間不會弄濕鞋子。但其他街道就沒有鋪石面了，每次馬車從泥路開上鋪石路，抖落的泥土便遺留在路面上，沒多久石面道路就覆滿泥土，因為那時候還沒有清道夫，所以無人清理汙泥。

幾經詢問後，我找到了一個勤勞的窮苦人願意做清道夫，每週兩次定期清掃鋪面街道，把附近鄰里街坊門前的泥汙都清掃乾淨，每月工資六便士，由每家戶共同支付。我隨後寫了一篇文章，臚列附近住戶只要付少許費用，就能享受種種好處：可以更輕鬆地維持居家的整潔，因為如此一來，雙腳就不會把汙泥帶進屋內；顧客可以更輕鬆地上門光顧，商店因而享有更多顧客光臨的種種好處；以及起風時，沒有飛揚的塵土會把商品弄髒，諸如此類。

我把文章印出來，發送給每一戶人家，一、兩天後就去每家每戶看看有誰在同意書上簽名，願意分擔六便士費用，結果，大家都簽名了。這項計畫執行了一段時間。所有費城居民都很開心看到市場周邊的鋪面街道變得整潔乾淨，讓所有人都享受到了便利的好處，而一致希望所有的街道都能完成鋪設，也都更願意被課徵相關稅賦。

過了一陣子，我擬了一項鋪設費城街道的法案提交給議會。時間在一七五七年，我啟程前往英國之前，直到我離開後，該法案才通過[5]。他們改變了課稅的方法，我不認為那樣比較好，但是新增路燈卻是一項重大改善。這多虧了一位普通市民，已故的約翰・克利夫頓（John Clifton）先生，他在自己家門口安裝了一顆燈泡，來示範燈具的用途，讓人們第一次被點亮整個城市的想法所吸引。大眾也把這項利民事業的榮耀歸給我，其實這位紳士才是真正的功臣。我不過是效法

1735
窮理查年鑑

太陽從來不悔過，
也從不要求有報酬。

他，如果我有功勞，就是我在路燈外觀上做了一些改進，改良後的路燈已經與從倫敦進口的原始球形燈大不相同。

我發現這些球形燈有一些缺點，造成了使用上的不便，包括：空氣不能從下方進去，因此煙霧不容易從上方排出，而是在燈泡的球形內部循環流動，附著在燈壁上，不利燈光的通透度，所以燈光很快就變得晦暗不明；此外，每天都要擦拭燈泡，平添麻煩；還有，只要不小心碰壞燈泡，燈泡就報銷了。

因此，我建議用四片玻璃做成燈罩來保護燈泡，以及在燈泡上面加裝一支通風長筒來排煙，並在下方開個洞口讓空氣可以進入，加速從上方排煙。這樣一來，就能保持燈泡內部的乾淨，而不會像倫敦燈泡一樣，在短短幾個小時內燈光便愈趨黯淡，而可以持續到天明；萬一不小心碰到，通常只會碎掉一片玻璃，很容易就能修復好。

我有時候會很納悶，倫敦沃克斯豪爾區（Vauxhall）[6]使用的球形燈下方便開了一個作用孔，讓燈泡內部保持乾淨，但倫敦人卻不懂得將其延用至路燈設計上。他們把這種燈孔應用在其他用途上，從燈孔垂下一段短亞麻布，好讓火焰可以更快直達燈芯，而沒有想到它們可以充作空氣入口，才會導致點亮路燈幾個小時後，倫敦的街道就變得昏暗不明。

論及上述種種改善方法，使我想起在倫敦期間，我向福瑟吉爾（Fothergill）博士提了一個計畫。福瑟吉爾博士是我所認識的最傑出人士之一，也是一位非常了不起的公益計畫發起人。我觀察到當地的街道，天乾的時候從來沒人清掃，任由塵土飛揚，等到了雨天就會嘗到苦果，積累的塵土遇雨就變成了爛泥沼，幾天下來，路面上便覆蓋上厚厚的泥巴，教人寸步難行，但小路被窮人打掃得很乾淨，他們用掃帚費力地將泥巴耙到一起，然後倒進沒有上蓋的手推車中，不過，每次推車碰到顛簸路面，泥巴就會從推車兩側震落到路面上，有時候也會對行人造成不便。當地人不清掃街道上塵土的理由是，颳起的飛揚塵土會從窗戶飄進商店和住家。

一次意外經歷給了我靈感，讓清掃街道可以在短時間內就快速完成。有一天早上，我在倫敦克雷文街（Craven-street）[7]的住處門口，看到一位窮人家婦女正在用樺木掃帚打掃我門前的步道。她看起來非常蒼白而虛弱，彷彿剛生了一場大病。我問她，是誰雇用她清掃這裡的，她回答說：「沒有人雇我，但我又窮又苦，想說來清掃上流人家的門口，或許他們會給我一點錢。」我吩咐她把整條街都掃乾淨，我會給她一先令做為報酬，當時是早上九點，到了十二點，她就來跟我要這一先令。我一開始看她工作得慢吞吞的，不敢相信她這麼快就把街道清掃好了，便派了僕人去查看，他回報我說，整條街已被她掃得乾乾淨淨，所有塵土都掃到街道中央的排水溝裡，下次雨水一沖就會迅速把它們沖掉，讓路面甚至連水溝都變得乾乾淨淨。

於是我據此判斷，一個虛弱的婦女都能在三小時內打掃好這樣一條街道，如果換成是身強體健、手腳敏捷的男人，應該只需要一半的時間。我要在此特別說明，在一條狹窄的街道上只有一道排水溝，而非在街道兩側靠近人行道的地方各鋪設一道的好處。透過這種設計，所有下在街道上的雨水就會從兩側匯聚到路中央，形成一道強勁水流而足以沖刷掉沿途的塵土；反之，若是有兩道溝渠，水流就會變得力道不足，沖不掉塵土，反而只會把它們變得軟爛泥濘，只要四輪馬車的輪子和馬蹄輾軋而過，便會把汙泥濺到人行道上，造成路面變得又髒又滑，有時候還會濺到經過的行人身上。於是，我向這位好心的博士提出如下建議：

為了能更有效地清掃和保持倫敦與威敏斯特街道的乾淨，我提議與一些夜間巡邏員簽約，合約規定他們在乾季時必須把街道上的塵土清掃乾淨，其他時節則要把爛泥耙走，每個人負責自己巡邏的街道和巷弄；他們會配備掃帚和其他適合的清掃用具，放置在各自的崗哨保管，以便隨時提供給他們可能會雇用的掃街窮人使用。

在乾燥的夏季月份裡，在商店和住家的窗戶於慣常時間打開之前，街道的塵土必須在適當的距離外先掃成一堆，等待清道夫用有密封蓋的手推車將它們運走。

至於被耙起的爛泥，不要堆成堆，免得被經過的四輪馬車的輪子和馬蹄輾軋，再次濺得滿地都是，但是清道夫的手推車車身不再是放置在高高的輪子上，而是放在低矮的專用滑板上，推車底部洞開成格狀，上面用麥稈覆蓋，這樣既可以托住泥巴，水分還能從孔洞排出，因此水分占最多的泥巴就會減輕許多；推車車身放置在一段方便取用的距離外，用獨輪手推車把汙泥運過來，這些汙泥會一直放置到水分排乾，最後再由馬匹拖走推車。

後來我懷疑後面的建議內容是否可行，因為一些街道十分狹窄，如何放置滑板排水推車又不會阻礙交通，便成了一個棘手的問題。但是，至今我仍然認為，要求在商店開門營業之前把塵土清運乾淨的建議，由於夏天白晝長，可行性非常高。我會這麼想其來有自，有一天早上七點，我走在泰晤士河畔的河濱大道和艦隊街上，雖然是白天，而且早已日上三竿，放眼卻看不到有開門營業的店家。倫敦的居民自己選擇了要過這種日落而做、日出而息的生活，卻又頻頻抱怨蠟燭稅和昂貴的脂燭，無異有些荒謬。

有些人可能會認為這些都是芝麻瑣事，不值得關注或是浪費筆墨談論。在颳風的日子裡，風沙吹進人的眼睛或是店裡，如果只是單一個案，本來是小事一樁，但如果這在一個人口稠密的城市裡是普遍案例，而且三天兩頭就發生，事情就嚴重了，或許他們就不會嚴厲譴責那些對這種看似微不足道的小事投以關注的人了。

人類的幸福主要來自於每天生活中的一些小確幸，而不是那些難得一遇的好運。因此，如果你教導一個貧窮的年輕人要自己刮鬍子，而且要把刮鬍刀收好，那麼你所帶給他的幸福要比給他一千幾尼（編注：舊時英國金幣）更多。因為他會很快就把這筆錢花掉，再懊悔地怪罪自己為什麼胡亂花錢。如果他學會刮鬍子，就可以免去等待理髮師，以及有時候還得忍受他們骯髒的手指、難聞的呼吸氣息和鈍刮鬍刀這些常見的困擾，他可以選擇自己方便的時間刮鬍子，享受每一天用一把好刮鬍刀刮完鬍子後的愉悅。我希望我用了幾頁篇幅斗膽提出的這些觀點，可以給我所愛的這個城市帶來一些對其日後有幫助的建議，畢竟我曾在那裡度過了許多年快樂的時光，或許也能對我們美洲的一些城市有所助益。

在我受雇於美洲郵政總長，擔任他的主計長期間，我負責督導一些郵局分局並聽取各局長的彙報。後來，美洲郵政總長在一七五三年過世，英國郵政大臣便指派我和威廉・杭特（William Hunter）先生共同繼任他留下的遺缺。直到當時，美洲郵局從未繳交一毛錢給英國郵局。我和杭特先生兩人的共同年薪為六百英鎊，前提是美洲郵局的獲利足以支付這筆金額。要達到這項要求，勢必需要進行大刀闊斧的改革。一開始，某些改革任務需要耗費巨資，所以前四年郵局積欠我倆九百多英鎊的薪資。但沒有多久便陸續償還給我們，在後來某個內閣大臣專橫地將我撤職之前（我會在後文詳述始末），我們上繳給英王的淨稅收是愛爾蘭郵局的三倍。自從我遭到蠻橫對待被撤職之後，英王再也收不到美洲郵局的一毛錢！

我該年為了郵局業務，前往新英格蘭出差，當地的劍橋學院（College of Cambridge）主動授頒我文學碩士學位。康乃狄克的耶魯學院（Yale College，耶魯大學前身）在此之前便授予我類似的學位。雖然我從未上過大學，卻享有這些學校授予我的學位榮譽，主要是為了褒揚我在自然哲學電學領域裡的改良和發現。

[1]坦奇・法蘭西斯：菲利浦・法蘭西斯爵士的叔叔，從英格蘭移居至馬里蘭，成為巴爾的摩領主的律師。後來他搬到費城，於一七四一至一七五五年間擔任賓夕法尼亞殖民地的檢察總長。一七五八年八月十六日逝世於費城。——史密斯

[2]即後來的賓州大學。

[3]參考投票結果會對此有更正確的了解。——欄外注

[4]吉爾伯特・亭納（一七〇三~一七六四）偕同父親威廉・亭納（William Tennent）牧師來到美國，曾在小木屋學院（Log College），即紐澤西學院（College of New Jersey）的前身，任教一段時間。——史密斯

[5]參議決紀錄。

[6]沃克斯豪爾花園（Vauxhall Gardens）一度是倫敦流行及時尚的勝地，位在蘭貝斯（Lambeth）北邊的泰晤士河畔。這座花園於一八五九年關閉，卻始終存記於世人心中，這要拜以下文學作品之賜：柯佛利（Roger de Coverley）爵士刊登於《觀察者》的造訪遊記，還有史靡萊特（Tobias Smollett）在小說《亨佛瑞・克林可》的描述，以及薩克萊（William Makepeace Thackeray）在小說《浮華世界》中都有相關描述。

[7]位於倫敦查令十字路附近的一條短街。

14 奧爾巴尼聯合政府計畫

一七五四年，英法再次開戰已迫在眉睫，各殖民地代表奉英國貿易委員會之命，將齊聚於奧爾巴尼（Albany），與六個印地安人部落的酋長就防衛雙方家園事宜展開協商（譯注：這場戰役即英法北美戰爭，又稱「七年戰爭」，是一七五四至一七六三年間英法兩國在北美的戰爭。後來印地安人在這場戰爭中與法國結盟）。

漢彌爾頓（Hamilton）總督接到命令後，便告知賓夕法尼亞省議會，並要求議員挑選適合的禮物送給與會的印地安部落，以及指派我和諾里斯議長連同湯瑪斯·賓（Thomas Penn）先生與祕書彼得斯先生組成特使團，代表賓夕法尼亞出席會議。議會通過我們的提名，但不是很喜歡殖民地必須提供禮物的要求。我們約在六月中旬與其他特使團於奧爾巴尼聚首。

在前往奧爾巴尼途中，我草擬了一項提案，就防衛的必要性以及其他重要的總體目標，倡議所有殖民地聯合成一個政府。

途經紐約時，我把這份提案拿給詹姆士·亞歷山大（James Alexander）和甘迺迪

「加入，或死亡。」富蘭克林所畫的政治漫畫，旨在推動殖民地的團結，繪於七年戰爭期間。

（Kennedy）兩位公共事務的權威過目，獲得兩人的贊同，有了他們強而有力的背書，我大膽地在代表大會中提出這項計畫，一些與會代表透露早有類似的想法與計畫。一個先決問題首先被提出來，亦即是否該成立一個聯合政府，這獲得了大家一致的肯定。

一個相關委員會隨後受命成立，每個殖民地指派一名委員加入，來思考若干相關計畫並彙報結果。我草擬的計畫承蒙大家認同，略作修訂後，便報告給大家。

根據計畫，這個聯合政府由英王所指派和支持的總統來治理，並成立一個聯合諮議會，組成的委員由殖民地的人民代表在各自的議會中推選。相關的論戰連同印地安人的事務，在每天的代表大會上陸續展開。因此許多的反對意見和難題相繼出現，但都一一被化解了，最後這項計畫獲得與會代表的一致通過，並將副本呈交貿易委員會，以及各殖民地的議會。

這項計畫的命運實在離奇，議會沒有採納，因為嫌其太過君權主義，而在英國，則認定它太過民主主義。因此，貿易委員會沒有通過這項提案，也沒有呈請英王核准。不過，他們另提了一個方案，認為它可以更好地達成相同的目的，據此，各殖民地總督與其諮議會的幾名委員可以開會，授命徵兵和建造碉堡等事宜，以及由英國財政部支出相關費用，再根據英國議會的對美徵稅法案來償還該筆經費。我的計畫與我支持它的理由，可以詳閱我已印行的政論文章。

接下來的那個冬天，我剛好在波士頓，便趁此機會和薛利（Shirley）總督就這兩項計畫充分交換了彼此的看法，這場談話也能從我的政論文章裡找到。

對我的聯合政府計畫表示不喜歡者，或表示不同意見，或表示反對，讓我不禁懷疑這項計畫是否真是有效的解決之道。

1745 **窮理查年鑑**

利益使某些人看不到，卻讓其他人開竅。

不過，至今我仍然相信，如果它能獲得議會和貿易委員會的共同支持，大西洋兩岸應當都會皆大歡喜。如此一來，殖民地將會聯合為一，而能擁有足夠強大的兵力來自我防衛，英國當局就不必派兵進駐。當然就不會有後續向美國課稅法案的無理要求出現，而避免一場由此引發的流血革命。

但是，這類錯誤並非新鮮事，歷史上國家和君王犯下的錯誤斑斑可考。

環視人間，
知曉自身利益者，
或者知曉並勇敢追求者，
何其少！

面對纏身事務，統治者一般多不願再自找麻煩地為新計畫的內容和執行煩心操勞，因此最佳的公共政策很少是出於高瞻遠矚而獲得採納，而是出於情勢所迫不得不然。

賓夕法尼亞總督將此計畫交付給議會，並大表讚許，「對我而言，這項計畫的觀點條理清晰、強而有力，因此值得議員們詳加審閱，鄭重處理。」

但是，某議員卻趁我不在的期間，耍弄心機逕行付諸表決，我認為這對我非常不公平，而且計畫被他們草率地否決掉，也讓我備感羞辱。

15 總督—議會舌戰不休

在我出發前往波士頓的途中，我與新總督莫里斯（Morris）先生在紐約碰面，他剛從英國來此就任新職，而我們本來就是熟識的老朋友。莫里斯帶著委任狀接任漢彌爾頓先生的職位。漢彌爾頓因為厭倦了為奉行領主下達的命令而與議會論戰不休，最終辭職走人。

莫里斯先生問我，我是否認為他已經預期到自己會面臨多舛的施政處境。我回答說：「我不這麼想，相反地，你的施政會很順遂，只要你留意不讓自己在議會中爭強好辯。」

「我的老友啊！」他的語氣快活，「你怎麼會勸我對辯駁敬而遠之呢？你知道我好辯，這可是我人生的最大樂趣之一。不過，為了表示我會謹記你的忠告，我答應你，我會盡可能不與議會爭論不休。」

莫里斯好辯的習性其來有自，他口若懸河，又是詭辯高手，所以碰上辯論的場合或談話時經常無往不利。

他還是個小男孩時，就開始接受辯論的訓練。我聽說，他的父親出於自娛，吃完晚飯就讓一群孩子圍桌而坐，訓練他們習慣彼此針鋒相對。但我不認為這是明智之舉，因為根據我的觀察，與人爭論、反駁和駁倒他人，通常不利於自己的為人處世。他們雖然贏得勝利，但從來不得人緣，其實廣結善緣對他們助益更大。我們道別後，他前往費城，我則繼續朝波士頓而去。

返回費城途中，我在紐約獲悉議會的表決結果。儘管莫里斯答應過我，但他和議會之間的論戰顯然已升高到水火不容的地步，雙方的戰火一直持續到他卸任才罷休。

我也被捲入其中，我一回到議會，每個委員會都指定我答覆總督的發言和咨文，並且要求我寫成書面文字。議員的回答和總督的咨文經常尖酸刻薄，甚至肆無忌憚地謾罵。在他知道我是議會覆文的操刀者後，人們可能以為當我們兩人狹路相逢，免不了會大打出手。不過，他是一個非常溫良隨和的人，我們之間的友誼並沒有隨著他和議會之間陷入舌戰而出現不和，我們依舊經常一起吃飯。

一天下午，就在議會和總督之間為了公務而吵得沸沸揚揚之際，我們在街頭遇到。「富蘭克林，」他說：「今晚你一定要跟我一起回去，有些朋友會來我家，你會喜歡這些人。」說完，他就挽著我的手臂，帶我去他家。

晚餐後，我們邊喝酒邊談話，氣氛歡樂，他開玩笑說，他非常欣賞桑丘・潘薩（Sancho Panza）[1]的想法，有人提議說要給他一個政府時，他要求給他一個統治黑人的政府，萬一他和人民的意見出現分歧時，或許可以把他們賣了。

他的一位朋友就坐在我的旁邊，說：「富蘭克林，你為什麼還要與這些天殺的貴格會教友站在同一陣線？把他們賣了，對你不是更好嗎？領主會出一個令你滿意的好價錢。」

「因為總督對他們的抹黑還不夠。」我說。

莫里斯總督確實在他的所有咨文中極盡所能地中傷議會，但是議員立即拭淨他的抹黑，以其人之道還治其人之身，重重打臉他。後來，他發現再這樣下去，很可能會黑化自己，而變得跟漢彌爾頓先生一樣，逐漸厭倦了與議會的唇槍舌戰，最後辭職走人。

歸根結柢，這些公共事務論戰[2]都要歸因於領主，也就是我們的世襲統治者。每次要徵收費用以保衛轄下的殖民地疆土，他們便使出令人咋舌的卑鄙手段，命令其代理人不准通過任何必要的課稅法案，除非法案明訂不對其龐大財產課稅。

他們甚至還要代理人立據必須聽命其指示。議會堅持抵抗這種不公不義的行為達三年之久，但最後仍不得不屈從。莫里斯總督的繼任者丹尼（Denny）上校終於敢挺身反抗這些命令，我會在後文詳述事情經過。

我想，我的故事進展得太快，在莫里斯統治期間發生了一些事情，有必要在此說明。

對法戰爭爆發，麻薩諸塞灣殖民地（Massachusetts Bay，譯注：管理的領土包括今日很多新英格蘭中央地區，包括部分後來劃為麻州、緬因州、新罕布夏州、羅德島州和康乃狄克州等地）政府提案攻打皇冠點

（Crown Point）[3]，並差派昆西（Quincy）先生前往賓夕法尼亞，波納爾（Pownall）先生（後來的波納爾總督）前往紐約，請求援助。

我當時身為賓夕法尼亞議員，熟諳議會的運作，而昆西先生又是我的同鄉，所以他請我發揮影響力來協助他們。

我在議會向其他議員陳明他的請願，獲得熱烈迴響。議會投票通過價值一萬英鎊的補助，用來購買糧食等必需品。但是，總督否決了這項法案（連同撥給英王的專用款），除非附加一條豁免條款，明訂領主的財產得以免徵任何必要稅賦。儘管議會亟欲對新英格蘭的援助生效，但現在也變得茫然無措。昆西先生雖然想方設法要讓總督首肯，但他還是無動於衷。

後來我提出了一個可以繞過總督的解決方案，也就是由議會向信貸局開立匯票，根據法令，議會有權這麼做。信貸局當時確實資金短絀，因此我建議匯票應該在一年內照票支付，以及支付百分之五的利息。我認為有了匯票，便能順利採購糧食等必需品。議會毫不遲疑地立即採納了我的提議。

匯票很快就印製好，我是負責簽署及發行匯票的委員會委員之一。支付匯票的資金來源，有賓夕法尼亞省所有放款紙鈔的孳息，還有貨物稅，民眾知道用這兩項收入兌現匯票綽綽有餘，使得這些匯票立即獲得信用，可以用來採購糧食等必需品，同時也吸引了許多手上有充足現金的有錢人，因為他們發現將現金換成這些匯票有利可圖，除了有利息可拿，這些匯票也等同現金，可以隨時使用，所以獲得熱烈認購，短短幾週便搶購一空。

透過我的方法，這項重大援助案於焉順利達成。昆西先生隨後寫了一份文情並茂的外交備忘錄答謝議會，帶著圓滿完成重任的喜悅，凱旋回故里。

從今爾後，他始終以其最真摯的深情厚誼待我。

[1] 桑丘・潘薩：賽萬提斯（Cervantes）在其騎士冒險小說《唐吉軻德》裡，主角唐吉軻德那位「口無遮攔、自私又妄自尊大」的扈從的名字。

[2] 我在莫里斯在位期間推動的法案，含軍事法案等等。——欄外注

[3] 皇冠點位在尚普蘭湖濱（Lake Champlain），奧爾巴尼北邊九十英里（約一百四十四公里）處。一七三一年，被法國攻占，一七五五年和一七五六年遭到英國攻擊，一七五九年，法國棄守。一七七五年，美國人最終從英國手上奪回。

16

布拉多克將軍的遠征

我們在奧爾巴尼會議所提出的殖民地籌組聯合政府和自我防衛決議，並未獲得英國政府的同意和信任，因為他們唯恐我們會在軍事上做大，而察覺到自己的軍事實力。他們在懷疑和猜忌的作祟下，選擇調動英國的兵力來因應，於是派遣布拉多克（Braddock）將軍率領兩個團的英國正規部隊駐美。他在維吉尼亞省的亞歷山大市（Alexandria）登陸，然後一路開拔挺進到馬里蘭省的弗瑞德里克鎮（Frederictown）稍作停留，等待運輸馬車抵達。

議會根據獲得的情資，擔心布拉多克將軍對議會懷有強烈的偏見，而不願意在賓夕法尼亞駐防，希望我能以郵政總長而不是以議員的身分去招待他，表面理由是想要與他商定如何確保他和各殖民地總督之間的急件，能以最快速、最穩當的方式寄達，因為他一定會與各總督持續保持通信，議會表示會支付這筆開銷。我在兒子的陪同下出發。

我們在弗瑞德里克鎮見到了將軍，他正焦急地等待著奉命深入馬里蘭省和維吉尼亞省內陸地區徵召運輸馬車的部屬回來。

我與將軍共處了幾天，每天都一起用餐，有充分的機會在他抵達賓夕法尼亞省之前，就先消除他對議會的所有偏見，告訴他議會已經做了哪些事情使其軍事行動更加順利，而且樂意繼續這樣做下去。

協助英軍召集車馬和糧食

就在我即將動身離開之際，他們把徵召到的運輸馬車數字回報回來，總計只有二十五輛馬車，而且還不能全部派上用場。這讓布拉多克將軍及全體軍官大感意外，將軍宣布這趟遠征任務就此結束，因為不可能完成了，並痛斥內閣大臣竟然腦殘到要他們在這樣的地方登陸，連運送部隊補給品和行李等物品的交通工具都付諸闕如，至少需要一百五十輛馬車才夠。

我隨口說，真可惜他們不是在賓夕法尼亞登陸，因為當地農民幾乎都有自己的馬車。將軍急切地接著我的話，說：「既然如此，閣下你是當地的大人物，深具影響力，或許可以為我們徵召馬車，我懇求您答應接下此重責大任。」我問他會如何酬謝馬車主人，他要我把該給的報酬寫成白紙黑字，我照做了，他也照單全收。委任狀和相關的通告令很快就備妥了。我一抵達蘭卡斯特（Lancaster），立刻就發布徵用車馬的租金條件公告，迅速獲得熱烈迴響，看來內容有些蹊蹺，詳見如下：

公告

蘭卡斯特，四月二十六日，一七五五年

鑑於英王陛下的軍隊即將動身前往威爾斯溪（Will's Creek）集結，需要一百一十五輛馬車、一百一十五匹鞍馬或馱馬，故此布拉多克將軍閣下授權我，承辦租用車馬及簽約等相關事宜。特此公告：我自即日起至下星期三晚上，會在蘭卡斯特，下星期四上午至星期五晚上，會在約克，並根據下述條件來租用馬車和馬隊，或者單匹馬：

一、凡配備四匹良馬和一名馬伕的馬車，每輛每日租金十五先令；凡配備載物馱鞍或是其他鞍具的好馬，每匹每日租金二先令；沒有配備馬鞍的好馬，每匹每日租金十八便士。

二、租金從車馬在威爾斯溪加入軍隊開始起算，車馬須在五月二十日或更早抵達；完成任務後，會根據車馬前來威爾斯溪和返鄉所需時間，另外支付合理的補助金。

三、每一組車馬，以及每一批鞍馬或馱馬，會由我和車馬主人來挑選公正人士進行估價；若在執勤期間有發生任何馬車、拉車馬隊，或是其他馬匹損失的事故，便會根據估價來賠償。

四、如有需要，我會在簽約時，先面交七天的預付租金給車馬主人，待車馬除役或隨時有需要，剩餘的款項會由布拉多克將軍，或是軍隊出納付清。

五、馬車車伕或是租用馬匹的照料者，除了駕駛馬車或照顧馬匹之外，無人可以用任何理由徵召他們做士兵的勤務。

六、所有由馬車或馬匹載運至軍營的燕麥、玉米或其他糧草，主要用來餵食馬匹，若有剩餘則由軍隊支付合理的價格收購使用。

班傑明・富蘭克林

備註：我的兒子威廉・富蘭克林也獲得授權，可以在坎伯蘭（Cumberland）當地與任何一個人簽同一類合約。

致蘭卡斯特、約克及坎伯蘭居民文告

各位朋友及同鄉們：

我在幾天前，因機緣湊巧在弗瑞德里克鎮的軍營，目睹了將軍與其軍官部屬震怒，痛斥他們無法取得充足的馬匹和馬車補給。他們原本期望賓夕法尼亞能供應他們所需，因為賓夕法尼亞省最有能力供應。但是，總督和議會之間衝突不斷，不僅資金沒有下文，也沒有提出任何相關因應措施。

有人提議派遣一支武裝部隊進入這些地區，強行徵用最好的馬車和馬匹，以滿足需用，以及強迫徵召足額的人員進入部隊，來駕駛和照料車馬。

我擔心英國士兵奉命深入這些地區，將會對當地居民造成許多嚴重的不便，尤其想到他們滿腔怒火，加上對我們原本就心生不滿，都促使我願意不辭辛勞設法先藉助一些正當、公平的方法來因應。這些內陸地區的人民最近向議會抱怨當地的流通現金緊絀，現在，你們有機會雨露均霑一筆鉅款。如果這趟軍隊遠征的車馬服務會持續達一百二十天，而此事成真的機率很高，那麼租用車馬的總金額將攀高到三萬英鎊，而且全以英王的銀幣和金幣支付。

這是一趟輕鬆的服務，因為軍隊每天行軍很少超過十二英里（約十九公里），加上運輸馬車和馱運行李的馬匹，專門運送攸關部隊生計的必需品，一定要跟著部隊走，當然也不會超前行進。因此軍隊出於自身的考量，無論是在行軍或是紮營，車馬永遠會安置在安全的地方。

如果你們確實如我所相信的是國王陛下良善忠心的子民，現在是你們貢獻一己之力的最好機會，而且絕不會讓你們感到為難。如果有三或四戶人家無法從自家農場中提供一輛馬車、四匹馬和一名馬伕，就可以共同分擔，一家提供馬車、一家提供一或二匹馬，另外一家則提供馬伕人力，租金收入就按比例分。

如果已提供如此優渥的租金與合理的條件給你們，而你們卻不願為國王和自己的家園效力，你們的忠誠將會受到強烈的質疑。凡是國王交辦的任務一定要達成；如此眾多英勇將士千里迢迢來到這裡保衛你們，卻受到袖手旁觀，冷淡以對，將有負對你們的殷切期待。軍隊為了得到必需的馬車和馬匹，屆時可能會採取非常手段強行徵用，果真如此，你們將無處尋求補償，也不會有人同情或關心你們的處境。

我與這件事並無特殊利害關係，因為除了戮力公益所獲得的滿足感之外，我只是在自討苦吃。如果這個方法不成功，無法徵用到足夠的馬車和馬匹，我必須在十四天內捎口信給將軍知道。我認為屆時騎兵隊長約翰．聖克萊爾（John St. Clair）爵士，就會率領手下士兵快馬加鞭來到這裡強行徵收車馬，身為你們最真摯的忠實朋友和祝福者，我會很遺憾聽到這個壞消息。

班傑明．富蘭克林

布拉多克將軍給了我八百英鎊做為給車馬主人的預付金，但不敷支付，我只好先代墊二百多英鎊。我在兩個星期內湊足了一百五十輛馬車和二百五十九匹馱馬，朝軍營行進。公告允諾，若服勤中有車馬損失的情事發生，得按估價賠償。但車馬的主人表示，他們不認識布拉多克將軍，憑什麼相信他的承諾，而堅持要我立據保證履約，我照他們的要求做了。

有一天晚上，我在軍營裡與鄧巴（Dunbar）上校及其麾下軍官一起用餐，席間，他向我表達了對部屬的關心，提到他們的經濟一般都不寬裕，來到這裡，物價高昂，無力囤購長途跋涉行軍所需的補給品，途經荒野，也買不到任何東西。我聽了他們的艱難處境後，深感同情，便暗自決定要想辦法提供一些援助。

但我沒有向上校吐露隻字片語，隔日一早，我提筆寫了一封信給議會相關的委員會，熱切地敦請他們能考慮這些軍官的處境，因為他們有權支配一些公帑的用途，並提議致贈必需品和一些提神食品做為禮物送給部隊。我的兒子曾經參軍，知道部隊真正需要的物品，我請他開了一份清

1756
窮理查年鑑

要是不幸、惡行及戰爭讓你不高興；
想想上帝，這能讓你安心。

單給我，一併隨信附上。委員會同意了我的提議，並即刻交辦我兒子去執行，盡速將補給品用馬車送抵軍營。它們總計有二十大袋，每袋包含了下列食品：

六磅糖塊	一塊格羅斯特乾酪
六磅上等粗糖	一桶二十磅上等牛油
一磅上等綠茶	兩打陳年馬德拉葡萄酒
一磅上等紅茶	兩加侖牙買加酒
六磅上等咖啡粉	一瓶芥末粉
六磅巧克力	兩隻上等醃製火腿
半英擔上等白餅乾	半打乾舌脯
半磅胡椒粉	六磅白米
六夸脫上等白葡萄酒	六磅葡萄乾
六夸脫上等白酒醋	

這二十袋食物包打包妥當後，便由二十匹馱馬運送，一匹馱馬負責載運一袋給一位軍官的禮

物。他們萬分感謝地收下禮物，兩軍團的上校都寫信給我，對我的幫忙致上最大的謝意。布拉多克將軍也對我協助他們徵集到所需的車馬大為滿意，欣然地支付我代墊的款項，還不斷地謝謝我，並請我再次協助他運送糧食等補給品。我答應接下，便開始緊鑼密鼓地張羅著，直到他戰敗的消息傳來，一千英鎊的總開銷一樣先由我墊付，我把一份清楚帳目交給他。我很幸運，他在戰事爆發前幾天很快就回了一張金額一千英鎊左右的匯票給我，可以向軍隊出納請領，剩餘的金額下次再補足給我。我認為自己運氣很好能拿到這筆錢，因為剩餘的金額再也拿不回來了，這一點就留待後文詳述。

英軍遠征失敗

我認為布拉多克將軍是一位勇敢無畏的男子漢，如果他在歐洲出征，身為一名優秀的軍官或許能嶄露頭角。但他過分自信，高估了英國正規部隊的戰鬥力，而過度輕看了一支由美洲人和印地安人組成的混合部隊。喬治．克洛根（George Croghan）是我們的印地安翻譯，帶著這支百人部隊加入他的長征軍，如果他能善待他們，原本對他的部隊大有用處，可以充當他們的嚮導、斥候等，但他卻蔑視、輕忽他們，導致他們逐漸離他而去。

有一次，我們聊天時，他跟我說起他的作戰推進計畫。「拿下迪尤肯堡（Fort Duquesne）[1]後，我打算挺進至尼加拉（Niagara），如果季節得宜的話，就再攻下芳堤娜（Frontenac）[2]。我一定能在三到四天內就攻克迪尤肯堡，所以季節不會是問題。如此看來，我實在看不出有什麼事情會攔阻我往尼加拉挺進。」

在此之前，我就在反覆思考一個問題，當他們途經狹窄小徑，整個隊伍一定會拉得非常長，在穿越叢林和灌木叢的時候，勢必會被截斷。此外，我曾讀到一千五百名法國軍人在入侵易洛魁（Iroquois）地區時，被印第安人擊敗的前車之鑑，不免對這場戰役心生疑問而感到憂心忡忡。

但我只敢說：「閣下說的是，你們有精良的部隊和威力強大的大砲，只怕在你們順利抵達迪尤肯堡前，那裡尚未築起堅實完善的防禦工事，而且據聞那裡的駐軍也不夠強大，他們肯定抵抗不了多久。我唯一擔心會阻撓你們前進的風險，是來自當地印地安人的奇襲，他們經驗老道，精通埋伏和突擊。進入當地後，你們的隊伍一定會拉長至將近四英里長（約六・四公里），這無異給了他們從側翼突襲的機會，把你們像細線般截斷成一段段，你們的部隊受制於隊伍距離太長，勢必將無法及時趕到相互支援。」

他對我的無知發言只是一笑置之，說：「這些野蠻人對你們這些美洲民兵菜鳥而言，的確是令你們聞風喪膽的敵人，但對國王麾下訓練有素的正規部隊來說，他們根本不構成威脅。」

我知道與一名軍人就其軍事專業爭論不休，並非明智之舉，便閉口不語。不過，印地安人並未如我所擔心的那樣趁綿長的行伍出現時發動奇襲，而是放行部隊一路挺進到離迪尤肯堡不到九英里遠（約十四・五公里）的地方，趁其來到一處比較空曠的地方集結時（因為部隊剛渡河，前方部隊暫停下來，等待後面隊伍全員到齊），從樹叢及灌木叢後方發動猛烈攻勢，突襲前鋒部隊，而布拉多克將軍此時才察覺到敵人就在附近。前鋒部隊被突襲得慌亂無措，將軍在一片兵荒馬亂中急忙調動部隊馳援。現在，印地安人的火力朝部隊側翼襲擊，騎在馬背上的軍官位置明顯，成了活標靶，紛紛中槍落馬；士兵因為沒有接獲或者聽到行動命令而胡亂擠成一團，束手站著任由敵人射擊，死了近三分之二，殘餘士兵嚇到魂飛魄散，驚惶逃竄。

車伕們從自己的馬車隊中騎著一匹馬奔逃而去，其他人立刻群起仿效，爭相騎馬逃離，留下的馬車、糧食、大砲和補給品，全成了敵人的戰利品。布拉多克將軍也身負重傷，部屬費盡千辛萬苦才將他搶救出來，他的祕書謝利（Shirley）先生就死在他身旁。

在這場戰役中，八十六名軍官中死傷者高達六十三人，一千一百名士兵中則有七百一十四人戰死。這一千一百名是從全部隊中挑選出來的，剩餘的士兵便跟著鄧巴上校在後面押送大部分的補給品、糧草和行李等軍用物資。後無追兵而逃過一劫的前線官兵逃到鄧巴上校的營地，他們帶來的恐慌消息立即震懾了上校和部屬。儘管上校麾下有一千多名士兵，而擊敗布拉多克將軍的印法聯軍不超過四百人，上校卻停止繼續往前挺進，去討回一些失去的英軍顏面，反而下令摧毀所有的補給品、彈藥等，讓他可以騰出更多馬匹協助他盡速逃回駐地，不會被運輸所拖累。鄧巴上校在那裡接到了來自維吉尼亞、馬里蘭和賓夕法尼亞三省總督的請求，希望他派兵駐守邊境，以保護居民安全。但他仍繼續快馬加鞭倉皇逃離，直抵費城才覺得安全，因為費城的居民會保護他。這整件事讓我們美洲人第一次產生質疑，我們是否一開始就高估了英國正規軍的神勇，而盲目地崇拜他們[3]。

此外，從他們靠岸登陸直到離開駐地，展開第一次行軍期間，便一路大肆掠奪當地居民，一些貧困家庭更是被他們洗劫一空，只要有誰發出抗議，就遭到羞辱、凌虐和拘禁。如果我們想要獲得保護，他們的種種行徑無法讓我們喜歡這樣的保衛者。反觀，我們的法國盟友在一七八一年的表現與他們大相逕庭，當時法軍沿途經過羅德島至維吉尼亞省人口最稠密的地區，全程將近一千一百二十六公里，但連損失一頭豬、一隻雞，甚至是一顆蘋果這等微小抱怨，都聽不到。

戰事後續漣漪

奧姆（Orme）上尉是布拉多克將軍的副官，身受重傷，和將軍一起被搶救出來，並一直陪在將軍身旁，幾天後，將軍就過世了。他告訴我，第一天，將軍始終沉默不語，直到晚上才說了一句話：「誰想得到會這樣呢？」第二天依舊悶不吭聲，最後只說了一句話：「我們下次就知道該怎麼對付他們了。」沒過幾分鐘，便撒手人寰。

將軍祕書的文件檔案中，包含了將軍的令諭、指示和信件，後來全部落入敵人之手，他們選了多篇翻譯成法文，並印行出版，藉此證明英國王室在宣戰前就心懷不軌。我看到了幾篇將軍寫給內閣的信函，大力讚揚我為軍隊所做的重大貢獻，並建議他們要重視我。大衛・休姆（David Hume）[4]幾年後跟在時任法國公使的赫特福德（Hertford）勳爵身邊，擔任他的祕書，後來轉任國務大臣康威（Conway）將軍的祕書，也曾告訴我，他在辦公室讀到了幾封布拉多克將軍力薦我的信函。

遺憾的是，這趟長征以失敗收場，看來內閣不認為我的效力有什麼價值，因為他的推薦信從未發揮作用，使我受益。

我只跟他要求了一件事做為回報，就是請他下令麾下軍官停止徵召我們買來的僕人當兵，已經接受徵召者則予以除役。他欣然同意了，並根據我的請求，讓幾個僕人回到主人身邊。他過世後，由鄧巴繼任指揮官，他就沒有那麼慷慨大度了。

鄧巴曾在蘭卡斯特徵召了三個可憐農民的僕人當兵，當他撤退奔逃至費城期間，我來見他，請他允准他們退役，並提醒他已故的將軍曾對此下達命令。鄧巴允諾我，說他幾天後就會行軍到紐約，沿途會經過特倫頓（Trenton），到時候只要他們的主人願意來這裡見他，他就會把僕人交還給他們。於是這幾位主人自掏腰包不辭辛勞來到特倫頓，鄧巴卻拒絕履行承諾，使他們蒙受巨大的損失，也感到非常失望。

當馬車和馬匹折損的消息廣為周知後，所有車馬的主人全都湧上門來找我，要我照估價賠償，履行我的保證。他們的要求讓我惹禍上身，我告訴他們，軍隊出納已經備妥賠償金，但是他一定要先拿到薛利（Shirley）將軍[5]的諭令才能付款，我向他們保證，我已經寫信向將軍報請此事，但路途遙遠，無法很快收到將軍的回覆，請他們無論如何都要稍安勿躁，但他們不滿意我的答覆，一狀把我告上法庭。

所幸，薛利將軍的處置及時，讓我得以安然脫身，他指派了代表檢視這項付款要求，隨後下令支付。這筆賠償金總計近二萬英鎊，若真的要我賠，我會傾家蕩產。

戰敗消息傳來之前，兩位邦德（Bond）醫生帶著一本募款名冊來見我，跟我商討籌辦一場盛大煙火秀的募款事宜，他們打算在成功攻下迪尤肯堡的勝利消息傳來後，在慶祝活動現場施放煙火。我神情肅穆地跟他們說，我認為只要慶祝的時機到了，再準備都還來得及。他們很驚訝我竟然沒有立刻接受他們的提議。

「你在說什麼啊！」其中一位問我：「你真的不認為我們可以拿下迪尤肯堡嗎？」

「我不知道它會不會被拿下，我只知道戰爭充滿著不確定性。」我跟他解釋我之所以感到疑慮的原因。

募款活動後來就被取消了，兩位活動發起人也得以避開原本可能會面臨的難堪，萬一他們真的準備了煙火秀的話。邦德醫生後來在某個場合裡說，他不喜歡富蘭克林的預感。

莫里斯總督在布拉多克戰敗之前，不斷用一篇又一篇的咨文施壓，要議會制訂保衛賓夕法尼亞的籌資法案，而且不能對領主的財產課稅，凡是沒有增加此一領主豁免條款的法案，他全都否決。現在，他更趁戰局愈發危急，加強防衛的必要性大增，豁免條款有望闖關成功之際，增加對議會的抨擊力道。但是，議會依舊堅定立場，深信自己是站在正義的一方，如果聽任總督修改他們的財政法案，無異放棄了一項基本權利。

最後，總督在一項攸關五萬英鎊的法案中，只修改了一個字，這是千真萬確的。這條法案

1734 **窮理查年鑑**

富人何需要吝嗇，
吝嗇何需當富人。

如此寫道：「所有財產，無論是不動產或動產，一概課稅，領主不能例外。」他則把「不能」（not）改成「只有」（only，只有領主例外），雖然這只是一個小小的更動，卻是牽一髮動全身的大改變。

當戰敗的不幸消息傳到英國，我們在當地的朋友因為早已拿到我們提供的所有議會對總督咨文的答覆，便一片譁然，嚴厲抨擊領主卑鄙吝嗇，不公不義，竟對總督下達這種指示。某些人甚至揚言，既然領主削弱了所屬殖民領地的防衛，也就喪失了對該領地的所有權利。領主震懾於他們的恫嚇之下，隨即命令他們的出納總管，不論議會通過的金額多寡，都拿出五萬英鎊給議會，做為加強賓夕法尼亞省防務之用。

議會接獲通知後，接受以這筆錢充作對領主的一般課稅所得，並通過了一項附加領主免稅條款的新法案。根據這項法案，我被指派為委員之一，來支配這筆六萬英鎊款項的用途。我一直致力於該法案的擬訂並力促通過，於此同時，我還擬訂了一項成立及訓練一支義民兵的法案。我顧及貴格會教友的信仰，在條文中註明他們可以自由選擇加入與否，所以議會未多加攔阻，很快就通過了。

我寫了一篇用對話錄形式寫成的文章[6]，鼓吹成立義民兵籌備會的必要性，我在文章中描述和回答了所有我能想到的反對意見。印行之後，如我所料，收到巨大的成效。

[1] 匹茲堡。

[2] 位於金士頓，安大略湖東岸。

[3] 關於這次長征和敗戰的相關描述，可以參考費斯克（John Fiske）著作《華盛頓和他的國家》和羅奇（Henry Cabot Lodge）的《華盛頓傳》第一部。

[4] 大衛・休姆（一七一一～一七七六），蘇格蘭哲學家及歷史學家。

[5] 薛利將軍，麻省總督及英國駐美洲部隊司令官。

[6] 這篇對話和民兵法案刊登於一七五六年二月及三月出刊的《紳士雜誌》。——欄外注

17 率軍駐守邊境

隨著城市和鄉村開始組織民兵連，接受軍事操練，莫里斯總督力勸我掌管西北邊防戍事務，因為大量敵人在此盤據。總督命我籌組軍隊以及興建一道堡壘防禦工事，來保衛當地居民。雖然我認為自己無法勝任，卻仍接下了這項軍事任務。總督全權授予我人事委任權，給了我空白的委任狀，可以自由任命我認為適合的人選出任軍官。我很順利就徵集到所需兵力，徵召到五百六十位官兵在我麾下。我兒子在前次戰役中擔任軍官對抗加拿大，這次擔任我的副官，助我良多。

印地安人放火燒了摩拉維亞教徒定居的吉納登胡特（Gnadenhut）村落，屠殺村民，但該地被認為是興建碉堡的絕佳地點。

為了向吉納登胡特挺進，我在伯利恆（Bethlehem）召集所有連隊，這裡是摩拉維亞教徒的主要聚落。我注意到當地的防禦工事做得非常嚴密，主要是吉納登胡特慘遭滅村之後，讓他們有了危機意識。重要建築物外面築起防衛柵欄，並從紐約購置了大量武器和彈藥，甚至在高聳石屋的窗戶之間放置大量的小顆鋪路石，萬一婦女碰到印地安人強行進屋時，就能隨手拿起石頭往他們的頭上砸。

武裝的摩拉維亞教徒無時無刻都保持著警戒，站哨和交班就像任何有軍隊駐守的城鎮一樣井然有序。

在與史潘根柏格（Spangenberg）主教聊天時，我跟他提及了我對此事非常訝異，因為英國議會通過了一項豁免法案，免除他們在各殖民地履行軍事義務，所以我認為他們是經過審慎思考後刻意地武裝自己。他回答說，那不是他們的教規，但自從有了這項法案，人們反而認為大多數摩拉維亞信徒是反戰的。但讓人大感意外的是，竟然只有極少數摩拉維亞信徒遵行這項法案。看起來，他們不是欺騙了自己，就是欺騙了英國議會；不過，危難當頭，安全至上，獨樹一幟的古怪觀點有時候也得讓位給理性的判斷力。

到前線興建碉堡

我們於一月初開始投入興建碉堡的工事。我派了一個小分隊去密尼辛克（Minisink），奉命在北部地區興建一座碉堡，以維護當地安全，並另派一支分隊帶著相同命令前往南部興建一座碉堡。最後，我決定率領其他士官兵前往吉納登胡特村修建碉堡，這是迫在眉睫的要務。摩拉維亞教徒提供了五輛馬車協助運送我們的工具、補給品和行李等。

在我們即將離開伯利恆時，有十一位農民前來找我，因為印地安人把他們逐出自家農場，他們要求我提供槍枝，好讓他們能回去搶回牲畜，我給了他們一人一把槍和適量的彈藥。我們出發沒多久就遇上下雨，這場雨持續了一整天。沿路不見一戶人家可以讓我們避雨，直到將近晚上，才來到一位德國人的住家。我們被雨水淋成落湯雞，在他的穀倉裡縮成一團。

所幸，我們途中沒有遭到攻擊，因為我們的武器和裝備都是最普通的貨色，槍枝又遭到雨淋，沒有人懂得如何讓槍機[1]恢復乾燥。印地安人精通槍枝的維修，我們就不行了。那天，印地安人遇到了前述提到的十一位農民，殺了當中的十人。唯一逃脫的倖存者說，他和同伴們的槍因為火門被雨水淋濕，無法射擊。

隔天天氣轉晴，我們繼續前進，抵達荒無人煙的吉納登胡特村。我們看到附近有鋸木場，周圍散落著幾堆木板，便用它們來搭建臨時營房，因為沒有帳篷，在寒冬這樣的行動益發必要。我們的第一項工作，就是將發現的死屍埋葬妥當，使其入土為安，之前鄉民只是草草埋葬，還能見到屍身半露在外面。

第二天早上，我們開始規劃堡壘的興建，以及圈地劃界，周長為四百五十五英尺（約一百三十九公尺），需要四百五十五根木樁一根根接排，每根木樁直徑達一英尺（約三十公分）。我們有七十把斧頭，很快就派上用場拿來伐樹。士兵操斧靈活自如，火速砍就。樹木一棵接一棵快速倒下，當我看到兩個士兵要開始砍一棵松樹的時候，便好奇地拿出懷錶計時，六分鐘內松樹就應聲倒地，這棵松樹的直徑寬達十四英寸（約三十五公分）。每棵松樹可以製作成三根一端被削尖的十八英尺（約五・四公尺）長木樁。

在準備這些木樁的同時，其他士兵則在碉堡四周挖三英尺（約九十公分）深的壕溝，以插入木樁。我們卸下馬車車身，拿下連結前後輪軸的連桿插栓，將前後輪分開，重組出十輛二輪馬車，每輛配有兩匹馬，把木樁從林地運送至堡壘的預定建地。木樁立好後，木工便沿著圍樁內部周圍搭建一個木造平臺，高約六英尺（約一・八公尺），方便士兵站在上面從槍眼開火。

我們有一門迴旋砲架在碉堡一隅，架好後就向印地安人鳴砲，假設他們聽得到，就可藉此警告他們，我們配備了這樣的武器。儘管每隔一天就下起傾盆大雨，無法施工，我們仍在一個星期內蓋好堡壘——如果我們的簡陋木寨稱得上「堡壘」這個宏偉名詞。

我趁機觀察到，人們在工作的時候最為滿足。因為在工作期間，他們變得脾氣好，心情愉快，在心滿意足地完成一天的工作後，也會度過一個愉快的夜晚。反觀，賦閒無事的時候，他們容易變得失控、爭吵不休，還會挑剔豬排、麵包等食物難以下嚥，愛發脾氣，這讓我想起某位船長，他的原則就是隨時讓下屬有事可做，當大副告訴他船員全都把工作做完了，無事可做時，他說：「那就讓他們刷洗船錨吧。」

這座碉堡再怎麼簡陋，仍足以抵禦沒有大砲的印地安人的入侵。在確定我們目前駐防安全，必要時也有地方可以躲藏後，我們便放膽成群結隊在附近展開掃蕩。我們沒有遇到任何一個印地安人，但我們發現他們潛伏在附近山丘，監視我們的動靜。他們選擇在這些地點駐紮，有其巧思在，值得說一說。

時序進入冬季，他們需要生火，若像平常一樣在地面上生火，由此產生的火光將會暴露他們的位置。因此，他們想出在地面上挖洞，每個坑洞的直徑約莫三英尺（約九十公分）寬，深度則更深些。我們在坑中發現了他們所使用過的木炭，他們用手斧從倒臥在樹林中、燃燒過的圓木上，砍下一塊塊的木炭帶回這裡。他們把這些木炭堆置在坑底生小火。我們發現了他們在雜草叢中的身體印痕，他們躺在坑口，好讓雙腿下垂至坑裡取暖，保暖雙腳對他們至關重要。這種巧妙的生火方式，得以隱蔽火光、火焰或火星，甚至是煙霧，也就不會暴露他們的藏身處。由此顯示他們人數不多，他們從制高點也偵測到我們人數眾多，他們無法以寡擊眾，占到上風。

1756
窮理查年鑑

勞累來自安逸，
麻煩源於懶散。

我們的隨軍牧師是熱心的長老教會牧師畢提（Beatty）先生，他跟我抱怨，我的屬下經常不參加他的禱告會和講道。他們被徵召入伍時，我們就允諾他們除了會拿到糧餉，每天還可以享用一及耳的蘭姆酒，按時在早上和晚上各供應半及耳。我觀察到，他們會準時去領用蘭姆酒，所以我告訴畢提先生，「或許，為士兵分酒有辱你的牧師身分，不過如果你選擇在禱告會結束後這麼做，所有人肯定都會出現。」他很喜歡我的點子，接下了這個工作，並在一些幫手的協助下，來為大家分酒，成效令人滿意，士兵從未如此準時齊聚參加禱告會。所以，我認為與其用軍法懲處不做禮拜的人，這招要更管用。

經伯利恆返回費城

在我剛完成興建堡壘任務，把糧草等所有軍用物資妥善地儲存在碉堡裡之際，我收到莫里斯總督的來函，信上說他打算召集議會開會，如果前線情勢允許我不必再繼續留守當地，他希望我能夠出席。我在議會的朋友們也寫信催促我盡可能回來開會。

考慮到要興建的三座堡壘都完工了，當地居民能受到保護，可以安心地留在自家農場，我便決定返回費城。

克拉彭（Clapham）上校的出現是讓我更能放心離開的主因，這位出身新英格蘭的軍官曾參與印第安戰役，正在參訪我們的堡壘工事，答應接替我成為指揮官。我授予他一份委任狀，校閱部隊時，我向部隊宣布他的任命，介紹他具備出眾的軍事能力，比我更適合成為他們的指揮官，再說了幾句訓勉部隊的談話後，我就啟程離開。

我在軍隊的護衛下直抵伯利恆，並在這裡稍事休息幾天，好讓疲累的身體恢復元氣。第一晚，我躺在舒適的床上，輾轉難眠，想到在吉納登胡特村，睡在營房硬邦邦的地板上，身上只裹著一、兩張毛毯，真是有天壤之別！

我在伯利恆期間，有當地的摩拉維亞人作陪，他們對我都非常友善，我詢問了他們的一些習俗。我觀察到他們過著集體生活，財產公有、共餐、同住在集體宿舍。我看到他們的宿舍沿著天花板下方每隔一定距離就有一個孔洞，我的合理判斷是為了保持屋內空氣的流通。我在他們的教會中，聆聽悅耳的音樂，管風琴與雙簧管、長笛和單簧管等樂器交融，奏出優美樂聲。

據我所知，不同於我們的習慣，他們的男女老少通常不會聚在一起聽道，而是各自分開，某個時段是已婚男性，另一個時段是他們的妻子，其他是年輕男子、年輕女子與兒童。我參加了兒童那場，他們按照輔導指示排排入座；男孩們有一個年輕男輔導，女孩們有一個年輕女輔導，他們是兒童的導師。講道內容顧及到他們的理解能力，以兒童喜歡的親切方式傳講，諄諄善誘他們向善。他們個個循規蹈矩，但看起來蒼白虛弱，我猜想可能是他們大半都待在戶內，或是沒讓他們得到足夠的運動。

我也問了摩拉維亞人的婚姻習俗，是否真如傳聞是用抽籤決定終身大事。有人告訴我，抽籤只發生在特殊情況；一般而言，有意成家的年輕男子會告訴指導他的長輩，這些長輩便會去諮詢那些指導年輕女性的年長婦女們的意見。由於這些男女長輩對所指導的學生的脾氣和性情瞭如指掌，可以做出最明智的配對，所以他們的判斷一般都會獲得默許。但是，如果發生有兩、三個年輕女孩都適合這位年輕男孩的情況，就會採取抽籤。我表示反對，如果這樣的婚姻不是出於雙方當事人你情我願的選擇，可能會出現不幸福的婚姻。「即使讓當事人自己去選擇，還是有可能婚姻不幸福。」對方說道，他的回答讓我啞口無言，難以反駁。

出任民兵團上校

回到費城後，我發現義民兵協會依舊運作順利，非貴格會居民大致都加入了，根據新法組成了許多連隊，每連選出自己的上尉、中尉和少尉。邦德醫生前來拜訪我，詳述他為了使這項組織義民兵的法案獲得民眾的普遍支持，吃足了苦頭，認為該法案能獲得熱烈迴響，主要歸功於他的竭力付出。我原本還自鳴得意地以為這要歸功於我寫的那篇〈對話錄〉，我不知道他所言是否為真，但他有可能是對的，所以我並未反駁，讓他繼續沉浸在自我陶醉中，我認為在這種場合下，這通常是最好的應對方式。

各連軍官聚集開會，推選我出任民兵團的上校，這次我接受了。我忘了我們到底有多少連，但是我們校閱了一千二百位英姿颯爽的軍人，還有一個砲兵連，配備六座野戰銅砲，他們已經操作得非常專精，一分鐘可以發射十二砲。我第一次檢閱部隊結束後，他們一路護送我到家門口，並發射禮砲向我致敬，還因此震碎了我的電子儀器上的幾塊玻璃。我的這項新職榮譽後來也像這些玻璃一樣脆弱，因為隨著英國廢止民兵法案，我們的所有任命和職務很快就遭到撤銷。

在我短暫的上校任期內，就在我即將出發前往維吉尼亞之際，我團中的軍官認為他們有責任護送我出城，直至下渡口。就在我剛蹬上馬背，他們一行三十多人便騎著馬，穿著軍服出現在我家門口。他們事先向我保密，否則我會阻止他們，因為我向來討厭耍官威或擺架子，他們的出現令我十分懊惱，而我又不能拒絕他們的護送。更糟的是，我們才剛啟程，他們全體便拔劍出鞘，一路舉劍護送我到渡口。有人寫信向領主告狀這件事，讓他大為震怒。因為他從未在自己的領地享有這等榮耀，他的總督們也沒有。他說，只有皇室血統的王公貴族才配得享有，他所言也許不假，因為我對這類禮儀完全無知，至今依然如此。

總之，這樁蠢事讓他對我更加深惡痛絕。在此之前，我在議會中對於免徵領主財產稅法案，始終積極表態反對，痛批他卑鄙吝嗇，不公不義，就已經招來他對我的憎惡。他向英國內閣指控我大肆阻撓英王政務的推展，利用我對議會的影響力阻止籌款法案的通過，他還以我麾下軍官盛大列隊護送我為例，證明我企圖以武力推翻他在賓夕法尼亞省的政權，取而代之。他還請求郵政大臣埃弗拉德・佛克納（Everard Fawkener）爵士撤去我的公職，但是埃弗拉德爵士只對我輕言訓誡了一番，別無其他。

儘管莫里斯總督和議會之間的戰火依舊持續延燒著，而我身為議員，還在當中扮演著舉足輕重的角色，但這位紳士和我之間仍然維持友好往來，從未因此而不和。我有時候會想，他明知我是答覆其咨文的起草者，對我卻鮮有或說毫無怨恨，箇中原因或許與其所受的律師專業養成訓練有關，他可能認為我倆無異是在訴訟案中為客戶而辯的律師，他代表領主，我則代表議會。因此，他有時候會就一些疑難親切地徵詢我，並接受我的建議，雖然這樣的情況並不常見。

我們倆齊心合力供應布拉多克部隊所需的軍糧，還有，當將軍戰敗的消息傳來，總督緊急召見我，共商大計以阻止內陸諸縣遭到棄守。我已經忘了具體的建議內容，但我想應該是寫信給鄧巴上校，說服他派駐軍隊到各縣邊境保衛當地的安全，直到殖民地馳援的軍隊接管，再繼續他們的長征。

我從戍守邊境回來之後，總督原本屬意我率領賓夕法尼亞省的部隊拿下迪尤肯堡，鄧巴及其部隊則另有任務，並建議委任我為將軍。我對自己的軍事能力不像總督那樣給予如此高的評價，我相信他的聲明一定是言過其實。但有可能是總督考慮到我的名望有助徵兵的順利推展，以及我在議會的影響力，會力促通過軍餉撥款，或許還能通過領主的財產免稅條款。看到我沒有照他的期望積極推動，他撤銷了這個計畫，而且沒多久就辭職離開，由丹尼上校繼任。

[1] 燧發槍，利用燧石與鐵片互相敲擊產生的火花，點燃火藥膛室裡的火藥來射擊。

18 電學實驗成就

在敘述我於新總督治理期間，在公眾事務上的進展之前，不能不稍微提及我在科學領域聲名鵲起的經過與進展。

一七四六年，我在波士頓期間，遇到了史賓賽博士，他剛從蘇格蘭來到波士頓，並向我展示了一些電學實驗。他的操作略顯笨拙，實驗結果不盡理想。但我還是看得津津有味，充滿驚喜，電學完全一新我的耳目。

我回到費城後不久，我們的圖書館公司收到了倫敦皇家學會（Royal Society）[1]會員彼得・柯林森（Peter Collinson）先生寄贈的一支玻璃試管，裡面還附了電學實驗說明書。我迫不及待地馬上重複我在波士頓所看到的實驗。經過多次實作後，我對操作說明書上的實驗已經駕輕就熟，還增加了若干新實驗。我說多次實作，是因為有一陣子，我的屋子裡總是擠滿了人，爭相前來一睹這些新奇的現象。

為了讓朋友可以稍微分攤我的實驗重擔，我請玻璃廠吹製許多類似的玻璃管，他們便能自行添置，最後我們有了幾位實驗操作員。金納斯利（Kinnersley）先生是其中最重要的一位，他是我的鄰居，天資聰穎，失業賦閒在家，我鼓勵他接下展示實驗的工作，藉此賺錢。我幫他擬了兩份講稿，實驗與講解的編寫順序環環相扣，也就是前面的實驗步驟有助於理解後者。他還特別為此添置了一部非常精巧的儀器，其中所有的小零件都是專家精心製作的，我用的那一臺則是自己打造的粗糙儀器。

他的講座吸引了很多聽眾，大家都聽得心滿意足地離去。過了一陣子，他走遍每個殖民地，在各首府巡迴展演這些實驗，賺了一點錢。西印度群島則受限於氣候潮濕之故，在當地展示這些實驗有其難度。

為了感謝柯林森先生致贈玻璃管等禮物給我們，我覺得有必要告訴他，我們使用玻璃管所獲致的成就，於是提筆寫了幾封信給他，信中提到了我們的實驗。他在皇家學會把信朗讀出來，會員們起初並不覺得這些信有什麼重要，值得刊登在學會的會刊裡。

我寫給金納斯利先生的一篇文章中，論述了閃電和電流的同一性[2]，我也把它寄給另一位朋友——米謝爾（Mitchel）博士，他也是皇家學會的會員，回信說他已經在學會把它朗讀出來，但受到其他專家的訕笑。

後來，福瑟吉爾博士讀到了這些文章，認為它們太重要了，不能就這樣不管，建議刊登出來。於是柯林森先生把我的文章交給凱夫（Cave），要他刊登在《紳士雜誌》上，但凱夫把這些文章另外印製成小冊發行，由福瑟吉爾博士寫序。就其利益而言，凱夫的判斷似乎是正確的，後來他不斷加進新的文章，把它擴充成一本四開本的論文集，至今已經增訂到第五版，卻從未支付一毛版稅給我。

總之，一段時日後，我的論文才在英國受到廣泛的矚目。之後，布豐（Buffon）伯爵[3]偶然間拿到我的論文集，他是法國聲望崇隆的科學巨擘，在全歐洲備受尊崇，他說服了達利巴德（M. Dalibard）[4]將其翻譯成法文，並在巴黎出版發行。

本書的出版得罪了諾萊神父（Abbé Nollet），他是法國皇室的自然科學導師，也是技巧高超的實驗家，他提出並發表了一個電流理論，在當時蔚為風行。他起初無法相信這本著作來自美洲，還說它肯定是他在巴黎的宿敵所編造出來的，為的是詆毀他的理論。後來，他確信有這樣一個名叫富蘭克林、住在費城的人物存在，於是發表了許多寫給我的公開信，藉此捍衛自己的理論，否定我的實驗的真實性，以及由此推導出來的論點。

1733 **窮理查年鑑**

清白又無辜，
就是最佳的辯護。

高佛瑞・科普利爵士金質獎章

我曾打算親筆回覆諾萊神父，也確實開始動筆了，但後來我考量到任何人都可以照著我文章中的實驗描述，重複實驗以證明其真偽，不去證實就無法為其辯護。我也考量到，我把觀察得出的論點當作臆測，並沒有武斷地下結論，所以也沒必要為此而辯護。另外，顧及到兩個當事人用不同的語言打筆戰，可能會因為誤譯以致誤解對方的意思，反而讓論戰持續延燒下去，沒完沒了，諾萊神父有一封信裡的許多論述就是源自於一處錯誤的翻譯。

基於上述種種考量，我決定不為我的論文辯護，我認為與其為舊實驗辯論不休，更好的作法是趁公務之餘，另做新的實驗。

我從未寫信回覆諾萊，也從未為自己的保持緘默而懊悔，這都要託我的朋友法國皇家科學院（Royal Academy of Sciences）院士勒羅伊（le Roy）先生之福，他支持我的觀點，挺身為我駁斥了諾萊的論點。我的論文集後來相繼被翻譯成義大利、德文和拉丁文，書中的學說漸漸地被歐洲的科學家普遍接受，諾萊的學說則隨之沒落。因此，除了他的嫡傳門生巴黎的B先生外，諾萊神父活著看到自己成為其學派的最後支持者。

我的書能夠在短時間內迅速爆紅，家喻戶曉，要歸功於達利巴德和德洛爾（De Lor）兩位先生在馬爾利（Marly）操作示範書中一項實驗，把閃電從雲中導引到地面，而受到各地民眾廣泛的關注。

德洛爾先生有一套實驗儀器，並講授實驗科學，他重複實驗他口中所稱的這些「費城實驗」。他在國王和宮廷大臣面前示範過後，好奇的巴黎市民湧進馬爾利，想要一睹究竟。

關於這項重要實驗，以及不久後我在費城成功地利用風箏進行類似的實驗，所獲致的無窮喜悅，我都不再於此贅述，因為兩者都已見諸於電學史中。

一位英國醫生萊特（Wright）當時在巴黎，寫信給一位皇家學會的朋友，提及了我的實驗受

1758
窮理查年鑑

知足才是賢者之石的名，因為它能點石成金。

到海外學術圈的高度推崇，他很納悶為什麼我的論文在英國未獲重視。因此，皇家學會把我那些曾被朗讀過的信件，重新提出加以討論，著名的華森（Watson）博士對這些信件，以及後來我針對這個主題寄到英國的文章，寫了一篇摘要，還對作者美言了一番，這篇摘要後來刊登於學會會刊上。

皇家學會的一些會員，特別是聰明過人的坎頓（Canton）先生用一根尖桿證明了可從雲中攔截雷電，告知其他會員該實驗成功，他們很快就一改之前對我的輕蔑態度。

我沒有提出任何申請，就在他們的推選下獲得成為皇家會員的殊榮，還投票通過我可以免繳例行的入會費二十五幾尼，以及免費獲贈會刊至今。他們還在一七五三年授予我高佛瑞・科普利（Godfrey Copley）爵士[5]金質獎章，學會主席麥克萊斯菲爾德（Macclesfield）勳爵也在頒獎儀式上，發表了非常精彩的演說，對我讚譽有加。

[1]倫敦皇家自然知識促進學會（簡稱倫敦皇家學會），成立於一六六〇年，為英國這類促進科學組織的龍頭。

[2]參見附錄〈電風箏〉。

[3]布豐（一七〇七～一七八八），法國著名博物學家。

[4]達利巴德曾把富蘭克林寄給柯林森的信件翻譯成法文，也是第一人實際應用富蘭克林實驗，來示範閃電和電流的同一性。「時間是一七五二年五月十日，也就是富蘭克林自己在費城施放其著名風箏證明這個事實的一個月前。」——麥克馬斯特（McMaster）

[5]高佛瑞・科普利：英國男爵（卒於一七〇九年），曾捐贈一筆一百英鎊基金「給皇家學會，以促進自然知識的發展」。

19

出任賓夕法尼亞赴英請願代表

新總督丹尼上校代我領取皇家學會頒給我的獎章，並在一場費城市府為他所舉辦的歡迎會上，頒發給我。他很有禮貌地表達了對我的敬重，因為據他所言，他長期關注我，十分熟知我的為人。

晚餐過後，當所有來賓照例喝酒助興之際，丹尼總督領我到另一個房間，告訴我他在英國的友人忠告他要與我交好，因為我能給予他最佳建言和最有用的協助，讓他執政順利。因此，他希望在各項事情上都能與我達成良好共識，並要我相信，只要他能力所及，他隨時樂意為我效勞。

總督還說了很多領主對於賓夕法尼亞省懷有善意的話，如果議會可以放棄長期以來對其措施的反對立場，以恢復他和人民之間的和諧，將會對所有人，特別是我都有好處；就此而言，據悉沒有人比我更適合化解這場爭議，而我將會得到豐厚的酬謝等。其他喝酒的賓客見我們遲遲未入席，便派人送了一瓶馬德拉白葡萄酒給我們，總督便開懷暢飲，而且喝得愈多，他的請求和承諾也愈多。

我對於總督的意圖，如此答覆：感謝上帝，我的景況不必讓我仰賴領主的恩惠；身為議員，我絕不接受任何一項要求。但是，我對領主絕無私人恩怨夾雜其中，只要他所提出的公共政策對人民有益，沒有人會比我更加積極熱心地擁護並在議會中提案通過。我過去反對他的理由，是因為他向議會大力施壓通過他提出的政策，是為了領主個人的利益，卻會嚴重損及民眾利益。我也很感謝他對我的諸般敬重，他可以信賴我，我會盡己所能地協助他施政順利，但我也希望他不會步上前任者的後塵，接受那令人遺憾的指示而殃及自己。

對此，總督沒有為自己辯解，不過，他後來與議會在公務上交手後，再次下達指示，雙方論戰的烽火再起，我一如既往積極地表示反對。身為議會的文書，我首先譴責領主要求總督對議會下達指示，也反對就這些指示發表評論，這些意見都可以在當時的決議紀錄，以及我後來出版的《歷史評論》雜誌中找到。

但是，我和總督之間並沒有出現任何不和或嫌隙，我們經常來往互動，他是一個文人，見多識廣，很健談又十分風趣。我最早從他口中得知，我的老友拉爾夫依舊健在。他說，拉爾夫現在是英國最出色的政論作家之一；他曾參與佛瑞德里克（Frederic）王子和英王的爭端[1]，由此獲得每年三百英鎊的養老金；他作為詩人依舊平凡無奇，波普曾經寫詩〈愚人誌〉來諷刺他[2]，但是他的散文功力足以與任何名家並駕齊驅。

議會終於體認到領主的冥頑不化，綁架他們的代理人履行其指示，不僅不符人民的利益，也有違效命英王的原則，於是決定向英王請願來對抗領主，並指派我出任議會代表前往英國，提交及捍衛請願書。議會已經通過一項法案，要求總督批准一筆金額六萬英鎊的國王專款（其中一萬英鎊是奉時任將軍的羅頓（Loudoun）勳爵之命撥款，由其運用），總督遵照領主的指示，斷然拒絕審批。

滯留紐約等待啟航

我已經答應一艘在紐約泊港的郵船船長莫里斯（Morris），會搭他的船前往英國，就在我的行李已經運上船時，羅頓勳爵也抵達了費城，他明確地告訴我，他此行身負調解總督和議會衝突的重任，因為英王陛下的利益不能因為雙方的紛爭受阻。因此，他希望會見總督和我，藉此聽聽雙方的說法。

我們三人見了面，共同商討這件事。我代表議會極力向羅頓勳爵陳述各種理由，這些可見諸於當時出自我手筆的公文中，而且已連同議會的會議紀錄印成白紙黑字；丹尼總督則為其接受指示辯護，說他已向領主保證要履行，否則位置不保，但如果羅頓勳爵勸他放棄，他似乎願意冒險一試。然而，勳爵並未做出這樣的要求，我一度以為幾乎要成功說服他了，但他最終還是寧可選擇讓議會遵照領主的指示。他要求我竭力說服議會，宣稱他不會調動國王的一兵一卒來防守賓夕法尼亞省邊境，所以如果我們不繼續自我防衛，敵人肯定會入侵。

我告知議會協商過程，並提交一份我起草的決議書，宣告我們的權利，表明我們並沒有放棄這些應得的權利，只是迫於軍事威嚇而暫緩行使罷了，我們反對這樣的威逼。議會最後同意撤除該項法案，另訂符合領主指示的法案，總督當然無異議批准，而我也可以放心展開旅程。不過，我的行李已經隨著郵輪先行出航，使我蒙受若干損失，而我的唯一補償就是勳爵對我的幫忙聊表謝意，但他卻獨攬所有調停之功。

羅頓勳爵比我早出發前往紐約，因為郵輪啟航的時間由他發號施令，當時有兩艘船停泊在港，他說有一艘很快就會啟程，我問了他確定的出發時間，因為我不想誤點而錯過船班。他回覆我說：「我已經公告郵輪於下星期六啟航，不過，我要告訴你，萬一你星期一早上才到，還是來得及，這件事只有你知我知，但不要再拖得更久了。」我在渡口臨時受到耽擱，抵達港口已是星期一中午，因為那天風和日麗，我很擔心郵輪已經離港。所幸，我很快就得知郵輪仍停在港口，隔天才會啟程，方才鬆了一口氣。

也許，有人會認為我現在即將出發前往歐洲了。我也這麼認為，但我那時候還沒有摸透勳爵的性格，而猶豫不決正是他的強烈特質之一，我就舉幾個例子來說明。

我大概是四月初來到紐約，我想我們直到六月底左右才啟程。當時有兩艘郵輪在港，它們已經停留了好長一段時間，卻因為等待將軍的通知信函而始終出不了港，他的回答總是千篇一律：明天就會送過去。

後來，有一艘郵輪抵達了紐約，也出不了港，在我們出發前，預計會有第四艘船進港。我們搭乘的郵輪在此停留最久，將會第一個啟航。所有乘客都各自忙碌著，有些人已迫不及待地要離開，商人們則對手上的信件，和已投保的秋天貨品訂單（時值戰時）感到揣揣不安。不過，他們的擔憂都無濟於事，因為勳爵的信尚未寫就，但謁見他的人總是看見他手拿著筆，埋首於書桌前，推斷他一定是要寫上洋洋灑灑的一大篇。

有一天早上，我親自登門拜訪向羅頓勳爵致意，我在會客室看到了殷尼斯（Innis），他是來自費城的信差，帶來了丹尼總督給將軍（羅頓勳爵）的一袋快捷信件。

他也把費城友人寫給我的信面交給我，我問他何時回費城，在哪裡下榻，我可能會託他帶信回去。他告訴我，他受命明天早上九點要來這裡拿將軍回給總督的信，之後就會即刻動身返回費城。我在當天把信交給他。

兩個星期後，我又在同一個地方碰到他，「原來，你那麼快就回來了，殷尼斯？」

「回來！不，我根本還沒出發呢。」

「怎麼會?」

「過去這兩個星期,我每天早上都奉命到這裡來拿勳爵的信,但是他都還沒有寫好。」

「怎麼可能?他的文筆那麼好。我常常看到他埋頭在書案前振筆疾書。」

「對,」殷尼斯說道:「但他就像商店招牌上的聖喬治畫像一樣,總是騎在馬背上,但從來不會往前走。」

這名信差的觀察一點也不假。因為我在英國期間,知道老威廉・皮特(William Pitt)[3]先生下令把將軍免職,派安姆赫斯特(Amherst)與沃爾夫(Wolfe)兩位將軍接任,他所持的一個理由就是:內閣一直沒有他的消息,根本不知道他到底在做什麼。

天天盼著啟航,三艘郵輪準備下行到康乃狄克的桑迪・胡克(Sandy Hook)以加入艦隊,所以乘客都認為最好還是留在船上,擔心若突然下令開船時,自己會被留下。我沒記錯的話,我們六個星期來已經把船上的食物消耗殆盡,必須再添購。艦隊終於啟航開往路易斯堡,將軍和他的軍隊都已登艦,打算奪下這座要塞,而所有郵輪奉命要跟著將軍的軍艦出行,隨時接受他的調派。我們出航五天後拿到指示信,獲准可以離去,我們的郵輪隨即脫離艦隊,駛往英國。

另外兩艘郵輪遲遲未獲准離開,一路跟著將軍去到哈利法克斯(Halifax),他在那裡停留了一段時日,訓練他的部隊模擬作戰攻占堡壘,後來卻改變心意不圍攻路易斯堡了,反而率領他的部隊、另外兩艘郵輪，還有全船的乘客，掉頭回紐約！在他離開期間，法國軍隊和印地安人攻下了紐約省邊境的喬治堡（Fort George），印地安人大肆屠殺了許多投降的駐軍。

後來我在倫敦碰到了博內爾（Bonnell）船長，他主掌其中一艘郵輪。他告訴我，他的船被滯留一個月後，他告訴羅頓勳爵，船底長滿海藻，勢必會阻礙船速，這對郵輪是很嚴重的問題，請求勳爵給他一些時間，讓他可以把船傾斜固定，好清理船底。他問需要多少時間？船長說三天。將軍回說：「如果你可以一天內做好，我就批准，否則免談，因為你後天得啟航。」所以他一直沒得到批准，儘管後來他的郵輪一天又一天被滯留在港口，足足等了三個月。

我後來也遇到了博內爾船長的一名乘客，他對於勳爵欺騙他，把他滯留在紐約這麼長一段時間，然後把他帶到哈利法克斯後又折回紐約，感到義憤填膺，他發誓要告他賠償損失。他有沒有告，我就不得而知了；但是照他所言，這嚴重損害了他的利益。

總的來說，我想不透政府怎麼會把統率軍隊這樣的重責大任交付給這樣的一個人[4]？但隨著

1756
窮理查年鑑

太寬鬆的法律，很少人遵行；
太嚴苛的法令，很少能執行。

見多識廣，看多了人們鑽營求官的手段，和分官封爵的盤算後，我的疑慮漸消。布拉多克將軍殉職後，便由薛利將軍接棒指揮軍隊，在我看來，若是他繼續留任在這個位子上，在一七五七年那場戰役中，他會取得遠勝於羅頓將軍的戰果，不像羅頓那樣輕啟戰端、耗費鉅額公帑，讓國家蒙受令人瞠目的羞辱。

我認為，儘管薛利不是軍旅出身，但為人通情達理、聰明睿智，願意聽取他人的忠告，精於謀略規劃，劍及履及積極地把計畫付諸實行。至於羅頓，他不但不派麾下大軍戍守各殖民地，反而在哈利法克斯做無益的操兵演練，讓殖民地門戶大開，導致喬治堡失守。此外，他還干擾了我們的商業運作，導致貿易活動委靡不振，他以防範敵人取得補給品為由，長期禁止糧食出口，其實是為了打壓糧價來圖利軍糧承包商，據說，也許只是臆測，他從他們的獲利中分得一杯羹。終於，海上禁運獲得解禁，但他竟忘了通報查爾斯鎮解禁消息，造成卡羅萊納艦隊滯留在當地近三個月之久，船底遭到嚴重的蟲蛀侵蝕，導致許多軍艦在返鄉途中沉沒大海。

我相信，對於不諳軍事的薛利來說，能卸下部隊指揮官的重責大任，一定是由衷地感到開心。我參加了紐約市府為羅頓晉升司令所舉辦的宴會。雖然薛利被免職，還是出席了。現場還有許多官員、市民和外地人，有些椅子還是跟附近街坊借的，其中一張椅子非常矮，恰巧就是給薛利先生的座椅。

我就坐在他旁邊，看到這樣的安排，便開口說：「先生，他們給你的座位太矮了。」

「沒關係，」他說：「富蘭克林先生，我發現坐在矮位上最舒服。」

如前所述，我在紐約滯留期間，收到了所有之前供應給布拉多克的糧食等軍需補給品的帳目，其中有些帳目無法很快從協助我採辦的其他人那兒拿到。我把它們交給羅頓勳爵，希望他能把我墊付的錢悉數償還。他把帳目交給主事的軍官，命令他仔細核對。他逐筆與收據核對，確認所有帳目正確無誤後，勳爵承諾會開立一張匯票給我，讓我去向軍隊出納請款。然而，這件事卻是一拖再拖，儘管我常常依約前往領取匯票，總是白跑一趟。最後，就在我搭乘的郵輪啟航前夕，他告訴我，在仔細考慮過後，他決定不把他的帳目和前任者的混雜在一起。「而你，」他說：「到了英國後，只要向財政部報帳，他們就會立刻付錢給你。」

我跟他說，我在紐約滯留了那麼長的時間，多出了許多額外開銷，想馬上拿到錢，但這說法沒有用。我還說，在我看來，一再刁難我或繼續拖欠不支付我墊付的錢，完全沒道理，因為我沒有從中收取一毛佣金。「喔，先生，」他說：「你別以為我們會相信你沒拿到任何好處。我們對這種事可是瞭如指掌，每個在軍需供應參一腳的人都在動腦筋從中撈錢。」

我鄭重告訴他，我不做這種事，我沒有放一毛錢到自己的口袋，但他顯然不相信我。後來我知道，靠供應軍需大撈一筆的確是司空見慣。他們積欠我的墊付款，我到今天都沒拿到。

觀察造船工藝及航海作業

在出發前，我們的船長大肆吹噓他的船的速度有多快。可惜，隨著我們出海，我們的郵輪是九十六艘船隻中最慢的一艘，讓他顏面盡失。我們對這樣的龜速猜測了許多可能的原因，後來我們附近出現一艘船，速度跟我們的船一樣慢，但還是追上了我們，這時船長下令所有人移到船尾，盡可能靠近旗杆。全船所有人，包含所有乘客在內，總共四十人。當我們站定後，郵輪修正速度，很快就把它的鄰船遠遠拋在後面，這證明了船長的臆測，我們的郵輪船首超重。看來，問題出在水桶，它們之前全都放置在船首。因此，他下令把水桶移到旗杆附近，郵輪恢復了它的快捷本色，證明了它是艦隊中最好的一艘船。

船長提到，郵輪曾以十三節的速度航行，換言之，它以每一小時十三英里（約二十公里）的速度行進。我們船上有名乘客是海軍艦長甘迺迪，宣稱那不可能，因為從來沒有一艘船的速度可以這樣快，一定是測速繩上的標度出了問題，或是在拋擲測速繩時出了差錯[5]。於是兩位船長互相打賭，等風力足夠的時候再來定輸贏。甘迺迪仔細檢視測速繩，確定沒問題後，把測速繩拋擲出去。過了幾天，天晴風強，郵輪船長勒德維奇（Lutwidge）說，他相信船正以十三節的速度行進，甘迺迪在測試確認後，承認自己輸了。

我之所以要陳述以上事情，是出於以下觀察。據說，造船工藝上的一個缺失，就是一直要等到船下水測試，才會知道一艘新船究竟是不是一艘好船；因為人們會把一艘疾速好船當作標竿，依樣畫葫蘆來打造新船，但結果卻恰好相反，反而造出速度遲緩的新船。我認為有部分原因是出在每個船員對船隻的載貨、裝帆和航行的方式各有己見，亦即每個人都有自己的一套評量系統，所以相同的船隻，根據某船長的判斷和命令載貨，航速會比另一位船長更快或更慢。另外，一艘船從打造、安裝船具到駕船往往不是同一人，有人打造船體、有人裝帆及索具，另一人則負責裝運，他們各別其實都不知道其他人的想法和經驗，因此無法整合所有人的觀點來打造新船。

即使只是簡單的航海作業，我也經常觀察到即便風勢相同，指揮值班船員的高級船員，也各有不同的判斷。有人調整風帆張開的大小，會比其他人更緊或更鬆，似乎沒有一定的規則可循。但我認為必須要進行一系列試驗，首先，先確定可以讓船隻航行速度快捷的最適合船身形式；再來，確定船桅的最佳大小和位置；然後，確定船帆的形式和數量，以及隨風變化的方位；最後，確定貨物的配置。現今是實驗的年代，我認為進行一系列正確的實驗和整合，會大有幫助。因此我相信不久的將來，會有某個聰明富創意的科學家做這件事，我衷心祝他成功。

我們被敵船追擊了好幾次，但都被我們甩開，我們在三十天後進入接近港口的淺水區。我們的定位極為精確，船長判斷我們非常靠近要泊岸的法爾茅斯港（Falmouth），如果在夜間航行順利，早晨就能駛進港口，而且夜間航行也有利於避開敵人的私掠船，它們經常在海峽入口附近巡航。於是，我們盡可能把船帆全部張開，順著強風而行，疾速前進。船長定位後，調整航行路線，他預期這樣可以遠遠地繞開錫利群島（Scilly Isles），但聖喬治海峽（St. George's Channel）有時會出現強勁的向岸流，船員往往不察，過去就曾造成克勞茲利・夏維爾（Cloudesley Shovel）麾下艦隊的沉沒。這道向岸流可能就是造成我們遭逢意外的主因。

我們在船首安排了一名守望員，他們常常對著他大喊：「留意前方！」他也常常回說：「是！是！」但是他的眼睛可能是閉著的，處於半睡半醒中，他的回答有時候只是出於機械性的反應。

由於翼帆擋住了舵手和其他值班船員的視線，這名守望員沒有看見前方的光，是因為船偶然偏離了航線才看到，而引發全船恐慌，我們已經非常接近這道光，我覺得它看起來就像車輪一樣大。那時候是午夜，船長早已呼呼大睡；但甘洒迪艦長隨即躍到甲板上，看到危險在即，立即下令調轉船頭，但因為來不及收帆，張開的船帆兀自張開。這種操作很可能會危及船桅，卻讓我們避開了危險，免於船難，因為我們正朝著燈塔矗立的礁石駛去。這次倖免於難，讓我對燈塔的功用感觸良深，我矢志如果我能活著返鄉，將會積極鼓吹在美洲興建更多的燈塔。

清晨，我們在測量水深等後發現，我們已接近終點港口，但被濃霧擋住了視線，看不到陸地。九點鐘左右，霧氣開始消退，從海面升騰，猶如劇場帷幕被拉開，法爾茅斯鎮、停泊在港口裡的船隻，還有四周環繞的田野，一一展現眼前。對於長期所見只有一成不變、單調乏味的汪洋大海的人而言，眼前的風景令人眼睛為之一亮，心曠神怡，對我們而言，終於可以擺脫戰爭引發的焦慮，委實是更大的快樂。

終抵倫敦

我和兒子隨即啟程前往倫敦，途中只在索爾茲伯里平原（Salisbury Plain）參觀了巨石陣[6]，還有彭布羅克（Pembroke）勳爵在威爾頓（Wilton）的宅邸和花園，以及他收藏的珍奇古玩時，稍作停留。最後，我們終於在一七五七年七月二十七日抵達倫敦[7]。

我在查爾斯先生所預備的住處一安頓好，便去拜訪福瑟吉爾博士，因為有人把我大力推薦給

1752
窮理查年鑑

災厄和興旺，
是正直的試金石。

他，並建議我徵詢他對請願程序的意見。他反對我馬上就向英國當局控訴領主的惡行，最好先私下與領主接觸，也許可以透過一些朋友的居中調停和說服，讓衝突可以平和落幕。

於是，我去拜訪了與我通信的老朋友彼得・柯林森先生，他告訴我，維吉尼亞一位了不起的商人約翰・韓伯瑞（John Hanbury）要他在我抵達時通知一聲，韓伯瑞可以帶我去見樞密院議長喬治・格蘭威爾（George Granville）勳爵[8]，勳爵希望可以盡快與我見面。我答應隔天上午和他一起前往。

韓伯瑞先生第二天依約前來接我，我們一起坐著他的馬車來到勳爵宅邸。格蘭威爾勳爵對我非常客氣，在問了幾個關於美洲現況的問題，發表了一些看法後，跟我說：「你們美洲人對於你們的政治體制存有錯誤的認知，你們宣稱國王下達給總督的諭令不是法律，可以隨意自行決定要遵守或蔑視這些命令。但這些命令可不像國王給駐外使節的口袋諭令，只是為了規範其禮儀細節。它們是先由熟諳法律的法官草擬，經過樞密院審議、辯論和修訂，最後由國王簽署頒布。因此，這些命令對你們而言，就是你們領土的法律，因為國王就是殖民地的立法者[9]。」

我告訴格蘭威爾勳爵，這對我是全新的原則，我向來的了解是我們依據特許狀，由議會來制訂我們的法律，它們確實必須報請國王批准，且一經批准就不能撤銷或改變。因為沒有國王的批准，議會就不能制訂永久性的法律，而國王也不能跳過議會來制訂任何一條法律。勳爵很肯地定告訴我，我完全錯了。我不這麼認為，但與動爵的這場談話，讓我對朝廷可能會對我們的請願有何看法，有些擔心。

我一回到住處，立刻把這次的對話記錄下來。我記得大約是在二十年前，內閣在議會提出了一項法案條文，要求國王的命令成為殖民地的法律，但被下議院推翻了，我們因此把他們當作朋友和自由之友來敬重，直到一七六五年。從他們對我們的行為來看，他們之所以拒絕英王對我們的統治權，或許只是為了將此權力保留給自己。

格蘭威爾對人性的明察秋毫，以及由此對美洲人的了解，使他預見了英國方面的立場與其必然的結果。與格蘭威爾的談話讓本傳記尾聲的這幾頁，成為本書最重要的內容之一。

幾天後，在福瑟吉爾博士與領主們談過話後，他們同意在潘斯（T. Penn）先生位於春園（Spring Garden）的宅邸與我見面。在這場會面中，雙方一開始都表明了會以合理的方式達成和解，但什麼是「合理」，我認為每一方都有自己的看法。接下來，我們開始就我所列出的幾點不平之鳴，逐一討論。

領主們竭力為自己的行為辯護，我則代表議會來辯護我們決議的正當性。我們之間顯然出現巨大的鴻溝，彼此的意見出現嚴重分歧，看來要達成協議的希望很渺茫。不過，我們還是敲定，由我把我們的申訴一一臚列出來，寫成白紙黑字交給領主，他們也答應會考慮我們的申訴。

我很快就動筆寫就，但他們把這份書面文件交給了他們的律師費迪南・約翰・帕里斯（Ferdinand John Paris），他負責處理他們與近鄰馬里蘭領主巴爾的摩（Baltimore）勳爵的重大訴訟案的法律事宜，這件訴訟案已經打了七十年，在領主與議會的爭執不休戰火中，他是他們所有書面文件和咨文的操刀者。他是一個驕傲自負，脾氣又暴躁的人，我有幾次就其書面文件在議會的回覆文中嚴詞抨擊，因為裡面的論點薄弱，言詞傲慢，他因此對我產生巨大敵意，我可以在每次我們交手時明顯感受到。

領主們希望我和帕里斯可以先就兩造之間的不滿事項共同商討，但我拒絕了他們的提議。我的態度是：除非領主親自出面，否則其他人我一概拒絕。後來，領主接受了帕里斯的建議，把他們的書面文件交給檢察長和副檢察長，以徵詢他們的意見和建議，但文件卻被擱置了將近一年的時間（差八天），未得到任何的回覆。這段期間，我不斷要求領主給我一個回覆，得到的答案都是他們還沒有得到檢察長和副檢察長的意見。即使後來他們得到了回覆，卻在沒有告知我確實內容的情況下，把由帕里斯起草及簽字的一份長篇咨文直接遞交給議會，還引用我的訴狀，指出我的言詞粗鄙，不合禮數。他們用薄弱的論點為領主們的行為辯護，還說如果議會願意派一個公正人士與他們協商，他們很樂意讓雙方的紛爭和平落幕，藉此暗示我不符合這樣的標準。

他所謂的不合禮數或粗魯，或許是因為我在寫給他們的書面文件上，沒有尊稱他們想要的堂皇名諱：「賓夕法尼亞省至真至尊的領主們」，我之所以省略，是因為我認為在這份用來表述會談口頭內容的文件中，這種名諱實無必要，精簡為上。

在前述將近一年的延宕期中，議會說服了丹尼總督批准一項法案，亦即領主與庶民一樣，都應向其財產徵稅，這正是雙方爭執的重點，議會也就不回覆領主的咨文了。

當這項法案送達英國，領主們在帕里斯的建議下，決定要阻止英王核准頒行。他們在樞密院向國王請願，之後，在一場奉命舉辦的公聽會中，他們雇用的兩位律師表示反對這項法案，我的兩位律師代表則表示支持。

他們提出的反對理由是：該法案意圖加重領主財產的負擔，目的是減輕百姓的負擔，如果容許讓這項法案生效，任由百姓決定領主的課稅比例，那麼由於百姓憎惡領主，勢必會使領主破產。我們答辯說，這項法案絕無這樣的意圖，也不會產生這種效果。估稅員既已宣誓會公平公正地估稅，他們就會誠實謹慎行事，若說他們期望替自己減稅而加重對領主的徵稅，只能說由此獲得的利益根本微不足道，不足以讓他們違背自己的誓言。我記得這是雙方陣營攻防的重點。

此外，我們也強調堅持撤案所帶來的有害後果，因為撥給英王的十萬英鎊紙幣專款已經印製好，供其運用，這些紙幣現在已在民間流通，一旦撤銷法案，這些錢就會淪為廢紙，造成許多人傾家蕩產，也絕對不利於未來撥款的全面通過。

我們也重砲抨擊，只因他們的一己之私，擔心自己的財產會被課以重稅，而導致這樣一場殃及全民的重大災難。

對此，樞密院一位法律顧問曼斯菲爾德（Mansfield）勳爵在辯論中途站起身來，向我招手，然後把我帶到祕書室，詢問我是否真的認為在執行該法案時，絕對不會損及領主的財產。我說，當然不會。

「那麼，」他說：「你不會反對立約保證這一點囉。」

我回說：「絕對不會。」

然後，他把帕里斯叫進來，經過一番討論後，我們兩造都接受了勳爵的提議。樞密院祕書草擬了一份相關文件，我和查爾斯先生在上面都簽了名，他也是賓夕法尼亞省庶務代表。當曼斯菲爾德勳爵回到樞密院會議室後，我們的法案最終獲得通過。

不過，樞密院提出了一些修正建議，我們保證會為此增訂附屬條文，但賓夕法尼亞省議會認為沒必要這麼做，因為他們在收到樞密院的下達令之前，已經早一年根據這項法案向領主徵稅。他們指派了一個委員會審查估稅員的評估作業，其中安插了領主的幾位個別朋友擔任委員，經審查後，全體委員發表報告，一致同意他們的評估作業完全公正公平，並在報告上面簽名。

議會認為我所簽訂的合約第一部分對賓夕法尼亞省貢獻厥偉，得以確保當時流通於賓省境內的紙幣的信用。我回到費城後，議會正式表達了對我的感謝。但領主們對丹尼總督批准法案而惱羞成怒，將他罷免，還威脅要告他違抗命令，因為他曾立約保證遵守他們的命令。不過，丹尼總督是為了回應將軍的要求，為效力英王陛下才予以批准，況且他在朝廷有靠山，因此無視威脅，而領主也從未付諸實行……。（未完）

[1]喬治二世（George 二）與兒子佛瑞德雷克（Frederick），威爾斯王子之間的紛爭，他比父親早逝。

[2]〈愚人誌〉，亞歷山大・波普針對當代作家所寫的諷刺詩。

[3]老威廉・皮特（一七〇八～一七七八）：第一代查塔姆（Chatham）伯爵，偉大的英國政治家及雄辯家。在他的傑出領導下，英國從法國手中攻下加拿大。他是美國的朋友，支持美國獨立革命。

[4]這闡述了腐敗是英國政府在十八世紀的特質，直到十九世紀初期才逐漸擺脫。

[5]一種木製的加重器具，可以在水中保持穩定。木頭上綁著一條繩子，繩子每隔一定距離打上一個結，這種裝置可以用來測量船隻速度。

[6]著名的史前遺跡，可能是早期英國人所建的教堂遺址，位於英國索爾茲伯里（Salisbury）附近。它包含了由許多石頭構成的內圈和外圈，其中一些有石板互相連接。

[7]威廉・坦普・富蘭克林與其後嗣所出版的《富蘭克林自傳》到此結束。後面的增文為富蘭克林人生最後一年寫就，此前從未有英文版發行。——一八六八年畢格羅版《從卑微到偉大的斜槓偉人富蘭克林》內文注釋

[8]喬治・格蘭威爾（一七一二～一七七〇）：一七六三至一七六五年間出任英國首相，期間開始向北美十三個殖民地徵稅，有人認為這是引爆美國獨立革命的導火線。

[9]這整段對話顯示，英國與北美殖民在看待母國與其殖民地的關係上，兩者出現難以消除的嚴重分歧。格蘭威爾在此清楚表明北美殖民無權參與制定自己的法律，英國議會與英王對殖民地有絕對的統治權。難怪，這項新原則使富蘭克林大感吃驚。

Appendix 附錄

電風箏

致彼得・柯林森

閣下鈞鑑：

由於費城實驗的成功經常見諸於歐洲的報章雜誌，這項實驗藉著架設在高樓等建物的尖頭鐵杆，成功地從雲中引下電火。好奇的大眾應該會很開心得知，相同的實驗也在費城取得成功，雖然是用其他較簡單的方法來操作，詳細過程如下：

用兩根輕盈的杉木條組成一個小十字架，兩條支架的長度必須足以碰到一條完全展開的大面輕薄絲質手帕的四個角；然後，把四個角綁在十架的末端上，風箏的主體就做好了；再適當地加上一條風箏尾、一個環圈和一條風箏拉線，就能像紙風箏一樣升空了。因為手帕是絲質的，碰到雷電交加的暴風雨更耐濕，也更經得起風吹，而不會被撕扯得七零八落。

把一根非常尖的金屬線固定在直立的十字架杉木條頂端，高出一英尺或更高。握在手上的風箏線末端則繫上絲帶，把一支鑰匙放在拉線與絲帶中間固定住。

在雷雨逼近時，升起風箏，手握風箏線的人必須站在門或窗戶內，或是某個遮蔽物內，絲質蝴蝶結才不會被打濕；切記，風箏線不要觸碰到門框或窗櫺。

只要雷雨雲一接觸風箏，尖尖的金屬線將會從雷雲中引下電火，風箏和整條風箏線都會帶電，鬆散的線絲會朝四面八方豎立，被靠近的手指所吸引。當雨水打濕風箏和拉線，就能自由傳導電火；指關節靠近時，你會感覺到有大量電火從鑰匙湧出。把一個小玻璃瓶裝在鑰匙上，藉上述方法取得的電火，會點燃瓶中的酒精，所有其他利用摩擦玻璃球或玻璃管生電來進行的電實驗，引下的電火也能完成，而徹底證明了電與閃電的同一性。

班傑明・富蘭克林

（費城）一七五二年十月十九日

致富之路

摘錄自〈亞伯拉罕老爹的演講〉，一七五八年版《窮理查年鑑》序，

本文使用柿子文化中文版翻譯，〈致富之路〉完整版，請見《窮理查年鑑・精華珍藏版》。

政府要是強徵人民花十分之一的時間為他們做事，咱們都會覺得太苛刻，但懶散卻占了咱們更多的時間，如果算算花在徹底怠惰、啥都不做的時間，還有花在無謂的事情或消遣上頭的時間，東扣西減，咱們就沒剩多少了。怠惰會使人生病，所以絕對會讓人短命。就像窮理查說的，懶惰就像鐵鏽，比勞動耗損得更多：鑰匙若常用，光亮不生鏽。但是窮理查也說，你若愛惜性命，不要浪費光陰；點滴的光陰，累積成生命。咱們花在睡覺的時間比咱們需要的多太多啦！都忘了窮理查說過，睡著的狐狸抓不著雞，又說，墳裡頭有得你睡。

要是光陰是最寶貴的東西，那麼浪費光陰，就像窮理查說的一樣，是最奢侈的揮霍，因為他在別的地方說過，時光一去不復回；還說，我們總是認為時間充足，但事實證明總是不夠。咱們該起而行，有目的而行——勤奮才能減少問題的產生。就像窮理查說的，怠惰讓事情困難，勤奮

Father *Abraham* in his STUDY.

Good-Nature, Wit, and *Judgment* round him wait;
And thus he fits *intbron'd*. in *Claſſick-State*:

He's rarely *warm* in Cenſure or in Praiſe:

To Failings mild, but zealous for Deſert;
The cleareſt Head, and the ſinrereſt Heart.

Few Men deſerve our *Paſſion* either Ways.

THE SHADE of Him who Counſel can beſtow,
Still pleas'd to teach, and yet not proud to know;
Unbias'd or by Favour or by Spite;
Nor dully prepoſſeſs'd, nor blindly right;
Thô learn'd, well-bred; and, thô well-bred, ſincere;
Modeſtly bold, and humanely ſevere;
Who to a Friend his Faults can ſweetly ſhow,
And gladly praiſe the Merit of a Foe.
Here, there he ſits, his chearful Aid to lend;
A firm, unſhaken, uncorrupted Friend,
Averſe alike to flatter or offend.

Printed by Benjamin Mecom, *at the* New Printing-Office, *(near the* TOWN-HOUSE, *in* Boſton) *where* BOOKS *are Sold, and* PRINTING-WORK *done, Cheap.*

亞伯拉罕老爹研究中，節錄自〈亞伯拉罕老爹的演講〉，一七六〇年，翻印自紐約公共圖書館副本。

使事情簡單；人若起得晚，整天都匆忙，盡量別把工作留到晚上。懶散走得有夠慢，貧困隨即就追上。就像俺在窮理查年鑑中讀到的一樣，他還說，管好你的生意，別讓生意駕馭你；早睡又早起，讓你聰明健康又富裕。

勤奮不必靠希望，靠希望過活，餓死在街頭。

不勞無獲！

有一技在身，就有地位身分；有一份事業，就有收入和尊嚴。但是這一技之長，一定得要發揮；這份事業，一定要發展，不然既沒有地位，也沒有收入讓咱們繳得起稅。

儘管你沒有發現寶藏，也沒有親戚留給你龐大遺產，但就像窮理查說的，勤勉是幸運之母。

這也就是為什麼窮理查會說，一個今天值得兩個明天；又說，什麼事情明天該做，今日就先去做。

你要是個僕人，被主人發現你在偷懶，難道不會感到丟臉嗎？所以你就該是你自己的主人，因為窮理查說，發現自己在偷懶，你得自慚。

俺好像聽到你們有人說，人難道就不能享受享受？俺告訴你，老弟，窮理查說了，想要有閒暇享受，時間就得好好利用；他還說，連一分鐘都沒把握，千萬別放過一個鐘頭。

休閒享受，就是利用時間做點有用的事；這是勤快人物的享受，懶漢還沒這福分呢！所以窮理查說了，閒暇生活和懶散生活是兩回事。

管好你生意，你的生意就能養活你。

你要想有像你一樣的好奴僕，那就為自己服務。

有的時候一失足成千古恨。再加上：少了釘子，馬蹄鐵就掉了；少了馬蹄鐵，馬兒就輸了；少了馬兒，騎士就迷路了！要是被敵人打倒，給敵人殺了，都得算在沒注意到馬蹄鐵上那根釘子頭上。

老弟們哪，對於勤勉和注意自己的事的建議就有這麼多；但還要再加上節儉這條，才能讓勤勉更保證成功。

一個惡習不除掉，馬上兩個來報到。你也許會想，偶爾來點茶、喝杯酒、吃點昂貴的、穿點漂亮的、三不五時找點樂子，這不是什麼大不了的事；但是記著窮理查說的話，積少成多啊！還有留心小筆開銷，小裂縫也能讓大船沉掉。又說，挑剔的人愛什麼，問問乞丐最知道。另外還有，傻子做菜忙，卻讓智者吃得香。

買了不需要的，到頭來就得賣你的必需品了。

想要知道錢的價值，去借點錢試試，因為去借錢就是去傷心。

第一等惡事是躲債，第二就是說謊。

還有，謊言騎在債務背上走。

窮困往往會剝奪人的精神和美德——窮理查說得好，空布袋很難站起來。

現在來做個總結，經驗是一所好學校，但是傻瓜不會再上其他的學校，而且很少在學校；因為我們真的就像窮理查說的，只能夠提供建議，卻不能給人品行。不過呢，記住一點，窮理查說過：聽不進建議，就沒有人幫你。況且，如果你不聽理性的忠告，她就踹你膝蓋骨。

為哨子付出的代價

致布里雍夫人

你所描繪的天堂，以及打算居住當地的計畫，讓我心馳神往；你提出的結論，我也大致贊同，亦即人生在世應當盡量讓自己得福。而我自己的觀點是，只要我們能慎防不要為哨子付出高昂代價，那麼我們所有人都能趨吉避凶。因為在我看來，大多數不幸福的人之所以不快樂，就出於對此警告漫不經心。

你問，我到底要說什麼？因為你喜歡聽故事，就容我說一個自己的故事吧。

在我七歲的時候，某個節日，我的口袋被朋友們的銅板給裝滿了。於是，我立即往一家兒童玩具店走去。途中，我被一個男孩手中哨子吹出的聲音給迷住了，然後我自願用口袋裡所有的錢來買他的哨子。

回到家後，我的吹哨聲響徹整個家，讓我心情大悅，但我的家人就不得安寧了。我的哥哥、姊姊，還有堂兄弟姊妹，得悉了我的買賣情況後，說我買的價錢比原價貴了四倍，還說我原本可以用多付的錢買哪些好東西，然後被他們奚落了一番，笑我真是個大傻瓜，我被他們惹得懊惱大哭，回想起來，這只哨子所帶給我的悔恨遠多於快樂。

不過，這件事後來讓我受益良多，當時的情景一直牢記在我心中。所以，每當我受到誘惑想要買些不必要的東西時，我常常會告誡自己，「不要為了哨子付出高昂代價」，就能讓我把錢省下來。隨著我長大成人進入社會做事，我開始觀察人們的言行舉止，看到了許許多多人「為了哨子付出高昂代價」。

當我看到一個人汲汲營營於趨炎附勢，犧牲自己的時間出席國王的早朝，犧牲自己的睡眠、自由和人格，甚至是朋友，只為了攀附權貴，這時我會告訴自己，「這個人為了他的哨子付出高昂代價」。

當我看到有人熱衷於名望，而一直在政治的喧囂擾嚷中奔波忙碌，卻疏忽了自己的事情，以致毀了自己，我會說，「他真是為了他的哨子付出高昂代價」。

如果我知道一個守財奴，為了累積自己的財富，放棄了各式各樣舒適的生活，放棄了行善的快樂，也放棄了同胞對他的尊重，以及獲得人們親切友誼的喜悅，我說，可憐的傢伙啊，「你為了你的哨子付出高昂代價」。

當我遇到一個尋歡作樂的人，犧牲了可提升自己心靈或是改善財富的每一個大好機會，只為了追逐肉體感官的歡愉，反而危害自己的健康。我要說，犯錯的人啊，你正在給自己招來痛苦，而不是歡愉，「你為了你的哨子付出高昂代價」。

如果我看到一個人因為講究外表，或是崇尚華服、豪宅、奢華家具以及其他精品，而舉債消費度日，最終落得在獄中度過餘生。唉！我要說，「他為了他的哨子付出了非常高昂的代價」。

當我看到一個美麗、性情溫和的女子，嫁給了一個脾氣粗暴的莽漢，我說啊，真令人遺憾，「她為了一個哨子付出如此高昂的代價」！

簡言之，在我看來，造成人類落入悲慘處境的主因，就是因為他們錯估了事物的價值，而「為了他們的哨子付出高昂代價」。

然而，我應該對這些不幸的人存有悲憫之心，因為當我絞盡所有引以為傲的智慧來思考時，發現世上有些事物深具誘惑力，譬如約翰王的蘋果，幸好它們買不到；否則把它們拿來拍賣的話，我可能會為了要買到手，就輕易地失去理智，發現我又再次為了「哨子」而付出高昂代價。

再會了，我親愛的朋友。請相信我永遠是你最忠實的朋友，我對你的愛永誌不渝。

班傑明・富蘭克林

一七七九年十一月十日寫於帕西

致薩繆爾·馬瑟的一封信

可敬的閣下：

自我離開波士頓，已經六十多年過去，但至今我依然清楚記得您的父親和祖父，我曾聆聽他們的講道，並前去兩人府上拜會他們。

我最後一次見到令尊，是在一七二四年那年的年初，在我初抵賓夕法尼亞之後，我便前去探望了他。

他在書房接待我，當我起身告辭時，他告訴我附近有一條捷徑，途中會經過一條狹窄的步道，上面有一根橫梁。

我步出屋外後，我們仍然邊走邊聊，他走在我身後，我稍微側著身子面向他。當他急促地說著：「停下來，停下來！」的時候，我還來不及領會他的意思，頭就撞上了那根橫梁。

他總是抓住機會予人忠告，於是他趁機告訴我：「你還年經，世界在前方等著你；在經歷世界的途中，學會停下腳步，可以讓你避開許多重擊。」

我把他的這番忠告銘記在心，至今對我裨益良多。
每當我看到人們自尊心受辱，或是因為眼高於頂而招損時，我經常會想起這句話。

班傑明・富蘭克林
一七八四年五月十二日，寫於帕西

班傑明・富蘭克林年表

1706年
一月十七日出生於波士頓米爾克街（Milk Street）。

1714～1715年
就讀於波士頓文法學校（今波士頓拉丁文學校）。

1715～1716年
就讀喬治・布朗奈爾的英語學校。

1717年
短暫學習製刀手藝，但很快便回到父親的店舖工作。對游泳充滿狂熱，並為此而發明了游泳腳蹼。

1718年
成為哥哥詹姆斯的印刷工學徒。
至一七一九年間，分別創作詩歌〈燈塔悲歌〉，及描述抓拿海盜提契故事的水手之歌。但兩篇創作均未留存。

1720年
搬到一個寄宿公寓居住。

1721年

哥哥詹姆斯創辦《新英格蘭新聞》，這是美國第一家以文學內容和幽默文章為特色的報紙。

1722年

為了存錢買書，成為素食者。
以筆名「沉默的杜古德」（Silence Dogood）在《新英格蘭新聞》上發表多篇文章。

1723年

因為詹姆斯哥哥觸怒議會當局而被捕入獄，富蘭克林於是接管了印刷業務。
九月離開波士頓前往紐約，在那裡找不到工作。十月前往費城，在約翰・雷德的房子裡租了一個房間。
在撒母耳・凱默的印刷廠尋得工作。

1724年

富蘭克林受到威廉・凱斯總督的鼓勵，回到波士頓想開辦印刷廠，但他的父親並未支持投資。之後回到費城，並在威廉・凱斯的鼓勵「資助」下前往倫敦購買印刷設備，未料威廉・凱斯的資金從未兌現，以致他也無法返回美國。
在倫敦，他受僱於印刷商撒母耳・帕爾默，之後轉到約翰・瓦茲的印刷廠。

1725年

在倫敦出版了他的第一本小冊子《論自由與必然、歡愉與痛苦》。

1726年

富蘭克林帶著托馬斯・鄧漢的資助返回費城，並在他的商店中工作。

1727年

第一次胸膜炎發作。
鄧漢因病去世，他再度回到凱默的印刷廠工作。
成立「講讀社」社團。

1728年

富蘭克林和梅瑞迪斯獲得梅瑞迪斯的父親資助，開設了自己的印刷廠。

1729年

從前雇主凱默的手中購買接手《賓夕法尼亞公報》，此份報紙之後成為美洲殖民地最傑出的出版物之一。

1730年

被指定為賓夕法尼亞的官方印刷商。
富蘭克林購買了梅瑞迪斯在印刷廠的股份，成為唯一的所有者。
九月與黛博拉．雷德結婚。
非婚生子威廉．富蘭克林出生，母親身分不明。

1731年

一月時富蘭克林加入共濟會。
成立會員制收費圖書館。

1732年

富蘭克林和黛博拉有了他們的第一個孩子——弗蘭西斯．福爾傑．富蘭克林。
以「理查．三德氏」之名出版了《窮理查年鑑》第一版，並立即成為風靡一時的暢銷書。

1733年

支助員工湯瑪斯・懷特瑪什（Thomas Whitmarsh）在南卡羅來納州創業，建立雙方合作夥伴關係，開創了第一個商業特許經營權。

1734年

當選為賓夕法尼亞州梅森會所大師。

1735年

哥哥詹姆斯在新港去世。

1736年

被任命為賓夕法尼亞殖民地議會的祕書。兒子弗蘭西斯・福爾傑死於天花，時年四歲。培訓組織了聯合消防隊，為費城第一個消防隊。

1737年

被任命為費城郵政局長，服務直到一七五三年為止。

1739年

與來自愛爾蘭的巡迴傳教士懷特費爾德牧師結交。

1740年

成為新澤西州的官方印刷廠。

1742年

支助員工詹姆斯・派克在紐約合夥開辦印刷廠。設計了他的第一個賓夕法尼亞壁爐模型，也被稱為「富蘭克林火爐」，他拒絕為了獨家銷售權而去申請專利。

1743年

五月，發表《提倡有用知識的建議》，此為「美洲科學學會」的創建文件。

八月，富蘭克林和黛博拉生了一個女兒莎拉，他們稱她為「莎莉」。

1744年

出版《新發明的賓夕法尼亞壁爐說明書》。

提出成立「哲學學會」計畫，並創辦成功。

1745年

父親約西亞．富蘭克林去世，享年八十七歲。

收到倫敦皇家學會會員彼得．科林森寄來的電實驗小冊子，並附一支玻璃管，激發了富蘭克林的電氣實驗。

1746年

沉浸在電的實驗中。

1747年

組織義民兵團。出版《簡單的真相》，強調自我防衛的重要。

1748年

拒絕民兵上校職位，而是以普通的一兵服役。

與大衛．霍爾（David Hall）形成合夥關係，富蘭克林將印刷廠交給霍爾去經營，自此開始，他從印刷業務的日常運營中退休。

1749年

七月，被任命為賓夕法尼亞地區共濟會大師。

出版《關於賓夕法尼亞的青年教育提案》，並組織興辦了後來成為賓州大學的費城學院。

1751年

富蘭克林協助湯瑪士．邦德醫師創立了賓夕法尼亞醫院，這是美國第一家醫院。

五月，當選賓夕法尼亞議會議員；兒子威廉繼認為祕書。

十月，當選費城市政務委員會委員。

1752年

五月，母親在波士頓去世，享年八十五歲。

透過在雷暴中放風箏，來進行電氣風箏實驗，證明閃電與電的同一性。並在《賓夕法尼亞公報》上說明如何做風箏實驗。

1753年

哈佛大學與耶魯大學分別頒授文學碩士榮譽學位。

被任命為殖民地聯合郵政副局長。

十一月，因電學成就，榮獲倫敦皇家學會的科普利獎章。

1754年

作為賓夕法尼亞州的代表，出席奧爾巴尼協商會議，為所有殖民地提出共同防禦計畫，但該計畫最終被否決。

為了推動殖民地的團結，富蘭克林在公報上發表了他著名的漫畫「加入，否則死亡」。

1755年

為北美英軍司令布拉多克將軍建立郵政聯繫，並協助召集馬車與糧食。

十月，被費城步兵團選為上校。

議會通過民兵議案，撥出防務費，富蘭克林率軍到邊境興建碉堡，組織防衛部隊，兒子威廉同行。

1756年

當選為倫敦皇家學會會員。

賓夕法尼亞議會通過富蘭克林所提巡夜人即街道照明議案。

接受威廉和瑪麗學院碩士榮譽學位。

1757年

被選為前往英國的殖民地代表。

完成〈亞伯拉罕老爹的演講〉（於一七五八年版《窮理查年鑑》中作為序文，之後以〈致富之路〉聞名於世）。

1759年

接受蘇格蘭聖安德魯斯大學頒授榮譽博士學位。

1762年

獲牛津大學榮譽法學博士學位。

發明樂器玻璃口琴，後來莫札特和貝多芬為它作曲。

八月，離開倫敦，十一月回到費城。

被委任為新澤西皇家總督。

1764年

五月當選賓夕法尼亞議會議長，但十月競選時富蘭克林失去了席位。

十一月作為殖民地議會代理人返回倫敦。

1765年

向英首相抗議在美洲徵收印花稅，但最後英國下議院仍通過了印花稅條例法案，間接造成了民眾對富蘭克林的誤解。

九月，費城因「印花稅條例」引發暴動。

十一月，富蘭克林向樞密院請願，未獲考慮；之後在報紙撰文為殖民地辯護，爭取廢止印花稅條例。

1766年

與大衛．霍爾的合作關係到期時，富蘭克林將他的整個印刷業務賣給了他。

二月，下議院對印花稅條例進行審查，富蘭克林在廢除印花稅的辯護中獲得聲譽，成為美洲殖民地傑出代表。

1767年

七月，下議院通過向殖民地徵稅。

女兒莎拉嫁給了費城商人理查．貝奇。

1768年

發表《一七六八年以前美洲不滿的緣由》，回顧英美的關係。

被任命為喬治亞殖民地代理人。

1769年

當選為費城「美洲科學學會」會長。

美國哲學會選舉富蘭克林為主席，之後每年都當選，直到他去世。

黛博拉．富蘭克林中風，此後健康日益惡化。

被新澤西眾議院任命為殖民地代理人。

1770年

被麻塞諸塞眾議院任命為殖民地代理人。

1771年

開始寫自傳。

當選為鹿特丹「巴達維亞實驗科學學會」會員。

1772年

開始相信奴隸制度的邪惡。

當選巴黎「皇家科學院」外國院士。

1773年

哈欽森事件。麻州州長哈欽森多次寫信給英國官員，建議剝奪殖民地區所謂的英國式自由，其後信件在祕密傳閱過程中被人公開上呈議會，憤怒的波士頓人要求罷免哈欽森。

1774年

因哈欽森事件，被指控偷竊哈欽森信件，之後被解除北美郵政副局長職務。

九月，第一屆「大陸會議」在費城召開，透過富蘭克林與其他代理人向英王請願。

十二月，妻子黛博拉·富蘭克林在費城去世。

1775年

當選為賓夕法尼亞州第二屆大陸會議代表。

當選為殖民地郵政局長。

喬治三世國王宣布美洲殖民地處於叛亂狀態。

1776年
富蘭克林被任命為起草《獨立宣言》的五人委員會的成員。被任命為大陸會議委員之一，之後被選為出使法國的代表之一，受命談判條約。

1778年
與法國談判結盟，簽訂「共同防禦同盟」條約和友好商務條約。法國對英國宣戰。

1779年
西班牙對英國宣戰。班傑明．沃恩在倫敦出版《政論、雜文與科學文集》，是富蘭克林第一部非科學性的作品集。

1781年
大陸會議任命富蘭克林、約翰．傑伊、亨利．勞倫斯、湯瑪斯．傑弗遜和約翰．亞當斯一起為對法國和平談判專員。

1783年
約翰．亞當斯、約翰．傑伊和富蘭克林簽署了巴黎條約，結束了殖民地與英國之間的戰爭。當選為愛丁堡皇家學會榮譽會員。

1784年
寫了一篇文章「減少光的成本的經濟項目」，提出了夏令時間的創新概念。

1785年
富蘭克林描述了他發明的雙焦眼鏡。大陸會議准許辭去駐法公使之職，在歐洲服役十八年後，富蘭克林終於返回美國。當選賓夕法尼亞最高行政會議主席。

1786年

發明了從圖書館書架上取書的工具。

1787年

被推舉為「聯邦制憲會議」賓夕法尼亞州代表。九月十七日詹姆斯・威爾遜在制憲會議上宣讀富蘭克林的閉幕詞，最後一致投票通過並簽署憲法。

1788年

富蘭克林寫下遺囑，將大部分財產留給女兒莎拉。

1789年

當選「賓夕法尼亞廢除奴隸制協會」主席。
向美國國會提交了第一份反奴隸制請願書。
當選聖彼得堡「俄國帝國科學院」院士。

1790年

四月十七日去世，享年八十四歲，安葬於費城基督教堂墓地。死因是胸膜炎。

最猛職人23

最猛職人23